Kenny Klein

Es war einmal...

Die initiatorische Botschaft der Märchen

Arun

Arun-Verlag, Engerda 28, D-07407 Uhlstädt-Kirchhasel,
Tel.: 036743-23311, Fax: 036743-23317
e-mail: info-@arun-verlag.de, www.arun-verlag.de
Titel der amerikanischen Originalausgabe: Fairy Tale Rituals. Engage the Dark, Eerie, Erotic Power of Familiar Stories, Copyright © 2011 Kenny Klein. Originally published by Llewellyn Publications, Woodbury, MN 55125, USA, www.llewellyn.com.
Übersetzung: Frances Hoffmann.
Gesamtgestaltung: Arun-Verlag.
Umschlagmotiv: © kangah / istockphoto.com. www.fuzephotography.ca.
Gesamtherstellung: GGP Media GmbH, Pößneck.

ISBN 978-3-86663-066-6

Inhalt

„[Rotkäppchen] war meine erste Liebe.
Hätte ich Rotkäppchen heiraten können,
wäre mir vollkommenes Glück zuteil geworden."
Charles Dickens, „Ein Weihnachtsbaum" (1850)

„Ich war einmal Schneewittchen, aber ich bin davon abgekommen."
Mae West, *Ich bin kein Engel* (1933)

Feen und Märchen

Hungrig und frierend, tief im Wald verirrt, hören Bruder und Schwester den Ruf eines Vogels. Sie verstehen, wovon er ihnen mit seinem Lied kündet. Ihre Gebete haben endlich Gehör gefunden: Sie sollen auf ein Haus treffen, das aus Brot gemacht ist. Doch der prophetische Vogel warnt sie auch, vorsichtig zu sein, denn es könnte sie das Leben kosten, von diesem Haus zu essen!

Ein Mädchen steht am Straßenrand. Sie ist ungeheuer schön, die Haut weiß wie Schnee und das Haar fällt ihr in rabenschwarzen Locken über die Schultern. Sie scheint sich verirrt zu haben, wirkt einsam und verängstigt. Da fährt eine Kutsche vorüber. Auf der Tür prangt das königliche Wappen. Sie späht ins Innere der Kutsche und ihr Blick begegnet dem eines Königs. Dieser gebietet dem Fahrer, Halt zu machen und das Mädchen mitzunehmen. Seine Gemahlin wendet den Blick ab, einen gleichmütigen Ausdruck zur Schau stellend, doch allein die Gegenwart dieses merkwürdigen Mädchens verletzt ihre Gefühle zutiefst.

Ein junges Mädchen streift sorglos durch das Schloss ihres Vaters. Sie kennt diesen Platz in und auswendig, denn sie lebt hier schon seit ihrer Geburt. Jede Stufe hat sie schon erklommen, jede der reich verzierten Türen geöffnet, auf jeder Fensterbank schon gesessen und auf die Felder im Königreich ihres Vaters hinaus geblickt. Doch gerade heute, an dem Geburtstag, der sie zur Frau machen soll, entdeckt sie eine Tür, die sie noch nie zuvor gesehen hat. Das Gesicht gerötet vor Neugier und Aufregung, öffnet sie die Tür und späht in ein winzig kleines Zimmer. Darin sitzt eine alte Frau und arbeitet mit einem Ding, das das Mädchen noch nie zuvor gesehen hat: ein hölzernes Rad spinnt Flachs zu einem feinen Faden. Das Mädchen tritt näher, völlig gebannt und glühend vor Staunen. Es streckt den Finger aus, das merkwürdige, sich drehende Rad zu berühren ...

Ein Mann hat seiner jüngsten Tochter etwas versprochen. Er hat ihr versprochen, ihr eine Rose mitzubringen. Doch es herrscht Winter und die Straßen und Wege sind von Schnee bedeckt. Er ist der Verzweiflung nah, denn es scheint, als solle er keine Rose für seine liebliche, bescheidene Tochter finden, die nur so wenig von ihm erbat. Doch als er der Stadt den Rücken kehrt und die Straße entlang geht, die ihn nach Hause führt, erblickt er hinter einer Mauer einen Garten – einen blühenden, grünen Garten voller Leben in dieser tödlichen Kälte. Und in der Mitte des Gartens blüht eine rote Rose. Langsam betritt er den Garten durch das schmiedeeiserne Tor und bahnt sich vorsichtig seinen Weg durch Blumenpracht und reife Früchte. Schon ist er in der Mitte angelangt. Der Mann schaut sich um, einmal, zweimal, doch er kann niemanden entdecken. Ganz sanft und behutsam pflückt er die Rose. Da donnert plötzlich eine barsche Stimme über ihm: „Diese Rose gehört mir!"

Erkennst du diese Geschichten? Sind sie dir vertraut? Sind es die Märchen deiner Kindheit? Geschichten, die du als Jugendliche geliebt hast? Vielleicht zitierst du noch heute manchmal aus ihnen. Hast du schon einmal jemanden als „Dornröschen" bezeichnet? Wartest du auf deinen „Prinzen" oder musst du „eine Menge Frösche küssen"? Du erinnerst dich an den Zauber dieser Geschichten, an das Gefühl, das du hattest, als du ihnen gelauscht hast – angespannt, voller Erwartung, wie du darauf gewartet hast, dass das Mädchen entkommt, dass der Junge triumphiert, die Schwester die böse Hexe in den Ofen stößt und den Bruder davor bewahrt, gekocht und aufgegessen zu werden.

Diese Märchen haben uns geprägt, uns geformt, haben ihren Anteil dazu beigetragen, uns zu dem zu machen, was wir werden sollten. Sie haben uns gelehrt, zu analysieren; sie lehrten uns Moral und Tugend. Sie gaben uns ein Gefühl von Individualität.

Doch die meisten von uns haben diese Märchen noch nie so gehört, wie sie ursprünglich einmal von Bauern, Milchmädchen und am Spinnrad sitzenden Hebammen erzählt wurden. Wir haben diese Geschichten als Kinder nicht von alten Großmüttern gehört, die in einem Kessel über dem Herdfeuer Porridge kochten und beim Rühren Märchen erzählten. Oder von einer deutschen Hausfrau beim Butterschlagen, die die Märchen ihrer Kindheit erzählt. Nein, wir haben sie im Fernsehen gesehen oder im Kino, schaudernd vor auf Zelluloid gebannten Bildern, geschaffen von Disney und anderen cineastischen Ikonen. Wir haben sie wieder und wieder gesehen. Ihre Charaktere wurden zu unseren Freunden und waren als Spielgefährten in unseren Fantasien und Träumen an unserer Seite. Wir lernten diese Märchen so gut kennen, dass wir sie bis zum heutigen Tag auswendig wiedergeben könnten.

Jedenfalls glauben wir, dass wir das könnten.

Diese Märchen sind sehr alt. Viel älter als Jacob und Wilhelm Grimm, die Brüder, die ihr Leben dem Sammeln und Katalogisieren von hunderten dieser seltsamen Erzählungen gewidmet hatten. Weitaus älter auch als die viktorianischen und edwardianischen Illustratoren, die ihre Figuren in königliche Gewänder und Bauernkleider hüllten. Sie stammen aus finsterster Vorzeit. Sie entstammen den Erzählungen von Waldweibern und französischen Bauern, die während jahrzehntelanger Kriege und Hungersnöte lebten. Sie reichen zurück bis in die

Tiefen der Vergangenheit – lange vor den Annehmlichkeiten der viktorianischen Ära, lange vor den Troubadouren der Renaissance und den langen Spielmannsliedern des Mittelalters. Sie sind so alt wie Rom, wie die griechische Antike, wie Persien und die Kelten, die auf der Suche nach Spiel und Abenteuer durch Europa zogen. In den hübschen Märchen von Schneewittchen und Dornröschen schlummern die Samen uralter Zungen und längst vergessener Sprachen, die unseren Ohren so fremd sind, dass wir sie schulterzuckend für das reinste Kauderwelsch erklären würden, wenn wir sie vernähmen.

Weitergereicht von Mutter zu Tochter, von Vater zu Sohn, den Kindern erzählt an den Feuern alter Hütten, in den Jurten der weiten Ebenen oder an den warmen Öfen rustikaler slawischer Bauernhäuser, werden die Märchen seit Anbeginn der Zeit in Ehren gehalten. Mit den Werkzeugen, Bräuchen und Geschmäckern der Märchenerzähler haben sie sich von Generation zu Generation verändert, einige Elemente gingen verloren, andere wurden hinzugefügt, während die religiösen Überzeugungen und die Moralvorstellungen der Menschen sich in stetem Wandel befanden.

Vielleicht kommen sie dir wie unschuldige, harmlose Geschichten vor, doch im Grunde sind sie Erinnerungen an die frühesten Jahre der Menschheit, der gemeinsame Nenner, den alle Kinder miteinander teilen. Welches kleine Mädchen hat nicht davon geträumt, dereinst seinen Prinzen zu heiraten? Welcher Junge sich nicht danach gesehnt, die hilflose Jungfrau vor ihrer bösen Stiefmutter zu erretten?

Doch diese Märchen sind weitaus gruseliger, finsterer und rätselhafter als die Versionen, die dir vermutlich bekannt sind. Im Kern dieser Märchen ruht ein tiefer Zauber, der Kern der alleraltesten Mythen und Glaubensvorstellungen. Durch sie können wir einen Blick erhaschen auf Feen und unsterbliche Wesen – Nixen, Kobolde und Nymphen – Wechselbälger, die sich in die Spielgefährten unserer Kindheit verwandelten. Kratzen wir an der Oberfläche der Geschichten um diese winzigen Helden und Heldinnen, stoßen wir auf einen Grund voller Mythen, magischer Rituale, Göttinnen und Götter, verwunschener Wesen und uralter Überlieferungen.

Bruchstückhafte Überlieferungen, die im Zusammenhang stehen mit den Märchen, findet man auf den britischen Inseln, im ländlichen Frankreich, in den Alpen, im Ural, entlang der Ostseeküste und in der russischen Wildnis. Geschichten von verzauberten Feenpferden, rätselhaften Wechselbälgern, Feen, Púcas, Kobolden, Seeungeheuern, der Loreley, Nymphen, Dryaden und Zwergen. Diese Wesen bewohnen ein Land, dessen Gesetze und Realitäten sich von den uns bekannten und als erwiesen geltenden stark unterscheiden. Dort kann dich ein kleiner Bissen oder ein Schluck Wein auf ewig gefangen setzen. Dort können Mädchen einfach im Geäst eines Birnbaums verschwinden. Dort kann das Pflücken einer Blume dich das Leben kosten oder das Leben deiner Tochter von dir fordern.

Die Märchen, wie wir sie heute kennen, sind über Jahrhunderte hinweg geformt worden auf ihrer Reise durch die Gewässer von Sprache, Glaube und Kultur. Sie sind es, die überlebt haben, während die Mythen, Sagen und Legenden, aus denen sie hervorgegangen sind, längst vergessen sind. Ein tiefer Zauber ruht in diesen Märchen und hat sie bis heute bewahrt, lässt sie harmlos und dennoch bedeutsam genug erscheinen, sie über unzählige Generationen hinweg weiterzugeben.

Und da sind wir nun, erstarrt in einem Augenblick im Wandel der Zeiten, ein Glied in der langen, fließenden Kette der Geschichte dieser Märchen. Von hier aus können wir die fernen Straßen erkunden, auf denen diese Märchen gereist sind, und uns bemühen, uns einmal mehr mit ihrem Zauber zu verbinden. Die Nymphe Schneewittchen, das tiefe Band zwischen Rosenrot und ihrem Bärengefährten, die prophetische Trance von Dornröschen, der Handel zwischen einem Wechselbalg und dem Vater der Schönen: All dies liegt hinter der hübschen und von Makeln bereinigten Fassade verborgen, mit der die Grimms und Disney und unzählige andere diese Geschichten beladen haben.

Wir sind gewappnet durch unser Wissen darum, dass die Feen und verwunschenen Wesen dieser Erzählungen raffiniert, verführerisch, sexuell, erhaben, unbeugsam, erotisch, verlockend, emotional distanziert, finster, trostlos und tödlich sind.

Wir können der unheimlichen Wahrheit hinter den Masken dieser lieblichen Charaktere durchaus ins Gesicht blicken. Wir können den tiefen Wald, in dem der Wolf sich verbirgt, mit Licht fluten. Wir können die Nymphen dort liebkosen, wohl wissend, dass sie nach uns greifen und uns in den nasskalten Tod hinabziehen wollen. Wir können zu den Vögeln sprechen, auch wenn sie uns vielleicht belügen. Die Speisen dort führen uns nicht in Versuchung – die Weintrauben oder das Häuschen aus Brot –, denn wir sind uns bewusst, dass solch ein Festmahl uns hundert Jahre lang gefangen setzen würde. Dies sind lediglich die Risiken, die wir eingehen, wenn wir verlockende, verwunschene Orte aufsuchen.

Wir können uns diese dunklen Mysterien zunutze machen, um unser eigenes Leben durch Rituale, jene magischen Traumbildner, die so alt sind wie die Menschheit selbst, die in den Schatten von Christentum, Judentum und allen anderen „zivilisierten" Religionen verborgen liegen, zu formen. War es nicht letztendlich die Verehrung von Göttern und Göttinnen, Nymphen, Púcas, dunklen

Feen und verborgenen oder nur halb sichtbaren Kreaturen, die die Menschheit veranlasste, ihre Rituale zu erschaffen?

Doch vor allem lasst uns gewahr werden, dass das, was unsere Eltern uns erzählt haben – nämlich dass diese Dinge nur Produkte unserer Einbildung, unsichtbare Spielgefährten und Fantasien seien –, einfach nicht wahr ist. Lasst uns uns davon überzeugen, dass sie real sind und uns auch heute noch auf der Suche nach Schätzen, Liebe und Abenteuern in den verwunschenen Wald begleiten können.

Zur Verwendung dieses Buches

Vielleicht gehörst du zu den Menschen, die Märchen immer schon geliebt haben. Diese Geschichten haben eine gewichtige Rolle dabei gespielt, dich als Kind zu formen, und ihre Charaktere haben dich immer wieder heimgesucht. Sie haben dich gefesselt und sind selbst zum Teil deiner Psyche geworden. Vielleicht greifst du noch heute auf sie zurück – als Charaktere bei einem Spiel, zur Inspiration für Kleidung und Stil oder als Gäste in selbst erdachten Geschichten und Liedern?

Vielleicht wurdest du von ihrem Zauber inspiriert, auch in deinem eigenen Leben nach der Magie zu suchen. Vielleicht faszinieren dich Zauber und Rituale. Und in späteren Jahren hast du dich vielleicht Religionen oder Glaubenssystemen wie dem Heidentum, der Zeremonialmagie oder der Kabbala zugewandt.

Ob du nun ein erfahrener Ritualmagier bist oder jemand, der noch nie ein Ritual gemacht hat und einfach nur Märchen mag, wirst du mit diesem Buch sicher etwas anfangen können.

Wir nähern uns den Märchen in diesem Buch von zwei Seiten: Zunächst betrachten wir das Märchen selbst und legen dabei besonderes Augenmerk auf dessen mythische Wurzeln und die magischen Elemente der Geschichte. Jedes der Grimmschen Märchen ist aus einer älteren Quelle heraus entstanden, die auf griechische, römische, germanische oder keltische Wurzeln blickt, und wir werden uns diese uralten Bestandteile der Märchen, wie wir sie kennen, genauer ansehen. Auch werden wir untersuchen, inwiefern sich die Charaktere im Laufe der Jahrhunderte, in denen diese Geschichte erzählt wurde, verändert und gewandelt haben. Wenn du also einfach nur der Romantik und dem Zauber der Märchen verfallen bist, wirst du durch diese Erörterungen ein tieferes Verständnis darüber erlangen, was ein Märchen eigentlich ist und wie du mehr aus ihm herauslesen kannst.

Als Zweites werden wir uns Elemente aus magischen Traditionen wie Wicca, Zeremonialmagie und der Kabbala entleihen und daraus ein Ritual oder einen Zauber kreieren, der auf die Figuren oder Ereignisse des jeweiligen Märchens zurückzuführen ist und einen Wandel in deinem eigenen Leben herbeizuführen vermag. Du musst verstehen, dass die Charaktere dieser Märchen so sehr auch Teil unserer eigenen Psyche sind, dass wir über sie sehr leicht Zugang zu unserem kindlichen Selbst erlangen, also dem Teil von uns, der Magie einfach nur spüren und geschehen lassen kann. Wenn du also noch nie zuvor ein Ritual oder einen Zauber ausprobiert hast und es gern einmal versuchen würdest, dann sind die Anleitungen in diesem Buch vielleicht hilfreich für dich. Sie werden Schritt für Schritt erklärt und du kannst versuchen, sie zu befolgen und den Teil deiner selbst befreien, der daran glaubt, dass diese uralten Geschichten die Macht besitzen, deine Wirklichkeit zu transformieren. Und wenn du bereits ein erfahrener Ritualmagier bist, kannst du die Zauber entweder so verwenden, wie sie hier vorgeschlagen werden, oder als Basis für die Kreation neuer und kunstvollerer Zauber – indem du nämlich die Archetypen der Märchen anzapfst, die im Kern deiner Selbst zu Hause sind.

Werfen wir nun einen Blick auf die Magie selbst und untersuchen, warum und wie sie funktioniert.

Magie und Ritual

Die Charaktere der Märchen sind ein unauslöschlicher Teil unserer Psyche. Mit ihnen sind wir aufgewachsen; tatsächlich können wir uns gar nicht mehr an die Zeit erinnern, da sie uns unbekannt waren. Wem lief es nicht eiskalt den Rücken hinunter, als Rotkäppchen die Tür öffnete, nicht – wie wir – wissend, dass es der Wolf war, der dort im Bett der Großmutter lag? Wer hat nicht selbst schon den Stich im Magen verspürt, als Schneewittchen von jener verkleideten Bauersfrau, hinter der sich eigentlich die eifersüchtige Stiefmutter verbarg, den Apfel entgegennahm? Wer hoffte nicht vergebens, die Schöne möge doch hinter den Schleier des Physischen blicken und erkennen, dass das grässliche Biest vor ihren Augen doch eigentlich ihre wahre Liebe ist?

Wir leben schon so lange mit diesen Wesen volkstümlicher Überlieferungen, dass die Erwähnung ihrer Namen sofort die Bilder ihrer Geschichten vor unserem inneren Auge erstehen lassen. Wir erinnern uns, wie sie unsere eigene Persönlichkeit prägten, als sie noch die Gefährten unserer Kindheit waren. Wir haben gelernt, uns unseren Weg durch die komplizierte Welt der Realität zu bahnen, indem wir über die Taten jener fantastischen Heldinnen und Helden nachdachten. Wenn uns Gefahr drohte, lehrte uns Gretel, unseren Verstand zu benutzen, oder Aschenputtel lehrte uns Geduld – und schon ging alles seinen Gang.

Wir können die Bewohner der Märchenwelten um Führung bitten, denn sie sind unsere Archetypen. Indem wir dies tun, bekommen wir Zugang zum kindlichen Anteil unseres Geistes, der diese Charaktere einstmals kennenlernte. Dieser kindliche Geist ist weit offener als unser erwachsener Geist und kann die Dinge leichter akzeptieren: Er ist noch nicht so desillusioniert von der Welt, wie es unser erwachsener Verstand vielleicht sein mag. Wenn wir auf diese Märchenfiguren zurückgreifen, um unseren kindlichen Geist zu erwecken, werden uns Rituale und Magie sehr viel leichter von der Hand gehen und schneller Ergebnisse zutage fördern.

Doch halt: Hinter diesen Märchenikonen verbirgt sich noch weitaus mehr als Archetypen. Sie sind die Schatten von Fabelwesen und mythischen Gestalten, die man bereinigt und als Schneewittchen, die Zwerge, Rosenrot und das Biest an uns weitergereicht hat. Als ferne Erinnerungen an wirkliche Fabelwesen sind diese Charaktere durchaus real und leben genau wie wir in dieser Welt. Wer wirklich an die Existenz von Elfen und Feen glaubt – nicht an verniedlichte Glöckchen-Feen, sondern die wahrhaftig zauberhaften Wesen jenes Landes, das sich unseren Blicken verbirgt –, der kann diese Wesen um Unterstützung und Magie in Gestalt der Märchenfiguren bitten, die wir noch näher betrachten werden. Wir können uns auf Schneewittchen berufen und werden feststellen, dass es nur ein Name für eine Nymphe ist, ein Feenwesen aus der alten Welt, die uns vielleicht rät, sexuelles Selbstbewusstsein zu entwickeln und unsere Sinnlichkeit zu leben. Und wenn wir an den Bären aus „Schneeweißchen und Rosenrot" appellieren, beschwören wir mit ihm ein Wesen der Unterwelt herauf, das schon seit Jahrtausenden Schamanen den Weg gewiesen hat.

Wir werden diese uralten Märchenwesen in Gestalt der Heldinnen und Helden der Grimmschen Märchen aufwecken, damit sie uns dabei unterstützen, unsere weltlichen Ziele zu erreichen. Das werden wir mit Hilfe von Zauberformeln und Ritualen tun.

Schon seit Anbeginn der Zeit führen Menschen in aller Welt Rituale oder strukturierte Zeremonien durch. Die meisten Rituale haben auch eine spirituelle oder religiöse Bedeutung und werden als Zeremonien für die Göttinnen, die Götter, die Geistwesen und Naturgeister abgehalten. Die meisten von uns sind mit Ritualen wie der heiligen Messe, Sabbaten oder anderen Formen religiöser Feiern aufgewachsen. In den meisten Glaubenssystemen werden Rituale stets im wesentlich gleichen Strickmuster durchgeführt (weshalb man es auch eher als Ritual denn als Gottesdienst oder Zeremonie bezeichnen würde). Die katholische Messe wird beispielsweise auf der ganzen Welt immer gleich zelebriert. Einer der Gründe dafür ist der folgende: Wiederholt man eine bestimmte Abfolge von Handlungen immer wieder auf die gleiche Weise, dann werden diese Handlungen nach und nach das Unbewusste „erwecken", was es dir ermöglicht, in eine Trance einzutreten. Wenn wir uns den Märchenwesen zuwenden, wird unser „inneres Kind" geweckt und wir können ebenfalls in Trancezustände eintreten, denn das innere Kind urteilt und analysiert weitaus weniger als der erwachsene Geist und neigt eher dazu, „Dinge einfach geschehen zu lassen." Kombinierst du diese Elemente – Rituale jedes Mal mit der gleichen Struktur durchführen, in das kindliche Bewusstsein eintreten (egal, wie alt du bist) und deinen Geist zu einer Trance verlocken – steht dir die Möglichkeit offen, eine magische Umgebung zu schaffen, in deren Rahmen sich innere Wandlungen vollziehen können und wo zauberhafte Wesen in deine Welt eintreten und sich mit dir verbünden können.

Die Rituale, die wir hier durchführen wollen, basieren auf der Zeremonialmagie und auf Wicca-Ritualen. Die Zeremonialmagie ist ein altes magisches System, das auf die Wurzeln des Katholizismus, der Kabbala und die Praktiken zeremonieller Freimaurer zurückgeht; als Wicca bezeichnet man eine Strömung des europäischen Heidentums, wobei alte europäische Götter und Göttinnen verehrt werden. Du musst allerdings keinem dieser Glauben angehören, damit dein Ritual funktioniert. Sie liefern lediglich einen Entwurf für die Struktur des Rituals.

Vor jedem Ritual wirst du eine gewisse Vorbereitungszeit einhalten müssen, um dir über das erwünschte Resultat wirklich klar zu werden. Wenn du willst, dass ein Ritual ein langfristig anhaltendes Ergebnis bewirkt – wie zum Beispiel einen Lebensgefährten, anhaltendes Selbstvertrauen, eine dauerhafte Beziehung zur Natur oder ein tieferes Verständnis für einen bestimmten Aspekt deines Lebens –, dann solltest du für dieses Ritual einiges an Vorbereitungszeit mit einplanen. Es wäre einfach nicht realistisch, davon auszugehen, dass du mit einem zwanzigminütigen Ritual einen Gefährten anziehst, der über Jahrzehnte hinweg an deiner Seite bleibt: Vielmehr wirst du dasselbe Ritual im Laufe der Zeit wieder und wieder durchführen müssen, zum Beispiel sechs Monate lang immer zu Vollmond, um zu spüren, dass die Magie sich tatsächlich auf dein Leben auswirkt. Eben das ist die Natur eines Rituals; man muss es ständig wiederholen, immer auf die gleiche Weise und immer, wenn du das Ritual durchführst, wirst du ein tieferes Verständnis erlangen oder eine tiefere Magie verspüren.

Wir leben in einer „Fast-Food"-Kultur, in der die Menschen immer sofortige Ergebnisse erwarten, aber so funktioniert Magie nun einmal nicht. Zur Vorbereitung einiger Arbeiten gehören beispielsweise langfristige Tätigkeiten wie das Führen eines Tagebuchs oder eines Traumtagebuchs oder das Warten darauf, dass der Mond sich in der richtigen Phase befindet. Eine lange Vorbereitungszeit wie diese ist manchmal einfach notwendig, wenn der Zauber funktionieren soll. Je mehr Energie du in deine Wünsche steckst, desto stärker kann die Magie dich führen. Sei geduldig und konzentriert und du wirst die gewünschten Resultate erzielen.

Grundlagen der Ritualarbeit: Wo, wie und wann?

Wenn du noch nie mit Ritualen und Zaubern gearbeitet hast, wirst du vermutlich zunächst eine ganze Menge Fragen haben. Hier einige Grundlagen:

Rituale sind besonders effektiv, wenn sie im Freien durchgeführt werden, doch auch im Haus funktionieren sie gut, solange dir ein ruhiges, privates Plätzchen zur Verfügung steht, an dem du ungestört bist und nicht abgelenkt wirst. Die Rituale in diesem Buch sind größtenteils für den Tag oder den Abend eines Vollmonds oder Neumonds gedacht. Du wirst Vorschläge erhalten, wie du deinen

Altar herrichten kannst. Ein Altar kann aus einem Tisch, einem Baumstumpf, einem großen Stein oder einem auf den Boden gelegten Tuch bestehen. Auch bestimmte Werkzeuge sind notwendig: ein Messer und ein Kelch oder Becher. Fast alle diese Werkzeuge wirst du in deinem Haushalt oder aber in der Natur finden können. Einige Rituale in diesem Buch sind für eine Einzelperson angelegt, aber auch zwei oder drei Personen bzw. eine ganze Gruppe können sie durchführen, indem man sich einfach damit abwechselt, die Verse zu sprechen und die Handlungen zu vollführen. Mir ist wichtig, anzumerken, dass ritualisierte Magie auch bei einem unerfahrenen Magier durchaus funktioniert, deine Fähigkeiten und Sinne mit etwas Übung aber sehr viel stärker und ausgeprägter werden. Wenn du regelmäßig Rituale durchführst (zum Beispiel an jedem Vollmond oder Neumond), wirst du dich zu einem fähigen Magier entwickeln, der sehr wohl in der Lage ist, konkrete Veränderungen in seinem Leben zu bewirken.

Nach dem Ritual ist es wichtig, etwas zu essen. Das hilft, die magische Energie zu erden; wenn du es versäumst, dich zu erden, könnte es passieren, dass du in den folgenden Tagen ein wenig benommen bist und es dir schwer fällt, dich zu konzentrieren. Ein guter Magier erdet die Energie und „hält Stillschweigen" – er spricht also mit niemandem über den gewirkten Zauber, der nicht selbst am Ritual teilgenommen hat.

Wenn du gemeinsam mit anderen Rituale zelebrierst, wirkt ein gemütliches gemeinsames Essen nicht nur erdend, es stärkt zudem auch die Bande innerhalb der Gruppe. Sorgt dafür, nach jedem Ritual viel zu lachen, zusammen zu speisen und in fröhlicher Runde beisammen zu sein. Wenn du allein arbeitest, meditiere einfach beim Essen über die Magie, die du gewirkt hast, und spüre danach in das Gefühl des Geerdet-Seins und der Befriedigung hinein.

Rituale erfordern wie alle anderen Dinge, die man richtig machen will, viel Übung und Hingabe. Erwarte nach dem ersten Versuch keine umwerfenden Resultate. Lerne durch Übung, denke gründlich über deine Rituale nach, ehe du sie durchführst, und achte darauf, jeden einzelnen Schritt mit größtem Bedacht zu tun. Es wird nicht lange dauern, bis du die Magie in dir spüren kannst und allmählich übersinnliche Fähigkeiten entwickelst, von denen du nie gedacht hättest, dass du sie überhaupt besitzt.

Es gibt viele großartige Bücher über die praktische Durchführung von Ritualen und ich lege dir nahe, einige davon gründlich durchzuarbeiten. Hier ein paar Bücher, die mir persönlich besonders gefallen, wobei die Liste durchaus ausbaufähig bleibt. Es gibt viele Bücher über Rituale und Magie und jedes davon hat seine besonderen Vorzüge. Für den Anfang empfehle ich dir die folgenden:

Acht Sabbate für Hexen und Riten für Geburt, Heirat und Tod von Janet und Stewart Farrar

Transzendentale Magie: Dogma und Ritual von Eliphas Lévi

Ceremonial Magic: A Guide to the Mechanisms of Ritual von Israel Regardie

The Tree of Life: An Illustrated Study in Magic von Israel Regardie

The Training and Work of an Initiate von Dion Fortune

Handbuch der Natur- und Elementarmagie von Scott Cunningham

Auf dem Markt gibt es noch jede Menge weiterer Bücher, die dich vielleicht ansprechen. Lies, so viel du kannst, und halte Ausschau nach verantwortungsvollen Lehrern für Magie und Rituale.

Lasst uns beginnen ...

Nun wollen wir endlich einen Blick auf die Märchen, die Zauberwesen und die rituelle Magie selbst werfen. Doch sei gewarnt: Dies sind nicht die Grimmschen Märchen, wie du sie von deiner Mutter erzählt bekommen haben magst! Diese Märchen sind schaurig, finster, sexuell und pervers.

Super, oder?

Grimms Märchen

Wenn wir von Märchen sprechen, scheinen wir fast immer im gleichen Atemzug auch den Namen Grimm zu verwenden. Wer aber waren die Grimms und warum bringen wir so viele Geschichten unserer Kindheit mit ihnen in Verbindung?

Vor zweihundert Jahren begaben sich die beiden Brüder Wilhelm und Jacob Grimm auf eine Reise, die für sie zum Lebenswerk werden sollte: Sie zogen los, die Märchen und Folklore aus dem Gebiet des deutschen Schwarzwalds zu sammeln. Sowohl Jacob (4. Januar 1785 – 20. September 1863) als auch Wilhelm (24. Februar 1786 – 16. Dezember 1859) hatten die Rechtswissenschaften studiert und hätten ebenso gut auch Juristen werden können, an die sich heute niemand mehr erinnern würde. Doch das sollte nicht sein: An der Universität wurden die beiden Brüder durch einen Professor dazu inspiriert, sich die alten Märchen und Legenden aus dem Schwarzwald, einem damals noch wilden und ungezähmten Teil Deutschlands, einmal genauer anzuschauen.

Wilhelm und Jacob lebten gemeinsam mit ihren vier Schwestern recht privilegiert in der Nähe von Frankfurt. Als der Vater starb, waren die Brüder noch keine zehn Jahre alt. Als wenig später auch der Großvater verschied, zog die Mutter mit den Kindern in eine bescheidenere Stadtwohnung und musste um ihr Überleben kämpfen. Trotz der widrigen Umstände gingen Jacob und Wilhelm zur Universität nach Kassel. Dort wurde von einem gewissen Professor von Savigny ihr Interesse für alles Altertümliche und insbesondere für frühe Sprachen und alte Volkssagen geweckt. Der Professor unterstützte die beiden Brüder in ihrem Bestreben, Gelehrte der alten Sprachen zu werden. Und tatsächlich verfasste Jacob eine Schrift zur Veranschaulichung spezifischer Lautverschiebungen, die sich vollzogen, als sich aus den alten indogermanischen Sprachen die deutsche Sprache entwickelte. Diese Schrift kommt bis heute unter der Bezeichnung „Grimmsches Gesetz“ bzw. „Erste Lautverschiebung“ zur Anwendung. Gemeinsam arbeiteten die Brüder an einem *Deutschen Wörterbuch*, das im Jahre 1854 schließlich erschien.

Doch das Werk, das zu ihrer lebenslangen Leidenschaft werden sollte, begann bereits in ihren frühen Jahren um 1807. Der Professor lehrte die beiden Brüder die Faszination für Folklore und Volksmärchen. Sie begannen, in ihrer eigenen Heimat regionale Geschichtenerzähler aufzusuchen und schrieben die Geschichten nieder, die sie von ihnen hörten. Nicht immer war es harte Arbeit: Das Märchen vom Rotkäppchen zum Beispiel hörte Wilhelm erstmals von Henriette Dorothea Wild, dem Mädchen, das er dereinst heiraten sollte.

Im Jahre 1812 veröffentlichten die Brüder ihre erste Märchensammlung unter dem Titel *Kinder- und Hausmärchen*. Zwischen den Jahren 1816 und 1818 veröffentlichten sie eine weitere Sammlung von 585 deutschen Geschichten unter dem Titel *Deutsche Sagen*. Bis zu ihrem Tod hörten die Brüder niemals auf, Märchen und Sagen zu sammeln und zu bearbeiten. Dabei umfasste ihr Märchenschatz neben den deutschen Märchen, mit denen sie aufgewachsen waren, auch französische und italienische Märchen.

Die Grimms unterschieden sich stark von anderen Folkloristen ihrer Zeit. Francis James Child (1825-1896) und Cecil Sharp (1859-1924) hielten sich beispielsweise stets an die goldene Regel, neu entdeckte Lieder und Märchen sofort zu veröffentlichen. Die Grimms dagegen waren dafür bekannt, dass sie die Märchen zunächst bearbeiteten und so manche Charaktere veränderten (so machten sie aus der ursprünglichen *Fee* in einigen Märchen eine *Zauberin* oder *Hexe*). Oft machten sie aus boshaften Müttern Stiefmütter oder kreierten andere Rechtfertigungen für ihre Charakterschwäche, schlimme Taten zu begehen. In einigen Fällen vermischten sie auch die Geschichten aus mündlichen Quellen (Geschichten, die ihnen erzählt wurden) mit ähnlichen Geschichten aus schriftlichen Quellen, wie den Märchen von Charles Perrault (1628-1703), einem französischen Autor, der gut ein Jahrhundert früher aktiv war und zahlreiche französische Märchen drucken ließ. Kurz: Nicht selten kochten sie das reinste Folkloresüppchen.

Auch wenn die Grimmschen Märchen sich bis heute größter Beliebtheit erfreuen (was sie nicht selten späteren Adaptionen, wie beispielsweise den Disney-Filmen zu verdanken haben), unterscheiden sich die Versionen, wie wir sie heute kennen, oft drastisch von denen, wie sie dereinst im Schwarzwald erzählt wurden. Mit unseren Erörterungen dieser Märchen blicken wir zurück auf die Zeit vor den Gebrüdern Grimm – auf Versionen aus Deutschland, Italien, Frankreich und England. Allerdings werden wir die Grimmschen Fassungen als endgültige Version betrachten, weshalb es sich durchaus lohnt, sich die Grimmschen Versionen anzuschauen (man findet sie leicht im Internet oder in Buchform).

Bemerkenswert ist auch, dass die Gebrüder Grimm diese Märchen eher als Sagen, Volksmärchen oder einfach nur als Geschichten bezeichneten. Der irreführende Begriff des Märchens wurde ihnen erst später verliehen, als Verleger begannen, diesen Begriff für Bücher zu verwenden, die sich an sehr junge Kinder richteten. Eine weitere Phrase, derer man sich in Bezug auf diese Art von Volksmärchen bediente, sind die „Mutter Gans Geschichten". Mutter Gans war ursprünglich ein Begriff, den man verwendete, um eine ältere Landfrau zu bezeichnen, die man oft beim Hüten ihrer Hausgänse beobachten konnte. Unter diesem Begriff verkauften die Verleger eine Art Folklore-Mischmasch aus Grimms Märchen und anderen Geschichten. Diese Begriffe neigen allerdings dazu, die Erzählungen zu trivialisieren, ihnen eine Aura des Unsinns zu verleihen, der lediglich zur Unterhaltung von Kindern dient. Die Wahrheit aber ist, dass diese Geschichten Erwachsenen und Kindern gleichermaßen erzählt wurden, wobei die Zuhörer sich durchaus bewusst waren, dass sie eine äußerst potente Magie und uralte Überlieferungen enthielten.

Nehmen wir nun also die beliebtesten Märchen der Grimms einmal unter die Lupe und werfen einen Blick auf die unheimlichen, finsteren, erotischen Wurzeln dieser Märchen.

Kapitel 1

Schneewittchen - Die Nymphe Ein Ritual für sexuelle Anziehungskraft

Schneewittchen ist die weithin bekannte Geschichte eines Mädchens, dessen Mutter, eine Königin, von Eifersucht erfasst wird, als ihre Tochter sich zu einer betörenden Schönheit entwickelt. Die Königin befiehlt, das Mädchen zu töten, doch der beauftragte Jäger verschont das schöne Kind. Darauf findet es Zuflucht bei sieben Zwergen. Ihre Mutter aber spürt sie auf und versucht drei Mal, sie zu ermorden, doch die Zwerge können sie zwei Mal retten. Beim dritten Mordversuch der Mutter scheint das Mädchen tatsächlich gestorben zu sein, doch auch dieses Mal wird sie errettet: von einem vorbeiziehenden Prinzen. In unserem Ritual werden wir Schneewittchens Attraktivität und Anziehungskraft heraufbeschwören und uns diese Qualitäten für uns selbst nutzbar machen.

Alle Zitate aus der Geschichte entstammen den „Kinder- und Hausmärchen der Brüder Grimm".

„Es war einmal mitten im Winter und die Schneeflocken fielen wie Federn vom Himmel herab, da saß eine Königin an einem Fenster, das einen Rahmen von schwarzem Ebenholz hatte, und nähte. Und wie sie so nähte und nach dem Schnee aufblickte, stach sie sich mit der Nadel in den Finger und es fielen drei Tropfen Blut in den Schnee. Und weil das Rote im weißen Schnee so schön aussah, dachte sie bei sich: ‚Hätt ich ein Kind so weiß wie Schnee, so rot wie Blut und so schwarz wie das Holz an dem Rahmen.'

Bald darauf bekam sie ein Töchterlein, das war so weiß wie Schnee, so rot wie Blut und so schwarzhaarig wie Ebenholz und ward darum Schneewittchen genannt."

So beginnt die Grimmsche Erzählung dieser Geschichte, die wir inzwischen „Schneewittchen" nennen.

Oberflächlich betrachtet, ist „Schneewittchen" die Geschichte eines armen Mädchens im Fadenkreuz der Stiefmutter. Scheinbar ohne jegliches Zutun hat sie den Hass ihrer eifersüchtigen Stiefmutter auf sich gezogen, die sich geschworen hat, das Mädchen zu töten. Der Jäger verschont sie trotz des eindeutigen Befehls der Königin und sie findet Zuflucht bei sieben Zwergen, die im Wald ein Häuslein bewohnen. Mit Hilfe eines magischen Spiegels kann die Stiefmutter sie jedoch aufspüren und vergiftet sie. Sie scheint tot zu sein, wird aber gerettet und von einem schönen Prinzen ins Leben zurückgeholt.

Das zumindest ist die Geschichte, die wir durch Bücher und Disney-Filme aus unserer Kindheit kennen. Wie wir noch feststellen werden, hat Disney die Geschichte arg verharmlost und verniedlicht. Es gibt sehr viele Versionen dieser Geschichte, von denen einige sehr viel älter sind als die Grimmsche Fassung und ganz und gar nicht hübsch.

In der Grimmschen Fassung wünscht sich eine Frau ein Kind (wie wir dem obigen Zitat entnehmen können) und bekommt bald darauf ein kleines Mädchen. In dieser Fassung stirbt die Mutter noch bei der Geburt des Kindes und sein Vater, der König, heiratet ein Jahr später eine andere. Von dieser neuen Frau berichtet die Geschichte: „Es war eine schöne Frau, aber sie war stolz und übermütig und konnte nicht leiden, dass sie an Schönheit von jemand sollte übertroffen werden. Sie hatte einen wunderbaren Spiegel, wenn sie vor den trat und sich darin beschaute, sprach sie: ‚Spieglein, Spieglein an der Wand, wer ist die Schönste im ganzen Land?'"

Natürlich kennen wir alle die Antwort des Spiegels.

Doch als Schneewittchen sieben Jahre alt ist, gibt der Spiegel eine andere Antwort und sagt der Königin, Schneewittchen sei viel schöner als sie selbst: „Da erschrak die Königin und ward gelb und grün vor Neid. Von Stund an, wenn sie Schneewittchen erblickte, kehrte sich ihr das Herz im Leibe herum, so sehr hasste sie das Mädchen."

Die Königin trägt einem Jäger auf, das Mädchen in den Wald zu bringen und zu töten, doch der Jäger bringt es nicht über sich, da Schneewittchen von solcher Schönheit ist (was uns die Botschaft übermittelt, dass hässliche Mädchen durchaus entbehrlich sind). Er kommt zu dem Schluss, dass die wilden Tiere sie schon töten werden, erlegt einen Bären und bringt dessen Lunge und Leber zur Königin. (In einigen Versionen ist es das Herz, in anderen ein Zeh.)

Schneewittchen durchstreift nun den Wald, wo die wilden Tiere sie nicht anrühren, bis sie zu einem kleinen Haus gelangt. Das Häuslein ist sehr ordentlich und sieben Tischgedecke stehen bereit, es gibt sieben Stühle und sieben Betten (die uns von den Grimms recht merkwürdig beschrieben werden: „An der Wand waren sieben Bettlein nebeneinander aufgestellt und schneeweiße Laken darüber gedeckt"). Schneewittchen isst von jedem Tellerchen einen Happen und schläft nach einem Gebet in einem der Bettlein ein.

Als die Zwerge heimkehren, müssen sie feststellen, dass jemand von ihrem Essen genommen, auf ihren Stühlen gesessen und ihre Bettlein durcheinander gebracht hat. Als sie schließlich in einem der Betten Schneewittchen entdecken, sind die Zwerge, genau wie zuvor der Jäger, von deren Schönheit überwältigt: „‚Ei, du mein Gott! Ei, du mein Gott!', riefen sie ‚was ist das Kind so schön!' und hatten so große Freude, dass sie es nicht aufweckten, sondern im Bettlein fortschlafen ließen. Der siebente Zwerg aber schlief bei seinen Gesellen, bei jedem eine Stunde, da war die Nacht herum."

Am Morgen schließen die Zwerge mit Schneewittchen einen Pakt. „Die Zwerge sprachen: ‚Willst du unsern Haushalt versehen, kochen, betten, waschen, nähen und stricken, und willst du alles ordentlich und reinlich halten, so kannst du bei uns bleiben, und es soll dir an nichts fehlen.' ‚Ja', sagte Schneewittchen, ‚von Herzen gern.'" Das klingt doch sehr nach einem Eheversprechen und Schneewittchen übernimmt fortan die Rolle der Ehefrau für alle sieben Zwerge. Jeden Tag überlassen die Feenwesen ihr die Sorge um das Haus, wenn sie losziehen, in ihren Stollen zu graben.

Nun konsultiert die Königin ihren Spiegel und stellt fest, dass Schneewittchen noch am Leben ist. Sie verkleidet sich als Krämerin und verkauft Schneewittchen Schnürriemen. Sie schnürt das Mädchen so fest, dass es erstickt, und lässt es tot liegen. Als die Zwerge heimkehren, lösen sie die Schnürriemen und holen Schneewittchen ins Leben zurück.

Ein zweites Mal berichtet der Spiegel der Königin, dass Schneewittchen am Leben ist, und dieses Mal verkauft die verkleidete Königin ihr einen vergifteten Kamm. Sobald Schneewittchen sich den Kamm ins Haar steckt, fällt sie nieder und scheint tot zu sein. Doch wiederum wird sie von den Zwergen gerettet und wiederum erfährt es die Königin durch ihren Spiegel.

Beim dritten und letzten Mal verkleidet sich die Königin als Bauersfrau und überreicht Schneewittchen einen Apfel, der zur Hälfte vergiftet ist. Die Königin isst von der unverdorbenen Hälfte und Schneewittchen beißt in die vergiftete Hälfte und stürzt darnieder. Als die Zwerge heimkehren, schaffen sie es nicht, sie wiederzubeleben.

Da sie nicht leben wollen, ohne ihre erstaunliche Schönheit sehen zu können, legen sie sie in einen gläsernen Sarg und stellen ihn auf einen Berg. Abwechselnd wachen sie zu jeder Zeit über den Sarg und auch die Vögel bewachen das tote Mädchen.

Da kommt der Sohn eines Königs durch den Wald und will bei den Zwergen übernachten. Er erblickt den gläsernen Sarg und ist wild entschlossen, ihn für sich zu bekommen. Die Zwerge wollen ihn nicht verkaufen, doch als der Prinz sie bittet, ihn ihm zu schenken, willigen sie seltsamerweise ein.

Die Diener des Prinzen nehmen den Sarg auf die Schultern und tragen ihn davon, irgendwann stolpern sie und lassen den Sarg fallen. Durch die Erschütterung löst sich der Apfel aus Schneewittchens Hals und sie erwacht. Der Prinz erklärt ihr die Situation und sie willigt ein, ihn zu heiraten.

Auf der Hochzeit taucht die Stiefmutter auf. Da zieht man ihr glühend heiße Eisenschuhe an und lässt sie darin tanzen, bis sie tot umfällt.

Möglicherweise ist dir das Märchen aus deiner Kindheit oder aus Film- und Fernsehversionen anders in Erinnerung, als hier erzählt. Zum Beispiel gibt es Versionen, in der der Prinz Schneewittchen wachküsst oder in der alle glücklich bis an ihr Lebensende leben. Wie du sehen kannst, ist die Geschichte doch ein klein wenig anders, als die meisten Menschen sie kennen: Der Prinz küsst Schneewittchen keineswegs (mehr dazu später). Und die königliche Mutter wird auf grausige Weise getötet. Oh, und Schneewittchen erwacht aus ihrem Koma, kehrt ihren sieben Zwergen-Ehemännern den Rücken und heiratet einen vollkommen Fremden.

Wer ist Schneewittchen?

Schneewittchen ist gewissermaßen ein Rätsel. Sie ist so vollkommen anders als alle anderen Charaktere der Geschichte. In der Grimmschen Fassung wird uns gesagt, ihre Mutter habe sich gewünscht, das Mädchen solle einmal genauso werden wie sie selbst, später aber eine irrsinnige Eifersucht auf Schneewittchens Schönheit entwickelt. (Wir alle sind mit der Grimmschen Fassung groß geworden, in der es Stiefmutter heißt, doch die Grimms haben die Mutter der älteren Versionen durch eine Stiefmutter ersetzt, um die Situation ein wenig zu entschärfen.) Für ihre Mutter war Schneewittchen also eine Quelle der Frustration, der Eifersucht und des Hasses. Dem Jäger dagegen, den die Mutter beauftragt hatte, Schneewittchen zu töten, erschien sie als hinreißende Schönheit. („Und weil es so schön war, hatte der Jäger Mitleiden und sprach: ‚So lauf hin, du armes Kind!'") Für die Zwerge, bei denen sie dann leben soll, ist sie die Ehefrau. Und für den Prinzen, der sie schlafend findet und sie errettet, ist sie die Geliebte. Wie kann ein einzelnes Mädchen, die, wie uns mehrere Versionen der Geschichte berichten, gerade erst sieben Jahre alt ist („Schneewittchen aber wuchs heran und wurde immer schöner, und als es sieben Jahre alt war, war es so schön wie der klare Tag und schöner als die Königin selbst."), all diese verschiedenen Rollen einnehmen?

Die Antwort finden wir in einer älteren Version der Geschichte. In dieser Erzählung fahren ein König und eine Königin in einer Kutsche durch ihr Reich. Draußen schneit es und am Himmel fliegen Raben umher (was in Mitteleuropa keine Seltenheit ist). Der König wünscht sich eine Tochter so weiß wie Schnee und so schwarz wie die Raben. Da erscheint ganz plötzlich draußen neben der Kutsche ein solches Mädchen, worauf der König sie in seine Kutsche einlädt und sie zu seiner Tochter erklärt.

Stellen wir uns diese Szene einmal bildlich vor: Der König und die Königin fahren durch eine finstere europäische Nebellandschaft und beobachten die kreisenden Raben. Der König fasst seine Gedanken in Worte: „Schau dir nur die Raben an, meine Königin. Und wie der Schnee glänzt um uns her. Hätten wir doch nur ein Kind so weiß wie Schnee und so schwarz wie diese Raben ..." Die Königin erwidert nichts darauf und tut den vergeblichen Wunsch des Königs mit einem Nicken ab. Doch da zieht der König plötzlich scharf die Luft ein und deutet aus dem Fenster der Kutsche. Und dort steht am Wegesrand ein Mädchen. Sie ist noch jung, vielleicht sieben Jahre alt. Sie trägt einen alten, roten Gehrock mit einem Kragen aus Fuchspelz und einen Muff aus schwarzem Fell. Ihre Haut ist so blass wie Sahne und ihre Wangen so rot wie ein reifer Apfel. Sie ist so blass, dass man sie inmitten des Schnees, der unablässig fällt, beinah übersehen könnte, wären da nicht das Haar und die Augen. Das Haar ist so schwarz wie das Rabengefieder, ein zarter Pony umrahmt das blasse Gesicht und lange Locken fallen über ihre Schultern. Und als der König näherkommt, sieht er auch ihre Augen, schwarz wie die Nacht.

Das Herz des Königs macht einen Sprung, denn dies ist das Kind, das er sich gewünscht hat! Er schlägt mit dem Gehstock ans Dach der Kutsche und gibt dem Kutscher ein Zeichen, anzuhalten. Er öffnet die Kutschentür und winkt das Kind heran: „Komm heraus aus der nassen Kälte, mein Schatz. Ich bin dein König. Komm in meine Kutsche." Anmutig steigt das Mädchen in die Kutsche. Die Königin wendet den Blick ab und schaut hinaus auf die trostlos verschneite Landschaft mit den toten, kahlen Bäumen.

Nun haben wir schon eine ganz andere Geschichte vorliegen, in der das Mädchen scheinbar zufällig aus dem Nichts erscheint und ihren Platz in der königlichen Familie einnimmt. In der uns bekannten Fassung scheint der Vater keine Erwähnung zu finden, während der Vater in dieser Geschichte der Schöpfer jenes

Abenteuers zu sein scheint, das in der Kutsche seinen Anfang nimmt. In dieser Version ist keine Rede davon, dass der König Erkundigungen über die tatsächlichen Eltern des Kindes einzieht, noch wird die Königin um ihre Meinung gebeten. Nun ja, er ist immerhin der König. Er kann tun, wie ihm beliebt.

Das Erscheinen Schneewittchens am Wegesrand als Antwort auf den Wunsch des Königs entspricht dem Verhalten eines Zauberwesens, nämlich dem eines Feenkinds. Feenkinder treten oft in Gestalt von missratenen Kindern in Erscheinung, die stets im richtigen Moment auftauchen, um bei einer Menschenfamilie Unterschlupf zu finden. Ein anderer Name für solch ein Wesen lautet Wechselbalg. Ein Wechselbalg ist eine Fee, die nach einem menschlichen Leben strebt. Behalten wir das im Gedächtnis und kommen später darauf zurück.

In der Version der Gebrüder Grimm erleben wir auch die Geburt Schneewittchens. Ihre Mutter empfängt kurz nach ihrem Missgeschick beim Nähen, wo sie sich mit einer Nadel in den Finger sticht (was für Sex und den Verlust der Jungfernschaft steht) und drei Tropfen ihres Blutes in den weißen Schnee fallen, ein Kind. Sie wünscht sich ein Kind so weiß wie Schnee, so rot wie Blut und so schwarz wie der Fensterrahmen aus Ebenholz. Solch ein Wunsch ist sehr mächtige Magie. Im Gegenzug für ihren Wunsch hat sie drei Tropfen des eigenen Blutes gegeben und es ist sehr wahrscheinlich, dass eine Fee, ein Wechselbalg, diesem Wunsch entspricht und sich zu einem Leben als Menschenkind mit blasser Haut, roten Wangen und schwarzem Haar und schwarzen Augen entschließt. Geschichten über schöne Feenkinder und Wechselbälger sind in Europa weit verbreitet und ein Wunsch, ausgesprochen mit einem Blutopfer, würde mit großer Sicherheit ein solches Feenkind anziehen – leider mit der tödlichen Folge von Eifersucht, Zorn, Gift und Tod. Dies ist die Macht, die die Feen über uns besitzen.

Ein weiterer merkwürdiger Aspekt der Geschichte ist die Tatsache, dass Schneewittchen, obwohl es doch recht jung ist, bei vielen Charakteren der Geschichte ein romantisches Interesse weckt. Der Jäger findet sie so schön, dass er sich hinreißen lässt, einen direkten Befehl der Königin zu verweigern und das Kind zu schonen. Nun würden aber Jäger, gleich wie berauscht sie von der Schönheit einer jungen Frau auch sein mögen, wohl kaum den Befehl einer Königin verweigern. Und die Zwerge nehmen sie mit in ihre Betten. Ihre Mutter betrachtet Schneewittchen, wie bereits gesagt, als sexuelle Konkurrenz und entwickelt eine solche Eifersucht auf ihre Tochter, dass sie willens ist, sie zu töten. (In der älteren Version rechtfertigt sich die Eifersucht der Königin/Mutter dadurch, dass das Mädchen sie als Objekt der Zuneigung des Ehegatten verdrängt. Diese

Mutter scheint kaum eine Wahl gehabt zu haben, das Feenkind vom Wegesrand als ihre Tochter akzeptieren zu können.)

Sehen wir uns eine weitere ältere Geschichte an, die eine Version von Schneewittchen aus einer völlig anderen Perspektive und mit einem völlig anderen Ausgang zu sein scheint. Diese Fassung unseres Märchens vom süßen Schneewittchen stammt aus der Schweiz:[1]

> Auf einer der Hochebenen zwischen Brugg und Waldshut am Schwarzwalde wohnten sieben Zwerge zusammen in einem kleinen Häuschen. Da kam einmal spät abends ein junges nettes Bauernmädchen verirrt und hungrig des Weges und bat um ein Nachtlager. Die Zwerge hatten nur sieben Betten, dennoch stritten sie sich, denn jeder wollte dem Mädchen sein Bett abtreten; endlich nahm sie der Älteste von ihnen zu sich in seines, kaum aber ging's ans Einschlafen, so kam noch eine Bauernfrau vors Häuschen, klopfte und begehrte Einlass. Das Mädchen stand gleich auf und sagte ihr, wie die sieben Zwerge hier selber nur sieben Betten und sonst keinen Platz mehr für jemand übrig hätten. Darüber wurde die Frau sehr zornig und schalt in ihrem Argwohn das Mädchen, in welcher sie die Beihälterin von sieben Männern vermutete, ein Lumpenmaitschi. Unter Drohungen, dass man einer solchen schlechten Wirtschaft bald ein Ende gemacht haben werde, ging sie grimmig davon; noch in derselben Nacht aber erschien sie mit zwei Männern, die sie vom Rheinsufer her geholt hatte, und diese brachen sogleich ins Haus ein und erschlugen die Zwerge. Man verscharrte die Leichen draußen in dem Gärtchen und verbrannte das Haus. Das Mädchen war darüber den Leuten aus den Augen gekommen.

Hier ist es also eine Bauersfrau, keine Königin, die angesichts unserer süßen Heldin in tödliche Raserei verfällt. Was hat das Schneewittchen nur an sich, das sie zum Objekt so ungezügelter Lust und solch ungeheurer Missgunst werden lässt?

Sex und die eine Nymphe

Die Antwort ist ganz einfach und liegt im Mysterium um Schneewittchens Geburt oder ihrer Beschwörung durch hohe Feenmagie: Unser kleines Schneewittchen ist eine Nymphe, eine Naturgottheit, wie sie oft in griechischen und anderen europäischen Mythen auftaucht! Am Wegesrand aufgelesen oder herbeigerufen durch einen magischen Wunsch, für den die Jungfernschaft und drei Tropfen Blut der Mutter geopfert werden, ist die junge Schönheit, die ganz exakt so erscheint, wie im Wunsch beschrieben, nichts anderes als ein Wechselbalg, eine Fee, die sich für ein menschliches Leben entschieden hat. Man hört oft davon, dass ein Wechselbalg sein Leben mit dem eines Menschenkindes tauscht, wobei das Menschenkind dann seinen Platz in der Feenwelt einnimmt, doch in einigen Legenden taucht die Fee auch einfach am Wegesrand auf. In diesen Märchen, in denen die Fee zugleich ein Wechselbalg ist, kann sie sich oftmals auch in einen Igel verwandeln.

Schneewittchen erfüllt in jeder Hinsicht die Kriterien einer Nymphe. Sie ist unvorstellbar schön und sieht ganz genau so aus, wie es den Vorstellungen der jeweiligen Charaktere entspricht: Mutter oder Vater beschreiben ein Mädchen so weiß wie Schnee, rot wie Blut und schwarz wie Ebenholz oder drei Raben (hier haben wir wieder die Zahl drei im Wunsch) und das Mädchen sieht dann genau so aus. Wir können nur annehmen, dass Schneewittchen eine sehr blasse Haut (weiß wie Schnee), sehr dunkles Haar (schwarz wie Ebenholz oder Raben) und leuchtend rote Wangen (in der Farbe des Blutes) haben muss. Als Tochter eines Königs oder einer Königin ist sie vermutlich in ihrer Haltung äußerst vornehm und königlich und von standesgemäßem Gebaren.

Aber Moment. Eines Jägers Vorstellung von Schönheit wäre wohl eine völlig andere als die eines Königs oder einer Königin: In den ländlichen Gebieten Deutschlands oder der Schweiz im 19. Jahrhundert wäre eine Schönheit im Sinne der Allgemeinheit wohl eher von üppigerer Statur (ein Zeichen für Gesundheit und Fruchtbarkeit) gewesen, hätte eine Hautfarbe gehabt, die von stundenlanger Arbeit im prallen Sonnenlicht zeugt (also keine sahneweiße Haut und rote Wangen), und als deutsches Schönheitsideal mit Sicherheit glänzend blondes Haar besessen. Und doch findet der Jäger an dem siebenjährigen, blassen, dunkelhaarigen Schneewittchen so großen Gefallen, dass er einfach den Befehlen der Königin, der er dient (und die selbst eine hinreißende Schönheit ist, wenn wir der Grimmschen Version Glauben schenken), zuwiderhandelt. Kann ihm Schneewittchen denn wirklich auf dieselbe Weise erschienen sein wie der Mutter und dem Vater? Es heißt sogar „die wilden Tiere sprangen an ihm vorbei, aber sie taten ihm nichts." Allem Anschein nach verfügte Schneewittchen über genügend Magie, selbst Bären und Wölfe zu bezähmen.

Und was ist mit den Zwergen? Die Gebrüder Grimm erzählen uns, sie hätten bei ihrem Anblick gerufen: „ ‚Ei, du mein Gott! Ei, du mein Gott, was ist das Kind so schön!'" Sie ist so liebreizend, dass sie sie einladen, bei ihnen zu wohnen und die Aufgaben einer Ehefrau zu übernehmen. Die Gebrüder Grimm wollen uns weismachen, dass die Zwerge zugunsten des schönen Kindes ihre Schlafordnung ändern, doch wie wir aus der Schweizer Geschichte wissen, behandeln die Zwerge Schneewittchen zumindest in einigen Versionen als richtige Ehegattin und der älteste Zwerg erwartet im Gegenzug für Unterkunft und Verpflegung sexuelle Dienste von ihr. Wenn du auch nur ein wenig über Nymphen Bescheid weißt, dann ist dir klar, dass dieses Arrangement für diese Sorte Fee keineswegs ein Problem gewesen wäre. In den germanischen Mythen über Freyja zum Beispiel liegt diese nymphenhafte Göttin gleich bei vier Zwergen – Dvalin, Alfrigg, Berlingr und Grerr – bei je einem pro Nacht, um zu ihrem Halsschmuck aus Gold und Bernstein, den Brisingamen zu kommen. Möglicherweise ist uns also in der Gestalt des Schneewittchens ein Hauch der Freyja erhalten geblieben.

Noch im Tode sind die Zwerge gebannt von Schneewittchens Schönheit. „Da wollten sie es begraben, aber es sah noch so frisch aus wie ein lebender Mensch und hatte noch seine schönen roten Backen. Sie sprachen: ‚Das können wir nicht in die schwarze Erde versenken', und ließen einen durchsichtigen Sarg von Glas machen ... Nun lag Schneewittchen lange, lange Zeit in dem Sarg und verweste nicht, sondern sah aus, als wenn es schliefe, denn es war noch so weiß wie Schnee, so rot wie Blut und so schwarzhaarig wie Ebenholz." Die Tiere des Waldes waren ganz verzaubert von dieser schönen toten Nymphe: „Und die Tiere kamen auch und beweinten Schneewittchen, erst eine Eule, dann ein Rabe, zuletzt ein Täubchen." Raben fressen normalerweise tote Menschen.

Jetzt kommt der Prinz vorbei, erblickt die schlafende Nymphe und bittet die Zwerge, ihm Schneewittchen in seinem Sarg zu schenken. „Er sah auf dem Berg den Sarg und das schöne Schneewittchen darin und las, was mit goldenen Buchstaben darauf geschrieben war. Da sprach er zu den Zwergen: ‚Lasst mir den Sarg, ich will euch geben, was ihr dafür haben wollt.' Aber die Zwerge antworteten: ‚Wir geben ihn nicht um alles Gold in der Welt.' Da sprach er: ‚So schenkt ihn mir, denn ich kann nicht leben ohne Schneewittchen zu sehen, ich will es ehren und hochachten wie mein Liebstes.'"

Liegt es an mir oder sind diese Typen ein bisschen unheimlich?

Nun ja, bedenkt man, dass Feenschönheit unwiderstehlich ist, verhalten sie sich wohl ganz normal. Die Nymphe verzaubert mit ihrem himmlischen Antlitz alles in ihrer Umgebung; die Zwerge, der Prinz, selbst die Tiere des Waldes verlieben sich in sie. Und Mama, die ein bisschen unsicher ist und langsam in die Jahre kommt, wird von der Nymphe dazu getrieben, ihren Zorn und inneren Aufruhr auszuagieren.

Nymphen sind Feen, die wir aus griechischen Überlieferungen kennen und von denen auch in den Überlieferungen fast aller europäischen Kulturen die Rede ist. Sexuell, wunderschön, verführerisch und sinnlich, können sie jedoch auch unnahbar, keusch oder gar jungfräulich sein, wenn sie wollen. In der griechischen Mythologie umgab sich die Göttin Artemis mit einem Gefolge von Nymphen, die die Gestalt von neunjährigen Mädchen angenommen hatten und in einigen Fällen auch keusch waren. Drei Mädchen aus dem Gefolge der Artemis waren einmal sterbliche Mädchen gewesen, die zu Nymphen gemacht wurden, nachdem sie bei der Verteidigung ihrer Tugend den Tod erlitten hatten. Doch in den meisten Mythen erscheinen die Nymphen als lüstern und ergötzen sich an der eigenen Sexualität, sie haben Sex mit männlichen und weiblichen Menschen, Göttern (wie zum Beispiel mit Bacchus/Dionysos) und mit Tieren. Die meisten Nymphen sind an eines der Elemente gebunden und leben entweder im Wasser, in der Luft oder in Bäumen. Zu ihnen gehören die Najaden (Flussnymphen), Dryaden (Baumnymphen) und Nixen (Flussnymphen, speziell die Nymphen am Rhein und die Loreley). Sie alle sind hinreißend und verführerisch.

Das Wort Nymphe könnte einem griechischen Wort entlehnt sein, das eine blühende Rose bezeichnet, wobei die Farbe der Rose mit dem Rot einer Mädchenwange (Schneewittchens Wangen und Lippen sind rot wie Blut) und die Blüte selbst den weiblichen Schamlippen verglichen wird. Unschuld und sexuelle Verlockung verschmolzen also zu einer einzigen göttlichen Schönheit.

Schneewittchen ist in jeglicher Hinsicht eine echte Nymphe. Sie besitzt auch gewisse tugendhafte Eigenschaften. Ihre Gutherzigkeit spiegelt sich bereits teilweise in ihrem Namen wider: Schnee fällt vom Himmel und verbindet uns somit mit ihm. Wie ihr Namensbruder, der Schnee, ist auch Schneewittchen rein, keusch und unschuldig. Das wird auch in einem alten Sprichwort deutlich: „So rein wie frisch gefallener Schnee." Nach Ansicht von Maria Tatar gibt es noch einen weiteren Aspekt: „Schnee verweist auf Kälte und Distanziertheit und auch auf Leblosigkeit und Inaktivität ... das Schneewittchen im Sarg erscheint tatsächlich nicht nur rein und unschuldig, sondern ebenso passiv, komatös und von himmlischer Schönheit."[2] Im scheinbaren Tod wirkt sie keusch, unnahbar, unerreichbar. Alle können ihre göttliche Schönheit bewundern, doch niemand kann sie besitzen (bis schließlich der eine würdige Freier, der Prinz, auftaucht).

Schneewittchen entspricht zu einem großen Teil der tugendhaften Tochter, die allen elterlichen Erwartungen gerecht wird (ob sie nun der Mutter geboren wird, wie diese es sich gewünscht hat oder dem königlichen Vater als Fleisch gewordene Erfüllung all seiner Wünsche erscheint). Später ist sie die perfekte Ehefrau und umsorgt die Zwerge, indem sie kocht, das Haus putzt und sie auf jede erdenkliche Weise befriedigt. Doch sie ist auch sexuell, sinnlich, lüstern und verführerisch. Zwar ist sie in der Geschichte mit dem Wechselbalg, das am Wegesrand auftaucht, die Erfüllung der Wünsche des Königs, doch sie reißt auch die Rolle der Königin an sich und gibt sich ganz genau so, wie ein erwachsener Mann sie sehen und begehren würde. Sie ist Schönheit in Perfektion – etwas, worauf die Menschenkönigin niemals hoffen darf. Bereitwillig und ohne Bedenken steigt sie in die Kutsche des Königs, was man einerseits als Naivität, andererseits aber auch als Lüsternheit betrachten könnte. Tatsächlich ist es in unserer Kultur weit verbreitet, dass Frauen bewusst Unschuld und Naivität mimen, wenn sie verführerisch sein wollen. Und junge Frauen wissen genau, dass erwachsene Männer, auch wenn sie beschützende und väterliche Gefühle hegen, dennoch lüstern und begehrlich auf eine junge, verletzliche Frau reagieren.

Kommen wir zum Jäger. Schneewittchen, die Nymphe, verführt ihn mit Schönheit und Tränen. Sie bittet um ihr Leben, wie es wohl jeder tun würde. Doch in ihrem Betteln lässt sich mehr erkennen als Angst und Flehen: „... fing es an zu weinen und sprach: ‚Ach, lieber Jäger, lass mir mein Leben; ich will in den wilden Wald laufen und nimmermehr wieder heimkommen.'“ Nun stell dir einmal das unverschämt schöne Schneewittchen vor, wie es voller Sanftmut und Unschuld die Hand dieses starken, maskulinen Jägers ergreift, mit ihren dunklen Augen zu ihm aufblickt und mit leiser Mädchenstimme, die nicht mehr als ein Wimmern ist, diese Worte spricht, während sie langsam den Oberkörper vor Angst und Aufregung hin und her wiegt. Ihre zarte weiße Hand umklammert den rauen Stoff seines Ärmels und über ihr blasses Gesicht rollt eine einzelne Träne. Sie legt seine schwielige Hand auf ihr eigenes Herz und spricht mit tränenfeuchten Augen: „Dieses zerbrechliche Leben liegt jetzt in deiner Hand. Du kannst es zerstören oder dich erbarmen. Wirst du mich vernichten oder mir gestatten, zu fliehen?“

Ich denke, du weißt, was ich meine. (Ich erwähnte ja bereits, dass diese Typen ein bisschen unheimlich sind.)

Lustige Zwerge und eifersüchtige Mütter

Wenden wir uns jetzt den Zwergen zu. Noch bevor die Zwerge überhaupt auf den Plan kommen, beginnt die Nymphe bereits ihr Auswahlverfahren. Sie legt sich ins Bett eines jeden Zwerges, erspürt ihn, fühlt, dass dieser nicht passt, begibt sich zum nächsten und lässt sich schließlich im Bett des besten Gefährten nieder. Und als die Zwerge schließlich heimkehren, stellen sie fest, dass diese zarte, bebende Schönheit unter eines jeden Decke gelegen hat: Jedes Bett verströmt noch die Wärme ihres fragilen Eindrucks, jedes Kissen noch ihren süßen Duft und den Duft der Waldblumen, durch die ihr Weg sie geführt hat.

Dann stößt einer der silberhaarigen Erdbewohner einen Ruf des Erstaunens aus, als er ihre geschmeidige, blasse Gestalt erblickt, die auf seinem eigenen Bett im Schlafe ausgestreckt liegt. Die weiße Haut ihres nackten Schenkels schimmert unter dem zerzausten Saum ihres vom Gras befleckten Kleides hervor. Die Grimms berichten uns, einer der Zwerge habe in jener Nacht das Bett eines Bruders geteilt, doch die Geschichte aus der Schweiz berichtet etwas völlig anderes. Aufgrund seiner altersmäßigen Überlegenheit war es dem ältesten Zwerg in dieser Geschichte gestattet, zu tun, wofür jede andere Kreatur ihr Leben gegeben hätte, nämlich dieses reife Geschenk anzunehmen und sie die ganze lange, dunkle Nacht lang bei Kerzenlicht in diesem wilden, tiefen, von Dornengestrüpp übersäten Wald in Besitz zu nehmen.

Doch das Märchen vom Schneewittchen ist bei den Grimms nicht die Geschichte einer Nymphe und deren sexueller Beziehung zu jenen muskulösen, dunkelhäutigen Erdenbewohnern; es ist die Geschichte einer Menschenfrau, die gegen die Macht einer Nymphe ankämpft, um die Aufmerksamkeit ihres Gatten zurückzuerobern. So versucht die Mutter drei Mal, die Nymphe zu töten und die Gunst ihres Geliebten auf immerdar zurückzugewinnen. Denn solange Schneewittchen am Leben bliebe, würde es immer nur ihr Bild sein, das sich jedes Mal im Geiste ihres Mannes einnisten würde, sobald er ins Bett der Menschenfrau stieg: So ist es nun einmal, wenn ein Mensch von einer Fee besessen ist.

Die Menschenfrau heckte also einen Plan aus. Sie verkleidete sich als Krämerin und ging „über die sieben Berge zu den sieben Zwergen." (Die Sieben ist ebenso wie die Drei eine magische Zahl, die in vielen Zaubern Anwendung findet.) Dort eröffnete sie Schneewittchen, sie habe „Schnürriemen" zu verkaufen. Schnürriemen brauchte man, um ein Korsett zu schnüren, und als die Menschenkönigin sich anbietet, die Nymphe zu schnüren, schnürt sie deren Brüste so fest sie kann. Die Brüste sind natürlich ein äußeres Anzeichen für die Reife und Sexualität der Nymphe, ein eindeutiges Zeichen für die Attraktivität einer Frau und ihre Fähigkeit, sich sexuell zu betätigen und auch die Folgen zu tragen, nämlich ein Kind zu gebären und zu stillen. Als die Königin nun Schneewittchens Brust schnürt, schnürt oder zerstört sie zugleich auch dieses äußere Anzeichen von Schönheit, was ihr nicht nur den Atem raubt, sondern ihr auch ein kindhaftes, sexuell unreifes Äußeres verleiht. Schneewittchen stürzt daraufhin scheinbar tot zu Boden. Doch als die Zwerge heimkehren, lösen sie die Schnürriemen. Um dies tun zu können, müssen sie sie entkleiden. Als sie wieder zum Leben erwacht, teilweise entblößt, konnten die Zwerge gewiss nicht anders, als ihre Brüste zu bemerken. Die Zwerge helfen der Nymphe, ihre sexuellen Reize zurückzuerlangen. Ihre feenhafte Wollust und Schönheit stehen in krassem Widerspruch zum Zauber der Königin: Schneewittchen ist „entschnürt", vom Zauber entbunden und ihre pralle Sexualität wiederhergestellt. Der Zauber ist gebrochen.

Der Zauberspiegel, selbst ein Artefakt der Feenmagie (Magie, die an die Unterwelt oder an Feen gebunden ist, oftmals dunkle Magie, die jenen Kreaturen Macht über uns verleiht), weist die Königin-Mutter auf Schneewittchens Überleben hin. Da erscheint die Königin ein zweites Mal, nun mit einem vergifteten Kamm.

Das Haar ist ein weiteres Merkmal weiblicher Schönheit und Attraktivität. Frauen arbeiten unermüdlich daran, ihr Haar attraktiv zu machen und viele Frauen finden, dass ihr Haar ein Merkmal ist, über das sie ein hohes Maß an Kontrolle haben, ganz im Gegensatz zu ihrer Figur oder ihren Gesichtszügen. Seit Anbeginn der Zeit trugen Frauen verführerische Frisuren, um Liebhaber anzuziehen. In vielen Kulturen verlangt man von den Frauen, ihr Haar zu bedecken, denn man ist sich sehr wohl dessen bewusst, welch eine Versuchung es für Männer darstellt. (Im orthodoxen Judentum rasieren sich verheiratete Frauen die Köpfe und tragen fortan eine Perücke, damit sie für keinen anderen als ihren Ehemann mehr eine sexuelle Versuchung darstellen; im Islam bedecken Frauen ihre Köpfe, um so zu vermeiden, auf Männer attraktiv zu wirken.) Ob Lady Godivas Locken, Twiggy mit ihrem frechen Kurzhaarschnitt, Farrah Fawcetts Außenwellen, Betty Pages Pony, Marylins stilisierter blonder Heiligenschein oder Jennifer Anistons weiches, glattes Haar – die Aphrodite einer jeden Generation trug ihr Haar als äußeres Symbol ihrer Sexualität. Und die Nymphe Schneewittchen muss mit ihren unglaublichen Farbkontrasten eine herrliche Mähne gehabt haben, die wie dunkles Wasser über die rosigen Wangen floss und die rubinroten Lippen umrahmte. (Darüber werden wir noch sprechen, wenn wir zu „Rapunzel" kommen.)

Die Königin geht also ans Werk und trachtet danach, den Bann, mit dem ihre Tochter die Zwerge und alle Männer belegt hat, zu brechen, indem sie ihr einen vergifteten Kamm ins Haar steckt und diese üppigen Wogen in einen giftigen See verwandelt. Das Gift tut seine Wirkung und Schneewittchen fällt tot um. Doch die Zwerge, ihre Liebhaber, durchkreuzen die Pläne der Königin, indem sie den Kamm entfernen und Schneewittchen wiederum zum Leben erwecken. Die losen Locken bringen die erdigen Männlein in Wallung und binden sie in ihrer Erregung.

Was der Attraktivität einer jeden Frau und auch der Schönheit der Nymphe zu Grunde liegt, ist das Versprechen an ihren Liebhaber, sie besitzen zu dürfen, d.h.

in sinnlicher Umarmung in sie einzudringen. Während die Geschichte aus der Schweiz dahingehend keinen Zweifel offen lässt, lassen die Grimms stattdessen die Königin zu Schneewittchen vordringen, und zwar durch die Öffnung ihres Mundes. Orale Befriedigung ist natürlich das erste Bedürfnis, das wir Menschen seit unserer Geburt verspüren und wir verwenden einen Großteil unseres Lebens darauf, unsere Münder mit Essen, Gesprächen, Geschmäckern, Lippenstiften und natürlich auch sexuellen Begierden zufrieden zu stellen. Demnach muss die Königin Schneewittchen bei ihrem dritten Tötungsversuch (wobei die Drei die magische Zahl der Erfüllung darstellt) schließlich penetrieren und somit den Platz eines Liebhabers einnehmen, wobei sie ihr anstelle des üblichen Liebesgeschenks allerdings Gift einflößt.

Man muss kein Genie sein, um zu erkennen, dass der Apfel, den die Königin ihr anbietet, ein Symbol für Schneewittchens eigene Lüsternheit ist, die Frucht des Gartens Eden, die Eva einst ihr eigenes sexuelles Wesen enthüllte, ihr offenbarte, dass ihr Körper nackt und begehrenswert war und dass Adam nicht nur ihr Bruder und Gefährte, sondern auch das Objekt ihrer eigenen Begierde war. Und genau wie damals bei Eva zieht auch Schneewittchens Apfel die Konsequenzen sexueller Bewusstheit nach sich: Schmerz, gebrochene Herzen und schließlich den Tod gleich in zweierlei Hinsicht, denn der Orgasmus ist ein Zustand des Todes, der uns einen kurzen Blick auf die Reise zur anderen Seite gewährt. In Frankreich nennt man den Orgasmus auch den „kleinen Tod" und die katholische Kirche betrachtet es als Todsünde, wenn eine Frau sich mutwillig in sexuelle Erregung versetzen lässt. So führt also der Apfel selbst zu Schneewittchens Ableben – jedenfalls ist es das, was die Zwerge glauben.

Schneewittchen und die Königin-Mutter leben hier die biblische Szene von Versuchung und Sündenfall aus – die Mutter übernimmt die Rolle der Schlange und die Nymphe die der Eva. Und wie Eva wird auch das sinnliche Schneewittchen von dem Apfel in Versuchung geführt. Sie begehrt ihn. Und wie die Schlange aus dem Garten Eden täuscht die gerissene Königin Schneewittchen, indem sie selbst in den Apfel beißt (womit bewiesen ist, dass Sex mit einem erwachsenen Mann der erwachsenen Königin im Gegensatz zur Nymphe nichts anhaben kann), woraufhin Schneewittchen sich dazu hinreißen lässt, ebenfalls in die Frucht zu beißen. Scheinbar tot stürzt sie zu Boden: Eine Analogie zu Evas Sündenfall oder zu spirituellem Tod. Wie auch immer man es betrachten möchte – letztlich wissen wir oder erfahren es bald, dass die Nymphe keineswegs tot ist, sondern sexualisiert wurde.

Während die Zwerge durchaus imstande waren, sie zu entkleiden und durch ihr Haar zu streichen, um die Ursachen ihrer ersten beiden „Tode" zu ergründen, entsprechen sie letztlich aber doch nicht Adam: Sie können nicht gänzlich in die Öffnungen der Nymphe vordringen und die Ursache für das neuerliche Leiden ergründen. Und so wird aus Schneewittchen ein entrücktes, unerreichbares Wesen, ein Monument ihrer eigenen Attraktivität und Schönheit, die doch niemand in Besitz nehmen kann.

Niemand, außer ihrer wahren Liebe. Nachdem ihr Körper bereits einige Zeit zur Schau gestellt wurde, betritt ein menschlicher Prinz die Bühne. Er ist durchaus imstande, die Rolle des Adam zu spielen und den Gegenstand aus Schneewittchen zu entfernen und ihn stattdessen durch seine eigene sexuelle Präsenz zu ersetzen. Denn eben das ist es, was die Nymphe zurück ins Leben holen kann, denn erst dann kann sie es in vollkommener Erfüllung leben – als sexuelles Wesen, das seinem Liebhaber seine ungezügelten Wünsche gewährt.

Dem zerstörerischen Gebaren der Stiefmutter liegt jedoch noch ein weiterer Aspekt zugrunde: Sie versucht, Schneewittchens Zauber aufzuheben. Die drei Merkmale des Pakts, den die Mutter bei der Empfängnis des Kindes zur Bedingung gemacht hatte, waren: Schneewittchen sollte so weiß sein wie Schnee, so rot wie Blut und so schwarz wie Ebenholz. Nun versucht die Stiefmutter, jedes dieser Merkmale auszulöschen. Die Schnürriemen verhüllen die schneeweiße Haut der Nymphe; der Kamm vergiftet ihr Haar, schwarz wie Ebenholz; und der vergiftete Apfel ist so rot wie Blut. Beinahe ist ihr Handeln von Erfolg gekrönt, wäre da nicht der menschliche Prinz gewesen.

Der Prinz befiehlt einen äußerst grausigen Tod der Stiefmutter: „... es waren schon eiserne Pantoffel über Kohlefeuer gestellt und wurden mit Zangen hereingetragen und vor sie hingestellt. Da musste sie die rotglühenden Schuhe anziehen und so lange tanzen, bis sie tot zur Erde fiel." Sie wird sehr hart dafür bestraft, dass sie die eigene Tochter als sexuelle Konkurrentin betrachtet hat, anstatt des Mädchens Sexualität und Sinnlichkeit zu nähren, wie es eine richtige Mutter tun sollte. Zwar durchleben die meisten jungen Mädchen ein Phase, in der sie sehr an ihren Vätern hängen,[3] doch eine nährende Mutter drückt in dieser Hinsicht ein Auge zu und hilft dem heranwachsenden Mädchen, sein Begehren neu auf potenzielle Liebhaber außerhalb des Familienkreises auszurichten. Zur rechten Zeit wird eine nährende Mutter ihre Tochter dazu ermuntern, nach Liebe und Partnerschaft zu streben und sich schließlich mit einem Liebhaber zu verbinden und eine Familie zu gründen. Unsere Königin, der eine Nymphe als Tochter gegeben wurde, war dazu nicht imstande und wurde für dieses Versäumnis mit Besessenheit und letztlich mit dem Tode bestraft.

Trotz der Bemühungen ihrer Mutter, die Sexualität und Weiblichkeit ihrer Tochter zu unterdrücken, führt Schneewittchens sexuelle Natur sie dennoch zur

Reife. Nach einer Phase des „Schlafes", während der sie aus der Distanz heraus bewundert wurde (nämlich im Schlafe), kann Schneewittchen nun einen lebenslangen Gefährten erwählen, den Prinzen.

Bemerkenswert ist hierbei, dass es in der Grimmschen Version nicht etwa ein romantischer Kuss des Prinzen ist, der Schneewittchen wieder erweckt, sondern das überaus menschliche Stolpern der Diener des Prinzen: „Der Königssohn ließ [den Sarg] nun von seinen Dienern auf den Schultern forttragen. Da geschah es, dass sie über einen Strauch stolperten, und von dem Schüttern fuhr der giftige Apfelgrütz, den Schneewittchen abgebissen hatte, aus dem Hals. Und nicht lange, so öffnete es die Augen, hob den Deckel vom Sarg in die Höhe und richtete sich auf und war wieder lebendig. ‚Ach Gott, wo bin ich?' rief es." Nach ihrem Besuch in der Unterwelt und ihrer Transformation durch den Tod kann Schneewittchen nun ihr Leben als Nymphe hinter sich lassen und ein menschliches Leben an der Seite des Prinzen führen, wozu nun einmal auch menschliche Fehler und Stolpern gehören. Und so erwacht sie durch dieses dramatische Stolpern in ihr Menschenleben hinein.

In der Grimmschen Fassung finden wir, wie in vielen anderen Märchen auch, keine Beschreibung ihres Lebens an der Seite des Prinzen. Der Prinz sagt einfach nur zu Schneewittchen: „Ich habe dich lieber als alles auf der Welt; komm mit mir in meines Vaters Schloss, du sollst meine Gemahlin werden." Beachtlich, dass der Prinz sich auf der Stelle in Schneewittchen verliebt, ohne je mit ihr gesprochen oder sie als Seelenverwandte erkannt zu haben. Schneewittchens Schönheit allein genügt, den Pakt zu besiegeln – so ist das eben mit Feenschönheit. Ihr Äußeres, ihre Sexualität und ihr Charisma wirken auch ohne jegliches Zutun ihrerseits höchst verführerisch auf uns.

Schlaf, Trance und Initiation

Interessant ist auch das Element des Schlafes im Märchen von Schneewittchen. Es begegnet uns in einigen der Grimmschen Märchen, vor allem in „Dornröschen". Doch dieses Element taucht auch in „Die Schöne und das Biest" auf, wo das Biest, gegen einen Baum gelehnt, in einen todesähnlichen Schlaf verfällt, während es auf die Rückkehr der Schönen wartet. Auch in „Schneeweißchen und Rosenrot" taucht das Element des Schlafes auf: Der Bär schläft jede Nacht bei den beiden Mädchen.

Der Schlaf ist eine Zeit, die uns den Träumen anheim gibt und auch dem Tod. Genau wie Schneewittchen wirken wir inaktiv oder tot, wenn wir schlafen, und besorgte Eltern prüfen oft nach, ob ihre Kinder noch atmen, während sie schlafen. Wir schlafen des Nachts und die Nacht ist das Reich der Göttin, des Unbewussten, beherrscht von der Mondin. Die Nacht gilt als der Tod des Tages und der Sonne. Der Schlaf ist unser allnächtlicher Besuch in der Unterwelt, in jenem Land, in dem sowohl Tod als auch Jugend unserer harren. Sie ist ein Ort, an dem Unterweltgöttinnen wie Hel, Hekate und Persephone herrschen. Persephone selbst ist eine Nymphe, in die Hades, der Gott der Totenwelt, sich verliebte, als er die nackte Schönheit beim Bade beobachtete. (Wasser ist ein weiteres Symbol für Träume und das Unbewusste.)

Shakespeare vergleicht in seinem vermutlich berühmtesten Monolog den Schlaf dem Tode, als er Hamlet sprechen lässt:

„Sterben – schlafen –
Schlafen! Vielleicht auch träumen! – Ja, da liegt's:
Was in dem Schlaf für Träume kommen mögen,
Wenn wir den Drang des Ird'schen abgeschüttelt,
Das zwingt uns stillzustehn."

(*Hamlet*, III.i, 65-69)

Wie Hamlet sehr richtig beobachtet, scheinen wir im Schlaf zwar tot, doch unser Geist ist überaus aktiv und verbindet uns über unsere Träume mit der Unterwelt.

Immer schon galten Träume als Botschaften der Götter, als prophetische Visionen, Omen toter Fürsprecher oder Einblicke in frühere Leben. In vielen religiösen Zeremonien begibt sich der Suchende in einen tiefen Traumzustand, um von den Göttern oder Geistern Informationen zu erlangen (die bekannteste dieser religiösen Praktiken ist wohl der sibirische Schamanismus, wenn wir sie auch in so gut wie allen Weltreligionen antreffen, auch im Judentum und Christentum). Im Tode sind wir fähig, durch den Schleier, der unsere Welt von der Unterwelt trennt, hindurch zu blicken und einen Blick auf Dinge zu erhaschen, die unserer menschlichen Perspektive ansonsten verborgen blieben.

Es gibt viele Rituale, um prophetische Träume herbeizuführen. In Keats' langem Gedicht vom „Sankt Agnes-Abend" wird uns von einem mittelalterlichen Ritual berichtet, das genau dies bewirkt. Den Überlieferungen zufolge würde eine junge Frau am Sankt Agnes-Abend (20. Januar), wenn sie ohne Abendessen zu Bett ginge, sich vollständig entkleidete, so dass sie nackt war, und mit den Händen unter dem Kissen auf ihrem Bett läge und in den Himmel blickte, dabei jedoch nicht hinter sich schaute, ihren künftigen Gatten im Traume sehen, der sie dort küssen und mit ihr beim Festmahl sitzen sollte.

In griechischen, britischen, keltischen und nordischen Mythen herrschen in der Unterwelt Götter und Göttinnen. Bei den Griechen wird der Gott Morpheus genannt, der die Gestalt eines jeglichen Menschen annehmen und ihm im Traum erscheinen kann. Er ist der Sohn des Schlafgottes Hypnos und der Göttin der Nacht, Nyx, und er schläft in einer Höhle auf einem Bett aus Ebenholz, umringt von Schlafmohn. In britischen Mythen herrscht die Königin Mab über die Träume und vor allem über die Alpträume. Shakespeare zeichnet in Romeo und Julia ein Bild der Mab als liebenswürdige, zierliche Fee, die in ihrem winzigen Wagen über den Nachthimmel fährt und die Menschen in ihren Träumen aufsucht:

Nun seh ich wohl, Frau Mab hat Euch besucht.
Sie ist der Feenwelt Entbinderin.
Sie kommt, nicht größer als der Edelstein
Am Zeigefinger eines Aldermanns, ...
In diesem Staat
Trabt sie dann Nacht für Nacht; befährt das Hirn
Verliebter, und sie träumen dann von Liebe, ...

(*Romeo und Julia*, I, iv, 53-85)

Die ältere Mythologie stellt sie dagegen ganz anders dar, als Königin der Nacht, die über Raben und Wölfe gebietet, über Kreaturen des Todes und der Finsternis. Auf einer weißen Stute reitet sie wild durch die britischen Wälder und sammelt die Seelen der Gejagten und Gefallenen ein. Der Ausdruck, den man heute im Englischen für böse Träume verwendet, ist ihrer Legende entlehnt: Wer im Schlafe ihren Durchritt beobachtet und darauf von abscheulichen Visionen heimgesucht wird, reitet sprichwörtlich die „Nachtmäre" – „is riding the night mare".

Was all diesen mythischen Berichten über Schlaf und Traum gemeinsam ist, ist die Idee, dass Träume uns an den Tod und Visionen von der Anderswelt binden. Im Schlaf sind wir hilflos, werden wir von Göttern und Göttinnen kontrolliert, die unser Schicksal in ihren Händen halten und die mit unseren Seelen nach Belieben spielen können, solange wir uns in ihren dunklen Reichen aufhalten. Aus den Lehren des Schamanismus, der Kabbala und anderer Religionen erfahren wir, dass diese Erlebnisse uns verändern und uns wachsen, reifen und uns selbst verstehen lassen. In Träumen erkennen wir unser Schicksal und lernen, unsere Sehnsüchte und Wünsche besser zu verstehen. Diese todesähnlichen Erlebnisse sind Initiationsrituale.

In vielen religiösen Traditionen muss ein Schüler zuerst eine todesähnliche Erfahrung machen und die Energien der Unterwelt zu spüren bekommen haben, ehe er als wirklicher Initiant gilt. Im Wicca und anderen heidnischen Religionen ist der Initiationsritus detailliert vorgegeben und symbolisiert einen Besuch in der Unterwelt. In vielen Traditionen des Schamanismus muss sich der Suchende in eine Trance begeben und mit Kreaturen aus den Reichen des Todes kommunizieren. Selbst der christliche Brauch der Taufe enthält die Drohung des Ertrinkens, die durch den ekstatischen Geist Jehovahs überwunden wird. Am Ende des Initiationsritus wird der Suchende durch seine todesähnliche Erfahrung wiedergeboren oder transformiert.

Für Schneewittchen bedeutet der Schlaf, in den sie fällt, nachdem sie den Apfel probiert hat, eine Rückkehr in die Unterwelt, der sie entstammt. Wir wissen bereits, dass Schneewittchen ein Feenwesen ist, das als Erfüllung eines magischen Wunsches in Erscheinung tritt; in einigen Fassungen der Geschichte wird der Wunsch durch das Opfer von drei Tropfen Blut besiegelt. Die Tatsache, dass sie so ziemlich augenblicklich in Erscheinung tritt (vor allem in der Geschichte mit dem König in seiner Kutsche), weist darauf hin, dass die Nymphe die Szene bereits beobachtet und nur auf eine Gelegenheit gewartet hat, in unserer Welt eine menschliche Gestalt anzunehmen. Um jedoch ein wirklich menschliches Leben zu führen, muss Schneewittchen den Tod durch die Hände ihrer Mutter erdulden (die vielleicht gar kein boshaftes Weib ist, sondern vielmehr eine sehr strenge Initiationspriesterin ... andererseits könnte sie aber auch tatsächlich einfach nur böse sein) und gelangt durch die Transformation des Todes zu sexueller und emotionaler Reife.

Das Märchen vom Schneewittchen weist sehr starke Ähnlichkeiten mit einem anderen mythischen Märchen auf: der walisischen Geschichte um die Pferdefee Rhiannon.

Die Geschichte um Rhiannon, wie sie uns im *Mabinogion* überliefert ist, beginnt mit Pwyll („pusch" gesprochen; ja, Walisisch ist eine sehr merkwürdige Sprache), einem Menschenprinzen, der in der Unterwelt war. Man sagt ihm, wenn er sich auf einen ganz bestimmten Feenhügel stellte, würde er entweder „Schläge bekommen oder ein Wunder erblicken".[4] Pwyll führt seine Männer auf die Spitze des Hügels und sieht von dort aus eine wunderschöne Frau auf einem Pferd die Straße am Fuße des Hügels entlang reiten. Er sendet einen seiner Männer aus, sie zu grüßen, doch gleich, wie sehr der Mann sein Pferd auch antreibt, er kann die seltsame Reiterin nicht einholen, obwohl es scheint, dass die Frau in einem gemütlichen Tempo dahinreitet. Da versucht Pwyll selbst, sie einzuholen, doch mit dem gleichen Ergebnis. Schließlich ruft Pwyll die Frau an, welche daraufhin anhält und zu ihm spricht: „Hättest du mich früher gerufen, wäre es besser gewesen für dein Pferd."

Bei der Frau handelt es sich um Rhiannon und sie erzählt Pwyll, sie sei in unsere Welt gekommen, um ihn zu finden. Sie verlieben sich ineinander und heiraten bald darauf. Nach kurzer Zeit ist Rhiannon schwanger.

Als Rhiannon einen Sohn zur Welt bringt, lässt man sie im Wochenbett ruhen, bewacht von mehreren Frauen. Die Frauen aber schlafen ein und mitten in der Nacht verschwindet das Kind. Die Frauen, die sich nun ängstigen, getötet zu werden, weil sie bei der Wache eingeschlafen sind, beschmieren ihre Herrin mit Hundeblut und behaupten, Rhiannon habe ihr eigenes Kind gefressen.

Zur Strafe muss Rhiannon Sattel und Zaumzeug tragen und die Menschen auf ihrem Rücken zu Pwylls Schloss tragen und ihnen von ihrem Verbrechen erzählen. Kurz: Sie muss als Pferd herhalten.

Nach einiger Zeit gelangt das Kind zurück in unsere Welt, als ein benachbarter Ritter mit einem Geschöpf aus der Anderswelt um ein Hengstfohlen kämpft, das das Andersweltwesen zu stehlen versucht. Dabei bleibt auf der Schwelle des Ritters ein kleiner blonder Junge zurück. Der Ritter und seine Frau gelangen zu dem Schluss, dass es sich hierbei um Pwylls Wechselbalg handeln muss und bringen das Kind zurück zu ihrem König, wodurch auch Rhiannons Dienste als Pferd ein Ende finden.

Vergleichen wir einmal diese Geschichte mit den Ereignissen um Schneewittchen.

Schneewittchen und Rhiannon treten beide als Antwort auf einen ritualisierten, magischen Wunsch in Erscheinung. In Rhiannons Fall sind es Pwyll und seine Männer, die einen Feenort aufsuchen und dort ein Ritual vollziehen, das ihnen „ein Wunder" offenbaren soll. Im Falle von Schneewittchen wird der magische Wunsch in Verbindung mit drei Tropfen Blut oder drei fliegenden Raben ausgesprochen. In beiden Fällen tritt kurz darauf ein bildschönes, mysteriöses Geschöpf der Unterwelt in Erscheinung – im Falle Rhiannons und des Königs in der Kutsche sogar fast augenblicklich –, um seinen Platz in der Menschenwelt und im Leben desjenigen einzunehmen, der den Wunsch ausgesprochen hat.

Beide Figuren machen eine Erfahrung, die sie in unmittelbare Todesnähe bringt: Bei Rhiannon verschwindet der Sohn und sie erwacht blutverschmiert und unter der Anschuldigung, den Knirps gefressen zu haben; Schneewittchen andererseits wird in den Wald geführt und entgeht nur knapp dem Tod, indem an ihrer statt ein wildes Tier getötet wird.

Beide müssen, um das Gleichgewicht ihrer Menschenleben wiederherzustellen, eine initiatorische Reise machen, die sie zurück in ihre eigene Welt führt. Für Rhiannon, eine Pferdefee, bedeutet dies, dass sie in unserer Welt die Gestalt (oder zumindest die Funktion) eines Pferdes annehmen muss. Sie verbindet sich mit ihrer wahren Feennatur, lässt Menschen auf ihrem Rücken reiten und lebt zugleich in beiden Welten. Dadurch gelingt es ihr, den Lauf der Dinge in ihrer eigenen Welt zu verändern und ihren Sohn zurückzubringen.

Schneewittchen durchläuft ein todesähnliches Initiationserlebnis, während dessen sie zu ihren Ursprüngen in der Unterwelt zurückkehrt, ehe sie die reife Liebe akzeptieren kann. Während ihres Schlafes/Todes reist sie zurück ins Feenreich, wo sie auf ihre eigene Feennatur trifft und vor die Wahl gestellt wird, entweder eine Nymphe zu bleiben – und um ihrer Schönheit Willen bewundert zu werden, dabei jedoch unerreichbar (in Schlaf versunken/tot) zu bleiben – oder in unsere Welt zurückzukehren und ein Leben als vollständiger Mensch zu leben. Entscheidet sie sich für Letzteres, ist sie imstande, die Liebe eines Menschen mit all seinen Fehlern zu akzeptieren (dass der Prinz Fehler hat, erkennen wir allein schon daran, dass er nicht bemerkt, dass Schneewittchen noch am Leben ist sowie an der Ungeschicktheit seiner Diener).

Schneewittchen entscheidet sich für ein menschliches Leben und erwacht durch die Unvollkommenheit der Männer ihres Prinzen in unserer Welt zu neuem Leben. Durch ihr initiatorisches, todesähnliches Erlebnis, hervorgerufen durch ihre Mutter, ist sie nun imstande, die Liebe eines Menschen zu akzeptieren: nicht länger nur die Bewunderung für ihre feenhafte Schönheit, sondern ein ganz gewöhnliches Leben als Ehefrau.

Eine letzte Bemerkung noch zu dieser Geschichte, und zwar geht es um etwas, das uns in mehreren der Grimmschen Märchen begegnen wird und worauf wir an späterer Stelle noch zurückkommen werden: In dieser Geschichte ist der Vater eine völlig unbedeutende Figur. In der „König in der Kutsche“-Fassung tritt er ganz kurz in Erscheinung, in der besser bekannten Grimmschen Version dagegen betritt er die Bühne gerade lange genug, um sich eine neue Frau zu nehmen. Er ist überhaupt nicht da, um Schneewittchen zu helfen, als deren Stiefmutter durchdreht. Das liegt daran, dass es in diesem Märchen um den Kampf zwischen zwei Frauen geht: Tod gegen Leben, Unterwelt gegen unsere Welt, Nacht gegen Tag, Dunkel gegen Licht. Papa ist nur ein flüchtiges Lustobjekt, das im Hintergrund verschwindet, sobald die beiden Mädels gegeneinander antreten, denn mehr wird von ihm einfach nicht verlangt. Wie schade für ihn.

Das Schneewittchen-Ritual

Schneewittchen ist ein Sinnbild für Schönheit und Attraktivität, alle, die ihr begegnen, lieben sie (naja, fast alle). Ob du sie dir als Disney-Mädchen oder nach ihrer Beschreibung aus dem Grimmschen Märchen und älteren Quellen vorstellst, das Bild, das die Nymphe in uns heraufbeschwört, ist ein Bild der Verlockung, des Charmes und schwelender Sinnlichkeit. Wir werden uns die Ikone Schneewittchen in einem Ritual nutzbar machen, das dem Magier hilft, diese Eigenschaften zu erlangen: Im Wesentlichen wird sich der Magier verlockend, attraktiv, atemberaubend schön und begehrenswert fühlen – entweder im Allgemeinen oder auf eine bestimmte Person hin ausgerichtet. Es funktioniert bei jedem, gleich ob weiblich oder männlich, und es ist dabei völlig gleich, ob der Magier sich von Natur aus attraktiv findet oder nicht.

Jeder Mensch ist in irgendeiner Hinsicht attraktiv und kein Mensch auf Erden ist für jeden anderen hundertprozentig begehrenswert. Wenn ich von mir selbst sprechen darf, so finde ich das allgemeine amerikanische Schönheitsideal ziemlich platt und oft auch unattraktiv und finde mich stattdessen oft leidenschaftlich zu Frauen hingezogen, die viele amerikanische Männer als seltsam, verschroben oder einfach hässlich empfinden würden. So funktioniert mein Hirn nun mal. Der Trick dabei, sich begehrenswert zu machen, liegt darin, Selbstvertrauen zu entwickeln, die eigenen Fehler zu akzeptieren, die eigenen begehrenswerten Merkmale zu erkennen und zu wissen, wie man sie zur Geltung bringt! Selbstbewusstsein ist das stärkste Aphrodisiakum, das es gibt, und wenn ein Mensch Selbstbewusstsein besitzt, dann wird er oder sie dies auch in Form von Sexappeal ausstrahlen.

Schneewittchen ist atemberaubend schön, soviel ist gewiss. Doch was ist so einzigartig an dieser Nymphe, dass sie einfach jedermanns Schönheitsideal entspricht, gleich ob König oder Jäger, Zwerg oder Spiegel? Jedem mit einem gesunden Menschenverstand dürfte klar sein, dass diese sehr unterschiedlichen Charaktere wohl kaum dasselbe Äußere gehabt haben können. Es sind Schneewittchens Charme, ihr Gebaren und ihr unerschütterliches Selbstbewusstsein, selbst im Angesicht des Todes (beim Jäger), die dazu führen, dass jede dieser Figuren eine solche Schönheit in ihr sieht.

Dieses Ritual wird dem Magier genau diese Art von Charme, Charisma und Selbstvertrauen verleihen und ihm dabei helfen, den idealen Partner zu finden oder eine bereits bestehende Beziehung zu festigen.

Wirke nie nie nie (waren das jetzt genug *nies*?) einen Zauber über jemanden, der davon nichts weiß oder gar nicht will, dass er in Magie verwickelt wird! Das wäre äußerst schlecht für denjenigen und genauso schlecht für dich selbst. Ich weiß das aus eigener, bitterer Erfahrung, also glaube es ruhig. Wenn dich jemand um einen Heilzauber bittet oder um Hilfe bei der Jobsuche, dann kannst du gerne magisch für denjenigen tätig werden. Doch wenn es darum geht, den richtigen Partner zu finden, ist es überaus unklug, sich dabei auf eine bestimmte Person zu versteifen. Die Götter wissen sehr viel besser als du, wie es um deine Zukunft bestellt ist, und wenn du die Identität deiner einen wahren Liebe getrost in ihre Hände legst, wird alles sehr viel geschmeidiger verlaufen. Es ist völlig in Ordnung, zu sagen: „Ich hätte gern einen Partner, der die Eigenschaften, das Aussehen, den Humor von so-und-so besitzt." Aber direkt um eine Beziehung mit so-und-so zu bitten, ist keine gute Idee. Und ja, mir ist durchaus klar, dass du überzeugt bist, so-und-so müsse deine eine wahre, vom Schicksal vorherbestimmte Liebe sein, die für immer und ewig halten wird, doch sei gewarnt, dass es vielleicht ganz anders kommt, als du denkst. Du bist viel besser beraten, wenn du einfach dafür offen bleibst, ob so-und-so auf deinen Ruf reagiert oder sich doch jemand ganz anderes in den magischen Schatten verbirgt. Für diesen Rat wirst du mir noch dankbar sein, glaub mir.

Vorbereitungen für das Ritual

Wenn du dir einen Partner wünschst, der lange Zeit an deiner Seite bleibt, dann solltest du bereit sein, einiges an Zeit und Energie in die Suche nach diesem Menschen zu stecken. Es ist einfach unrealistisch, zu glauben, dass ein einstündiges Ritual eine Person auf den Plan bringen wird, die bereit ist, sich über Jahrzehnte hinweg allein mit deiner Gesellschaft zu begnügen. Vielmehr solltest du damit rechnen, mehrere Monate oder vielleicht gar ein ganzes Jahr lang die Magie zu wirken, die letztlich diesen einen besonderen Menschen in dein Leben bringen wird.

Nun, da das gesagt ist, wirst du in Vorbereitung auf dieses Ritual einige Hausaufgaben erledigen müssen.

Schreibe jeden Tag ein wenig in deinem Tagebuch darüber, was du glaubst, was dich für andere attraktiv macht. Zähle Charaktereigenschaften und körperliche Merkmale auf: „Ich glaube, mein Sinn für Humor macht mich attraktiv." „Ich habe schöne Augen." Niemand wird das je lesen außer dir selbst und den Göttern, also sei gnadenlos ehrlich. Wenn du eine Frau bist, die findet, dass sie schöne Brüste hat, oder ein Mann, der denkt, er habe einen hübschen Arsch, dann schreibe das auf. Oder vielleicht bist du eher jemand, der findet, dass seine Kraft oder sein Intellekt ihn attraktiv macht. Sei aber ebenso ehrlich, wenn es um deine Intelligenz, deine Aufrichtigkeit, Ehrlichkeit und deine kleinen Macken und Neurosen geht. Behalte stets im Gedächtnis, dass das, was dem einen nervig erscheint, für einen anderen vielleicht verführerisch ist. Vielleicht haben sich ja potenzielle Partner von dir abgewandt, weil du zu schlau oder zu verschroben bist? Ein anderer Mensch wird dich wegen dieser Eigenschaften anhimmeln!

Wenn du einfach nur Magie wirken willst, um unsagbar attraktiv zu sein, ohne dabei im Augenblick eine lebenslange Liebesgeschichte im Sinn zu haben, ist das auch in Ordnung. Du solltest dann ebenfalls die Dinge aufzählen, die du an dir attraktiv findest und die Art von Mensch, den du damit gerne anziehen würdest. Dadurch hältst du dir eventuell die „falschen" Typen vom Leib – was immer eine gute Vorsichtsmaßnahme ist (siehe dazu Kapitel 7 über Rotkäppchen).

Wenn du nach einem Partner suchst, schreibe in deine tägliche Liste auch ein paar Eigenschaften oder Merkmale, die du dir bei einem Partner wünschst. Auch hier solltest du sowohl das Äußere, den Charakter, Glaubensvorstellungen mit einbeziehen; je mehr du aufschreibst, desto stärker wird deine Projektion werden, wenn du den Zauber wirkst. Nutze ruhig auch Fotos, die du aus Zeitschriften und Magazinen ausschneidest, ausgedruckte Fotos aus dem Internet (einfach nur als eine Art Ideal, nicht um die Liebe dieses Wolfstypen aus *Twilight – Bis(s) zum Morgengrauen* zu gewinnen). Nutze Geschichten um erfolgreiche Beziehungen als Vorbild: Es ist bestimmt keine schlechte Idee, „Das Geschenk der Weisen" oder *Der Widerspenstigen Zähmung* als Beispiele für romantische Szenarien heranzuziehen, die du gern in einer Beziehung ausleben würdest. (Nach Belieben kannst du auch Anaïs Nins Tagebücher oder Pauline Réages *Geschichte der O* als Inspiration nutzen.) Schreibe auf, was du mit deinem künftigen Partner gern tun würdest: Spaziergänge, Hockeyspiele, leidenschaftliche gemeinsame Bäder, Schießübungen.

Wenn du einige Zeit mit Tagebuchschreiben verbracht hast (vielleicht einen oder zwei Monate, von Neumond zu Neumond), wird es Zeit, dass du dich auf das eigentliche Ritual vorbereitest.

Es ist wichtig, dass du für dein Ritual einen ruhigen, geschützten Ort zur Verfügung hast. Dein Zimmer, der Wald, der Strand eignen sich wunderbar, wenn du sicher bist, dass du dort nicht gestört werden wirst. Am besten führst du das Ritual im Himmelskleid (nackt) oder in einem durchsichtigen Gewand durch, wenn du dich damit aber nicht wohl fühlst, erfüllen auch eine geschlossene Robe oder lose sitzende Kleidung (wie eine lockeres Kleid oder Kampfsporthosen) ihren Zweck. Vergiss nicht, dass dieser Zauber dir dabei helfen soll, dich attraktiv zu fühlen, selbstbewusst und sinnlich. Du solltest also auf deine eigene Nacktheit stolz sein können, egal, wie du früher zu deinem Aussehen oder deinem Körper gestanden hast. Dies ist ein Zauber, in dem du deine eigene Schönheit und Attraktivität annehmen können solltest und dazu gehört vor allem auch das.

Außerdem brauchst du einen Altar, das kann jeder beliebige Tisch sein. Ich bevorzuge einen runden Altar, weil er dem Jahresrad entspricht, dem Lebenszyklus und der rituellen Form des Kreises, doch viele Zeremonialmagier verwenden auch quadratische oder rechteckige Altäre, was ebenso gut funktioniert. Anstelle eines Tisches erfüllt auch ein Baumstumpf oder eine großer, flacher Stein seinen Zweck sehr gut. Ebenso eignen sich die großen industriellen Kabelrollen wunderbar als runde Altäre. Natürlich kannst du auch ein Tuch verwenden, das du auf dem Boden ausbreitest, ein Tablett oder einen hölzernen Barhocker. Sei einfach kreativ und fühle dich frei bei der Durchführung des Rituals. Die Intention des Rituals spielt jedenfalls eine weitaus wichtigere Rolle als die Menge an Geld, die du für die Ausstattung ausgibst. Du benötigst nur einen Apfel, ein Messer, eine Schale und zwei weiße Kerzen, und dazu einen Kelch oder ein Glas mit Wein oder Traubensaft. Natürlich kannst du dieses Ritual auch je nachdem, aus welcher Tradition du kommst oder was dir in diesem Rahmen wichtig ist, weiter ausbauen. Wenn dir Räucherwerk oder andere Utensilien bei der Fokussierung helfen, kannst du dieses an dir geeignet erscheinender Stelle benutzen.

Ich empfehle, das Ritual an Neumond durchzuführen, also zu einer Zeit, da der Mond gar nicht zu sehen ist oder nur als schmale Sichel erscheint. Zu dieser Zeit beginnt der Mond sein Wachstum bis hin zur Fülle und so wird auch die Wirksamkeit des Zaubers mit dem zunehmenden Mond wachsen.

Für alle, die mit der Anrufung von Göttern und Geistwesen arbeiten, können folgende Wesenheiten für ihr Ritual infrage kommen: Nephelae sind Himmels- oder Wolkennymphen, Sirenen sind die Nymphen des Meeres und der Flüsse, doch bei uns stehen sie für den Süden (Feuer und Leidenschaft), denn sie sind leidenschaftlich und sexuell; Najaden sind die Nymphen der Ozeane und anderer Gewässer; Dryaden sind Baumnymphen. Ich habe die Dryade der Mistel ausgewählt, weil diese Pflanze eng verbunden ist mit Liebe, Küssen und Leidenschaft. Während der Brauch in unseren Breiten vor allem zu Jul oder Weihnachten zu beobachten ist, führt eine Begegnung unter einem Mistelzweig im Osten Europas jederzeit unweigerlich zu einem Kuss.

Stell dich in die Mitte deines Zimmers oder Ritualplatzes in der Natur und ziehe einen symbolischen Kreis um dich. Verbeuge dich nun aus der Mitte dieses Kreises hinaus in alle vier Himmelsrichtungen und gedenke den Kräften der Natur. Erweise den Naturwesen deine Ehrerbietung, wenn diese für dich eine gewichtige Rolle in deinem Leben spielen. Rufe die Himmelsrichtungen und Kräfte an oder sei dir ihrer in Stille gewahr.

Entzünde eine der Kerzen in der Mitte deines Kreises und sage oder denke:

„Schneewittchen, Nymphenmädchen, Ikone der Liebe, der Schönheit, der Sinnlichkeit und der Leidenschaft, dich rufe ich an. Ich erbitte deine Hilfe, auf dass ich wie du werden möge: voller Selbstvertrauen, Fröhlichkeit, Sinnlichkeit und Stolz. Begleite mich, Schneewittchen, Nymphenwesen, auf meinem Weg durch die Welt, den ich voller Zauber und Schönheit gehen will. So sei es!"

Als nächstes nimmst du den Apfel vom Altar. Nimm dein Messer und schneide den Apfel seitlich (also nicht vom Stiel zum Kelch; der Kelch ist der Teil an der Apfelunterseite) in zwei Hälften. Wenn du es richtig machst, sollte in jeder Apfelhälfte ein Stern zu sehen sein.

Nun nimm die untere Hälfte des Apfels (die Hälfte mit dem Kelch), halte ihn an deine Brust und sage:

„Diese Hälfte des Apfels ist giftig! Sie ist mein altes Leben voller Zweifel und Unsicherheit. Ich glaubte, ich sei nicht schön (hübsch) genug! Ich glaubte, ich sei nicht klug genug! Nicht witzig genug! Ich war überzeugt, kein anderer könne mich schön, anziehend, charmant, sinnlich oder begehrenswert finden! Ich versteckte mich, wenn ich doch eigentlich gesehen werden wollte. Ich blieb still, wenn ich doch eigentlich gehört werden wollte. Ich verbarg meine Sinnlichkeit, obwohl ich doch begehrt werden wollte!

Jetzt befreie ich mich von dem Gift, so wie du, Schneewittchen, den giftigen Apfelbissen wieder ausgespien hast. Ich erwache aus meinem langen Schlaf und gehe neugeboren in die Welt. Ich bin voller Selbstvertrauen und Selbstsicherheit. Ich werde der Welt meine Schönheit (Rauheit) zeigen, meine Stärke, meinen Charme und meine liebenswertesten (schönsten) Eigenschaften. Ich werfe diesen Apfel weg und erwache aus meinem Schlaf!" (Du brauchst dich nicht sklavisch an meine Worte halten, sie sind nur Beispiele für Formulierungen, die du auch ganz anders für dich selbst finden kannst!)

Wenn du im Freien bist, wirf den Apfel so weit von dir fort, wie du kannst, solange es nicht in Nachbars Garten ist. Befindest du dich in einem Zimmer, lasse den Apfel in deine Schale fallen. Später kannst du ihn irgendwo im Freien wegwerfen.

Jetzt nimmst du die obere Hälfte des Apfels mit dem Stiel.

„Dies ist der Beginn meines neuen Lebens. Hier sehe ich mich im Spiegel der Wahrheit: der Wahrheit meiner Schönheit (meines guten Aussehens), der Wahrheit meiner Sinnlichkeit, der Wahrheit meiner Sexualität! Jenen, die mich zu ehren wissen, will ich die Reize meines Fleisches zeigen, die Größe meines Intellekts, die geballte Kraft meines Witzes und die Ganzheit meines Wesens. Ich werde mich nicht verstecken. Wenn Menschen, die mich anziehen, an mir vorüber gehen, werde ich mich zeigen, ganz ohne Angst vor Zurückweisung. Was kümmert es mich, wenn sie mich nicht wollen? Es gibt genügend andere, die mich als das wertvolle Geschöpf sehen werden, das ich bin! Ich bin eine Nymphe, ich singe das Lied von Liebe und Lust! Ich singe das Lied des Lebens! Jene, die eine Seele besitzen, werden mein Lied vernehmen und mich verehren."

Beiße ein Stück von dem Apfel ab (wenn du das Ritual mit anderen durchführst, sollte jeder von euch einen Bissen nehmen) und sage: „So sei es!"

Wenn du in den Apfel beißt, entferne sorgsam die Kerne. Wenn nötig, kannst du dein Messer zu Hilfe nehmen. Lege die Kerne auf den Altar.

„Schneewittchen, diese Kerne sind der Beginn meines neuen Lebens, da ich an deiner Seite, Nymphenmädchen, in sinnlicher Leidenschaft und köstlicher Schönheit auf Erden wandeln werde! Lass und diese Kerne einpflanzen, auf dass eine ganz neue Lebensfreude heranwachsen möge!"

Lege die Kerne sorgsam in einen Beutel oder in eine Schale. Später wirst du sie irgendwo in der Natur einpflanzen: in deinem Hof oder Garten, im Garten eines Freundes, auf offenem Feld oder in einem öffentlichen Park oder Waldstück. Ob sie tatsächlich keimen oder nicht, ist nicht so bedeutend wie die Mühe, die du dir machst, wenn du sie einpflanzt.

Jetzt nimm den Kelch mit dem Wein oder Traubensaft und halte ihn in den Osten.

„Nymphenmädchen, Schneewittchen, lass uns gemeinsam trinken, um diesen Bund zu besiegeln. Ich biete dir die Trauben des Weins dar, die auf dem Weinberg wachsen und in den Tiefen des Waldes, der dir Sicherheit geschenkt."

Wenn du im Freien bist, gib eine kleine Menge Flüssigkeit auf die Erde; bist du in einem Zimmer, gieße ein wenig in die Schale mit den Apfelkernen. Dann trinke selbst von dem Wein; befinden sich noch weitere Personen in deinem Kreis, lasse auch sie davon trinken. Wenn der Kelch geleert ist, sage: „So sei es!"

Als nächstes ziehe dein Tagebuch zu Rate, das du in Vorbereitung auf dieses Ritual geführt hast und reflektiere darüber, inwiefern du von nun an dein Verhalten ändern möchtest und welche Art von Menschen du in dein Leben bringen willst. Während du in deinem Tagebuch liest, kannst du auch noch einmal zu Schneewittchen oder zu den Elementen sprechen.

Verharre in dieser Meditation solange, wie es dir angenehm ist. Dann lege das Tagebuch unter oder neben den Altar, wende dich der Mitte des Kreises zu und sprich: „Schneewittchen, Nymphe der tiefen Wälder, die du sinnlich und schön bist, ich danke dir für deine Unterstützung bei diesem Ritual. Bleibe an meiner (unserer) Seite, während ich (wir) die Lektionen, die du mich (uns) gelehrt, in meinem (unserem) Leben umsetze. Sei gesegnet!"

Wende dich nun wieder den Himmelsrichtungen zu und bedanke dich bei ihnen (und ggf. auch bei den ihnen innewohnenden Geistwesen) für ihre Unterstützung. Nimm das Messer, mit dem du den Apfel geteilt hast, und gehe entgegen des Uhrzeigersinns um den Kreis und sage dabei: „Möge dieser Kreis zurückkehren in die Erde, bis ich seine Mächte erneut anrufe."

Das Ritual ist nun beendet. Wenn du es mit anderen gemeinsam durchgeführt hast, dürft ihr euch nun alle umarmen und miteinander feiern und tafeln. Wenn du allein bist, solltest du dich ein wenig entspannen, etwas essen und den „Schwung" der magischen Energie um dich her wahrnehmen.

Nachbereitung

Am nächsten Vollmond lege dein Tagebuch an einen Platz, wo es ungestört liegen kann, und stelle die zweite weiße Kerze, die während des Schneewittchen-Rituals auf dem Altar gestanden hat, daneben und entzünde sie. Lasse die Kerze vollständig herunterbrennen, danach kannst du wieder in deinem Tagebuch schreiben, malen oder Collagen anlegen, wie es dir beliebt. Jedes Mal, wenn du zu Neumond das Schneewittchen-Ritual durchführst, solltest du zu Vollmond dieses Prozedere wiederholen. Wiederhole das Ritual mehrere Male über einige Monate hinweg, vielleicht sogar ein ganzes Jahr lang.

Das Ritual, das ich hier beschrieben habe, folgt recht frei der Struktur eines Wicca-Rituals und bildet zugleich die Grundlage für die meisten Rituale, die noch folgen werden. Lies es dir immer wieder durch und mache dich mit den Begrifflichkeiten und Inhalten vertraut. Sie werden dir später wieder begegnen. Mache dir klar, dass du immer besser im Durchführen von Ritualen werden wirst, je öfter du das tust. Du wirst dann auch allmählich die Muster erkennen können, nach denen ein Ritual aufgebaut ist, wie es fließt und wie du dich während der Durchführung fühlst. All dies wird dir dabei helfen, ein wirklich guter Magier zu werden.

Kapitel 2

Schneeweißchen und Rosenrot – Die Verbindung zum Totemtier

Tief im Wald leben zwei Schwestern zusammen mit ihrer Mutter. Das eine Mädchen ist leidenschaftlich und athletisch, es liebt den Sommer und die freie Natur; das andere ist eher still und sanft, liebt den Winter und das Herdfeuer. An einem Winterabend kommt ein Bär an ihre Tür und beginnt das allnächtlich wiederkehrende Ritual, bei den Mädchen zu schlafen. Als der Sommer kommt, treffen die Mädchen auf einen Zwerg, der sie am Ende unfreiwillig zu einem Schatz führt. In unserem Ritual werden wir die Beziehung der Mädchen zum Bären genauer betrachten, denn sie bietet uns eine Vorlage für die magische Technik, mit Hilfe eines Totemtieres die Welt der Träume und des Unbewussten zu erforschen.

Zitate stammen aus den „Kinder- und Hausmärchen der Brüder Grimm".

„Eine arme Witwe, die lebte einsam in einem Hüttchen, und vor dem Hüttchen war ein Garten, darin standen zwei Rosenbäumchen, davon trug das eine weiße, das andere rote Rosen; und sie hatte zwei Kinder, die glichen den beiden Rosenbäumchen, und das eine hieß Schneeweißchen, das andere Rosenrot."

So beginnt das Märchen von „Schneeweißchen und Rosenrot", den beiden Schwestern, die tief im Walde mit ihrer verwitweten Mutter in einem Hüttchen leben. Im weiteren Verlauf der Geschichte begegnen wir einem Bären, einem Zwerg, Lämmern, Tauben und sprechenden Vögeln, die allesamt zu einem Schatz und in einigen Versionen auch zu einer Hochzeit mit zwei Prinzen führen.

In einem Großteil der Grimmschen Märchen geht es um einen Konflikt zwischen Mutter und Tochter oder zwischen Vater und Sohn. In manchen spielen auch Waisenkinder die Hauptrolle. „Schneeweißchen und Rosenrot" gehört zu den wenigen Märchen der Brüder Grimm, in denen wir einer glücklichen, liebevollen Familie begegnen. Auch ist es eines der wenigen Grimmschen Märchen, in denen wir eine Beschreibung des häuslichen Alltags der Charaktere bekommen.

Die Mutter ist Witwe; in Grimms Märchen begegnen wir wesentlich öfter einem verwitweten Vater, der wieder geheiratet hat. Die Schwestern sind ihrer Mutter treu ergeben und auch einander sehr zugetan, was ebenfalls eher die Ausnahme in den Grimmschen Geschichten ist (denken wir nur einmal an Aschenputtel und deren Stiefschwestern). Obwohl sie ein bescheidenes Leben führen, scheinen sie durchaus gebildet zu sein: In einem Abschnitt des Märchens erfahren wir, „Schneeweißchen aber saß daheim bei der Mutter, half ihr im Hauswesen oder las ihr vor, wenn nichts zu tun war." An anderer Stelle heißt es: „... und dann setzten sie sich an den Herd, und die Mutter nahm die Brille und las aus einem großen Buche vor und die beiden Mädchen hörten zu, saßen und spannen." Die Familie fühlt sich sehr wohl miteinander und mit ihrem Leben im Wald. Ganz im Gegensatz zu den meisten anderen Grimmschen Charakteren scheint es ihnen an nichts zu fehlen.

Geschwister treten in Märchen oft als zwei Teile eines Ganzen oder als zwei Aspekte einer einzelnen Person in Erscheinung. Und tatsächlich sind Schneeweißchen und Rosenrot ihrem Wesen nach sehr verschieden, ergänzen einander aber perfekt. Schneeweißchen scheint ein wenig von Platzangst geplagt zu sein; sie bleibt lieber daheim und hilft der Mutter bei der Hausarbeit. Gleich ihrem namensgebenden Element ist auch Schneeweißchen ziemlich blass. Außerdem erfahren wir, dass „Schneeweißchen nur stiller und sanfter als Rosenrot" ist, wie auch der Schnee alle Geräusche dämpft und eine weite Stille erzeugt, wenn er die Erde bedeckt. Weiß ist die Farbe der Reinheit und der Sittsamkeit und tatsächlich ist auch unser kleines Schneeweißchen sanft, rein und tugendhaft. Ihre Identität definiert sich über die Sorge für Haus und Familie und im Laufe der Geschichte wird deutlich, dass sie anderen stets zu Hilfe eilt.

Rosenrot dagegen ist eine vollkommen andere Natur: „Rosenrot sprang lieber in den Wiesen und Feldern umher, suchte Blumen und fing Sommervögel." Rot ist die Farbe der Leidenschaft und der Sinnlichkeit. In magischen Systemen steht die Farbe Rot meist für die Mittagszeit und die Adoleszenz, eine Zeit intensiver Energien und wollüstigen Verlangens. Rosenrot ist ein wildes Kind, sie durchstreift die Wälder und sucht die Nähe zu und Erfahrungen mit den Tieren, die dort leben. Sie kennt die Geschöpfe des Waldes genau und fürchtet sich vor nichts.

Die Verbindung zwischen Schneeweißchen und dem Winter und Rosenrot und dem Sommer und der Leidenschaft wird in folgendem Abschnitt sehr deutlich: „Schneeweißchen und Rosenrot hielten das Hüttchen der Mutter so reinlich, dass es eine Freude war hineinzuschauen. Im Sommer besorgte Rosenrot das Haus und stellte der Mutter jeden Morgen, ehe sie aufwachte, einen Blumenstrauß vors Bett, darin war von jedem Bäumchen eine Rose. Im Winter zündete Schneeweißchen das Feuer an und hing den Kessel an den Feuerhaken." Rosenrot besorgt also während des Sommers den Haushalt, in einer Zeit der Hitze und der Leidenschaft, während Schneeweißchen sich in der verschneiten Winterskälte um das Herdfeuer kümmert. Die beiden ergänzen einander und stehen für die widerstreitenden Gefühle einer jeden jungen Frau: die wollüstigen Empfindungen einer heranwachsenden jungen Frau (Rosenrot) und den starken gesellschaftlichen Druck, ihre Leidenschaft zu zügeln und ein braves Mädchen zu sein, das still an der Seite seiner Eltern sitzt und sich um Haus und Familie kümmert (Schneeweißchen). Hier aber wirken diese widerstreitenden Bedürfnisse zusammen: Schneeweißchen kann die Komfortzone von Haus und Herd nur an der Seite der leidenschaftlichen Rosenrot verlassen, die ihr Mut zuspricht.

Mit Rosenrot an ihrer Seite kann auch Schneeweißchen die Welt entdecken und die Tiere des Waldes lernen beide Mädchen kennen und werden deren Freunde: „Oft liefen sie im Walde allein umher und sammelten rote Beeren, aber kein Tier tat ihnen etwas zuleid, sondern sie kamen vertraulich herbei; das Häschen fraß ein Kohlblatt aus ihren Händen, das Reh graste an ihrer Seite, der Hirsch sprang ganz lustig vorbei und die Vögel blieben auf den Ästen sitzen und sangen, was sie nur wussten."

Dies ist ein interessanter Absatz: Hier begegnet uns in den Beeren wieder die Farbe Rot und spiegelt die Leidenschaft der Mädchen für den Wald und seine Geschöpfe. Das Kohlblatt und der Hase könnten für Sexualität und Fruchtbarkeit stehen. Der Kohl ist ganz ähnlich wie der Salat ein Kopf, dessen Falten und Lagen für die Schamlippen einer Frau stehen können (ebenso wie die Rose, nach denen eines der Mädchen benannt ist).

Der Hase wird seit Langem mit Sexualität und Fruchtbarkeit assoziiert und steht für die Wiederkehr von Wachstum und Sexualität im Frühling (weshalb der heidnische Hase des Frühlings bis zum heutigen Tag mit dem christlichen Osterfest in Zusammenhang gebracht wird). Auch der Hirsch steht für Sexualität und ist das Gegenstück zur Hasengöttin, denn er repräsentiert den gehörnten Fruchtbarkeitsgott. Auch werden hier die beiden Hälften des Jahres verdeutlicht: Der Hase steht in Verbindung mit dem Frühling und dem Erwachen neuen Grüns, nachdem der Schnee des Winters erst einmal geschmolzen ist. Der Hirsch steht für den Herbst und die Jagd, wenn die leidenschaftliche Üppigkeit des Sommers schließlich der Sense und dem Bogen oder Gewehr zum Opfer fällt. Ein ganzes Jahr spiegelt sich in den vier Charakteren: Schneeweißchen (Winter), der Hase (Frühling), Rosenrot (Sommer) und der Hirsch (Herbst). Tatsächlich werden wir gewissermaßen darauf hingewiesen, dass die Geschichte einen ganzen Jahreszyklus beschreibt, angefangen beim Winterschlaf des Bären, über die Wachstumsphase, bis hin zur Entdeckung des Schatzes im Herbst (Gold, die Farbe des Herbstlaubes und der Schatz oder Wohlstand durch Jagd und Ernte).

Am bedeutsamsten für dieses Kapitel ist jedoch die Tatsache, dass die Vögel für die Mädchen singen und diese deren Lied verstehen können. In Feenüberlieferungen sind es oftmals Vögel, die die Zukunft voraussagen und Informationen weitergeben. Das wird auch deutlich in der gebräuchlichen Phrase „ein Vögelchen hat es mir geflüstert."

Schauen wir uns an, wie die Geschichte sich weiter entwickelt. An einem Winterabend (also während Schneeweißchens Herrschaft) klopft es an der Tür und es ist Rosenrot, das abenteuerlustige Mädchen, das öffnet. Bei dem Besucher handelt es sich um einen Bären. Die Mädchen sind zunächst erschrocken, doch der Bär kann sprechen und versichert ihnen, dass er ihnen nichts zuleide tun wird.

Sofort scheint sich eine sexuelle Spannung zwischen den beiden Mädchen und dem Bären zu entwickeln: „Sie zausten ihm das Fell mit den Händen, setzten ihre Füßchen auf seinen Rücken und walgerten ihn hin und her oder sie nahmen eine Haselrute und schlugen auf ihn los und wenn er brummte, so lachten sie. Der Bär ließ sich's aber gerne gefallen, nur wenn sie's gar zu arg machten, rief er: ‚Lasst mich am Leben, ihr Kinder: Schneeweißchen, Rosenrot, schlägst dir den Freier tot.'" Die Mädchen gebärden sich dem Bären gegenüber sehr ungestüm und körperlich, sie piesacken und verspotten ihn ganz ähnlich wie viele Teenager sich gegenseitig knuffen, an den Haaren ziehen oder ärgern, sobald sie beginnen, ein Gefühl der Anziehung und der Wollust für das andere Geschlecht zu entwickeln. Und in der Tat macht der Bär in der letzten Zeile deutlich, dass das Band zwischen ihm und den Mädchen sehr wohl romantischer und sexueller Natur ist, denn er bezeichnet sich selbst als ihren „Freier".

Der Bär kommt fortan jede Nacht und auch wenn sich die Grimms die größte Mühe geben, es zu verbergen, so gibt es doch deutliche Anzeichen dafür, dass die Mädchen jede Nacht mit dem Bären schlafen. Das Gleiche kennen wir ja bereits aus dem Märchen von Schneewittchen, in dem die Grimms sehr bedacht darauf sind, zu erklären, dass die sieben Zwerge für Schneewittchen ein Bett hergerichtet hätten, in dem es allein schlafen sollte, obwohl wir doch aus älteren Versionen wissen, dass sie mit den Zwergen geschlafen hat. Dass die Mädchen tatsächlich und wortwörtlich mit dem Bären schlafen, wird auch durch die Beziehung zwischen Schneeweißchen und dem Bären deutlich: Bären halten Winterschlaf und Schneeweißchen steht für den Winter, für Schlaf und Stille. Der Bär ist also gekommen, um während des Winters und seines Winterschlafes bei Schneeweißchen zu liegen.

Die Mädchen verbringen den Winter schlafend und mit dem Bären derben Schabernack treibend. Als der Sommer über das Land zieht und Rosenrots Zeit anbricht, muss der Bär in den Wald zurückkehren. Während Schneeweißchen ihre Liebe zu dem Bären während dessen Winterschlafes ausleben kann, muss Rosenrot ihre Beziehung zu der Kreatur während des wollüstigen Sommers und in der Wildnis des Waldes erkunden.

Dort begegnen die Mädchen nun ihrem Feind, dem Zwerg.

Während Schneewittchen auf sieben scheinbar gütige und väterliche Zwerge trifft (einmal abgesehen von der Sex-Geschichte), werden die Zwerge in älteren Versionen der Geschichte als Kannibalen und Räuber dargestellt. In einem anderen Märchen der Grimms, „Der Räuberbräutigam", begegnen wir in der Müllerstochter einer weiteren schneewittchenhaften Gestalt. Wie Schneewittchen geht sie tief in einen Wald hinein und findet ein Haus voller Männer (ganz ähnlich den Zwergen), von denen einer sie heiraten will. Sie aber erfährt, dass es sich bei den Männern um Kannibalen handelt, die vorhaben, sie zu verschlingen. In der englischen Ballade „Reynardine" wird eine ganz ähnliche Geschichte von einem kannibalischen Werfuchs erzählt. In jeder dieser Geschichten steckt das Haus mitten im Wald, in dem Zwerge oder Trolle wohnen, voller Gefahren und die Bewohner des Hauses wollen der Heldin ein Leid antun. So ist es auch in diesem Märchen. Der Zwerg in dieser Geschichte ist gemein und führt mit den beiden Mädchen nichts Gutes im Schilde.

Zwerge sind dafür bekannt, dass sie Schätze horten. Oft treiben sie ihre Stollen tief in die Erde und graben nach Edelmetallen, die sie sodann verarbeiten (wie zum Beispiel die altnordischen *Dvergar*, die Odins Speer Gungnir erschufen und *Reginn*, ein weiterer Zwergenschmied – und natürlich leben auch Tolkiens Zwerge in den Minen von Moria tief unter der Erde). Doch Zwerge stehlen auch hin und wieder einmal Schätze: Von den Zwergen aus Schneewittchen könnte man behaupten, sie hätten mit Schneewittchen selbst den eigentlichen Schatz gestohlen.

Was uns zu dem Zwerg in dieser Geschichte zurückbringt. Tatsächlich erfahren wir, dass der Zwerg, dem die beiden Mädchen begegnen, einen Schatz an sich gebracht hat. Mehrere Waldbewohner versuchen, den diebischen Zwerg einzufangen oder zu töten, doch ohne Erfolg. Jedes Mal, wenn der Wald ihn für seine Missetaten verschlingen will, wird er von den Mädchen gerettet. Trotzdem ist er undankbar und verflucht sie immer wieder aufs Neue.

Schließlich muss der Bär die Mädchen vor dem Zwerg retten und ihn töten, um seinen Schatz wiederzuerlangen.

Hier scheinen die Grimms die Geschichte völlig verändert zu haben, denn sie unterscheidet sich stark von dem Märchen, das sie ursprünglich einmal gesammelt hatten. Bei den Grimms verwandelt sich der Bär in einen Prinzen und die Mädchen heiraten am Ende den Bärenprinzen und dessen praktischerweise vorhandenen Bruder. In älteren Versionen ist der Bär einfach nur ein Bär (okay, ein sprechender Bär, der mit Menschen Liebe macht) und als der Zwerg tot ist, sind es die Mädchen, die den Schatz mit nach Hause nehmen und fortan in Wohlstand leben und Land und Bildung erwerben.

So romantisch die Grimmsche Einmischung auch sein mag, für unsere Zwecke muss der Bär ein Bär bleiben und die Mädchen müssen den Schatz behalten. Wie wir noch sehen werden, ist die Geschichte selbst eine magische Instanz und ergibt sehr viel mehr Sinn, wenn wir sie als Anleitung betrachten, wie man einen Bund mit einem Totemtier eingeht, wie es in der ursprünglichen Fassung auch der Fall war.

Die mit den Bären tanzt

Die beiden Mädchen pflegen zwar mit vielen Tieren freundschaftlichen Umgang, doch zwei Bündnisse stechen besonders hervor: Da sind einmal die Vögel, die im Wald zu ihnen singen und deren Lied sie verstehen können („... und die Vögel blieben auf den Ästen sitzen und sangen, was sie nur wussten"), und der Bär, der ihnen gleichsam Gefährte, Geliebter und Beschützer ist.

Vögel gelten seit jeher als prophetische Tiere, ganz besonders Vögel mit schwarzem Gefieder, wie zum Beispiel Raben, Krähen und Amseln. In unzähligen Mythen und Liedern vermögen diese fliegenden Tiere die Zukunft vorherzusehen und ihr Wissen mit Menschen zu teilen, die ihre Sprache verstehen. Man glaubt, diese Vögel flögen in die Unterwelt hinab und wieder zurück und seien in der Lage, durch den Schleier hindurchzublicken, der unsere Welt von der übernatürlichen Welt trennt. Das trifft besonders auf Raben und Krähen zu, die sich an den Überresten der Toten gütlich tun und, so glaubte man, die Seelen der Toten in die Unterwelt brachten. Aus diesem Grund werden Raben oftmals in Gesellschaft von Unterweltsgöttinnen und –göttern wie Mab, Morrigan und Odin dargestellt.

Bären brauchen einen Bau. Sie verschanzen sich in Höhlen oder Erdlöchern und schlafen dort, bis der lange Winter vorüber ist. Im letzten Kapitel haben wir darüber gesprochen, dass der Schlaf ein todesähnlicher Zustand ist, der uns mit der Unterwelt und der Welt der Feen verbindet. Durch unsere Träume haben wir Zugang zu jenen Landen und können einen Blick auf andere Realitäten erhaschen. Der Bär als Höhlenbewohner und Winterschläfer ist eng mit diesen surrealen Reichen verbunden und könnte in Form von Träumen und Visionen durchaus Prophezeiungen und Informationen von diesen Landen mit in unsere Welt zurückbringen.

In allen Mythologien begegnen wir immer wieder Bären oder anderen Höhlen bewohnenden Tieren, die die Zukunft vorhersagen. In Sibirien bereiten die Völker der Mansen und der Chanten vor der Eröffnung der traditionellen Jagdsaison ein gewaltiges Festmahl für den Bären in der Hoffnung, der Bärengeist möge ihnen die besten Jagdgründe offenbaren; bei den amerikanischen Ureinwohnern und den Inuit bezeichnet man die Sternenkonstellation des Großen Wagens auch als den Großen Bären. Auch in britischen Mythen spiegelt sich dieses Thema: Der Name König Artus' bedeutet in seiner älteren walisischen Form „Bärenmann" und dieselbe Sternenkonstellation wird als der Wagen des Artus bezeichnet. In diesen Kulturen beobachtet man die Bären, um den richtigen Zeitpunkt zur Aussaat und zur Jagd zu bestimmen. Darüber hinaus bringen sie Nomadenvölker in ihre vorübergehenden Zeltlager und führen Schamanen und Heiler zu Pflanzen, die Krankheiten heilen können.

In den Vereinigten Staaten wird ebenfalls alljährlich ein Erdhöhlenbewohner beobachtet, um die Zukunft vorherzusagen. Anstelle des Bären oder des Igels (der das prophetische Höhlentier Irlands ist) beobachtet man dort jedes Jahr am 2. Februar das Murmeltier. Man glaubt, dieser kleine Winterschlaf haltende Höhlenbewohner könne die Ankunft des bevorstehenden Frühlings vorhersagen – eine bedeutende Angelegenheit für die Bauern in ganz Amerika, denn sie müssen wissen, wann sie mit der Aussaat beginnen sollen.

Nun, da wir ein wenig mehr über die Natur von Vögeln und Bären wissen, wollen wir uns der Geschichte von Schneeweißchen und Rosenrot von einem anderen, älteren Blickwinkel her zuwenden.

Die Schwestern sind Kinder des Waldes: Die eine Schwester ist keck und körperlich, gibt sich ihrer adoleszenten Wollust und Leidenschaft hin und ist sich ihres Körpers und dessen Bedürfnissen sehr stark bewusst; die andere Schwester ist sehr spirituell und sich ihres inneren, seelischen Selbstes zutiefst bewusst, durch ihren Winterschlaf und ihre Verbindung zu Winter und Trance ist sie eng an die Unterwelt gebunden. Im Herbst, zur Zeit der Tag-und-Nacht-Gleiche, wenn die Kräfte der beiden Mädchen gleich stark oder neutral sind, durchstreifen die beiden Schwestern den Wald und lauschen der Sprache der Vögel. Mit ihrem Wissen über die Unterwelt ist Schneeweißchen imstande, die Sprache der Vögel zu verstehen. Die Vögel prophezeien ihr, dass ein Fremder, ein Wesen von großer Stärke und Prophetie in ihr Leben treten wird. Als es dann an der Tür klopft, öffnet das leidenschaftliche Rosenrot die Tore zwischen den Welten und lässt den Bären herein. Doch es ist Schneeweißchen, das sich an die Seite des Bären kuschelt und seine Geliebte und Gefährtin wird: Ihr tranceartiger winterlicher Schlaf gestattet ihr, dem in Winterschlaf verharrenden Bären in die Welt der Träume, die Unterwelt zu folgen, wo sie ein Wissen erlangt, das sie schließlich zu einem großen Schatz führen wird. Da auch Rosenrot zugegen ist, necken die Mädchen ihren Geliebten, sie knuffen, schlagen und spötteln, wie es wohl jeder wollüstige Teenager tun würde.

Den ganzen Winter lang schläft Schneeweißchen an der Seite ihres Geliebten. Im Frühling erwachen Bär und Mädchen und kehren aus der Unterwelt (dem winterlicher Hüttchen) in die physische Welt (den Wald) zurück. Schneeweißchen wurden in der Zwischenzeit Visionen von einem großen Schatz gezeigt. Der Bär warnt die Geschwister vor dem Zwerg. Der Zwerg, so erklärt er ihnen, ist der Schlüssel zu jenem Schatz, nach dem sie suchen.

Fische, Zwerge, Bärte und Schätze

Wie die Bären graben auch Zwerge in der Erde nach Schätzen. Ebenso wie der Bär besitzt auch der Zwerg die Fähigkeit, in seinen Träumen die Unterwelt aufzusuchen und hat auf diese Weise mittels seiner eigenen schamanischen Wanderungen vermutlich den Schatz des Bären gefunden. Der Wald versucht nun, den Zwerg für seinen Frevel zu bestrafen oder zu töten. Als erstes versucht ein Baum, den Zwerg gefangen zu setzen, als der gerade beim Holzschlagen ist, doch die gutherzigen Schwestern retten ihn. Es ist Schneeweißchen, die Winterträumerin und tugendhafte Tochter, die den Bart des Zwergs abschneidet, um ihn zu befreien.

Der Bart des Zwergs ist vermutlich eine Quelle seiner Kraft. So etwas begegnet uns oft in Mythen, wie zum Beispiel in der biblischen Geschichte des Samson. Auch in der griechischen Medusa, einer Gorgone, deren Haar aus giftigen Schlangen besteht, spiegelt sich dieses Thema: Blickt sie dir in die Augen, erstarrst du zu Stein.

Der Zwerg zeigt sich den Schwestern gegenüber ziemlich undankbar, wahrscheinlich weil sie bei seiner Befreiung seine Kraft geschmälert haben, indem sie ihm ein Stück vom Bart abschnitten. Er stürmt davon und gibt den Mädchen perverse Namen (vorausgesetzt, man schenkt dem Bild von ihrer Tugendhaftigkeit Glauben). Dieser Mangel an Dankbarkeit ist ein Hinweis an den Zuhörer, durch den die verborgene Boshaftigkeit des Zwergs offenbart wird – ein weit verbreitetes Mittel im Märchen. In Märchen nach Schneewittchen/Schneeweißchen-Art, in denen ein Mädchen seinem Freier in den Wald folgt, ist es oft so, dass es Hinweise erhält, dass es sich bei ihrem Freier eigentlich um einen Kannibalen oder Menschenfresser handelt. Im Märchen vom Rotkäppchen zum Beispiel bemerkt das Mädchen durchaus die großen Ohren und Augen der Großmutter, ergreift aber dennoch nicht die Flucht. In der Ballade „Reynardine" erzählt der Fuchsmann dem Mädchen, er suche „nach einem Versteck/vor des Richters Männern", und doch folgt sie ihm zu seinem Schloss, wo er sie verführt und auffrisst.

Wie die Charaktere aus den anderen Geschichten und Mythen erhalten auch unsere Schwestern Hinweise auf das boshafte Wesen des Zwerges und trotzdem retten sie ihn immer wieder, scheinbar ohne jeglichen Gedanken daran, ihnen selbst könne etwas zustoßen. Das baut natürlich im Märchen eine gewisse Spannung für den Zuhörer auf: In „Rotkäppchen" wissen wir sehr wohl, dass die Heldin jetzt wirklich in der Klemme steckt, doch bei anderen Versionen dieses Märchens müssen wir hilflos zuschauen, wie es dennoch zum Wolf ins Bett steigt, anstatt das Weite zu suchen. Dieses Gestaltungsmittel finden wir in unzähligen Horrorfilmen, in denen das Publikum durchaus erkennt, dass der Mörder sich nähert, das auserkorene Opfer allerdings nicht. Da es sich aber hier um ein magisches Märchen handelt, ist uns natürlich klar, dass lediglich der Kontrast zwischen den tugendhaften und hilfsbereiten Schwestern und dem diebischen und bösartigen Zwerg betont werden soll. Es wird deutlich, dass die Mädchen sich selbst treu bleiben müssen, wenn ihre Magie wirken soll.

Als nächstes wird der Zwerg von einem Fisch gefangen. Wiederum schneiden die Mädchen ihm ein Stück Bart ab und schwächen ihn erneut. Der Zwerg rast vor Zorn und verflucht sie, ein weiteres Anzeichen für seine wahre Natur.

Schließlich wird der Zwerg von einem Adler gefangen. Die Mädchen retten ihn auch dieses Mal und wieder zeigt er sich zornig und undankbar.

Ich möchte dich darauf aufmerksam machen, dass jedes Element des Waldes einen Versuch unternommen hat, den arglistigen Zwerg zu töten: Der Baum ist ein Wesen der Erde, der Fisch ein Geschöpf des Wassers und der Adler ein Vogel der Lüfte. Jedes einzelne Elementarwesen erkennt den Zwerg als Bedrohung und will diese Gefahr aus dem Wald verbannen. Doch die Mädchen, von denen eine das Feuer (Rosenrot), das andere das Spirituelle oder Himmlische (Schneeweißchen, Schnee; alle Elemente – Luft, Feuer, Wasser, Erde und Spirit – sind in ihr vereint) repräsentiert, eilen stets rechtzeitig zu seiner Rettung herbei. Nun wollen wir herausfinden, warum sie das getan haben.

Die Mädchen haben darauf gewartet, dass die äußeren Umstände so perfekt wie möglich sind. Am Ende haben sie genau das erreicht. Der Zwerg enthüllt seinen Schatz ganz offen auf einem Stückchen flacher Erde: „... überraschten sie den Zwerg, der auf einem reinlichen Plätzchen seinen Sack mit Edelsteinen ausgeschüttet und nicht gedacht hatte, dass so spät noch jemand daherkommen würde." Die Mädchen kommen an ihm vorbei und rufen ihren Geliebten und Verbündeten, den Bären, auf den Plan. Das Tier tötet den Zwerg, der bereits geschwächt ist, weil die Schwestern seinen Bart immer ein Stück gekürzt hatten. Nun können die Schwestern den Schatz, den Schneeweißchen bereits in ihren Visionen aus der Unterwelt gesehen hat, für sich beanspruchen.

Die Brüder Grimm haben das Märchen um das Element des „verwünschten Bären" erweitert, der nun wieder menschliche Gestalt annimmt. (Und zufällig hat er auch noch einen Zwillingsbruder! Was für eine Überraschung!) In älteren Versionen dieses Märchens ist der Bär jedoch einfach nur ein Bär. Das ist für uns ein sehr wichtiges Element, denn der Bär ist ein Geschöpf der Unterwelt, der Träume und Visionen. Sich mit dem Bären als spirituellem Tier, als Totemtier zu verbinden, war für die Mädchen die bedeutendste Verbindung in dieser Geschichte. Die Wanderungen des Bären durch die Unterwelt waren es, die die Mädchen schließlich zu ihrem Schatz führten. Dass sie gleichsam Geliebte des Bären waren, war in der ursprünglichen Geschichte etwas völlig Natürliches, auch wenn die Brüder Grimm diese Tatsache zu rechtfertigen suchten, indem sie dem Bären eine Verwünschung auferlegten und dieser sich, sobald der Bann gebrochen war, in einen menschlichen Liebhaber verwandelte.

In Kapitel 3 zu „Hänsel und Gretel" werden wir noch mehr über Geschwister und ihr gemeinsames magisches Wirken erfahren.

Warum sollte man sich mit einem Totemtier verbinden?

In vielen magischen Traditionen verbinden sich die Praktizierenden mit Tieren, die als geistige Führer oder Botschafter der Unterwelt fungieren. Im Wicca geht man davon aus, dass die Götter und Göttinnen in der Natur ihren Ausdruck finden und oft in Tiergestalt anzutreffen sind, wie zum Beispiel als Rehe, Vögel, Pferde und Kühe, um nur ein paar wenige zu nennen. Beispiele hierfür sind Mab, die mit Raben assoziiert wird, Rhiannon mit Pferden, Diana und Artemis mit Rehen, Brigit mit dem Hasen, Herne mit dem Hirsch, Odin mit Raben und Pferden, Mithra mit Stieren und Pan mit Ziegen. Diese Götter zeigen sich uns nur in Gestalt von Tieren und übermitteln uns auf diese Weise gewisse Informationen. Hexen und Druiden beobachten Vögel, Igel, Rinder und Hasen, um künftige Ereignisse vorherzusagen oder Träume zu induzieren. Gerald Gardner, der Begründer des modernen Wicca, schrieb in sein privates Tagebuch, er habe Beweise dafür gefunden, dass das Wort *witch* (Hexe) einem Begriff entlehnt sei, der soviel bedeutete wie „anhand von Tierschreien die Zukunft vorhersagen."

In finnisch-sibirischen Kulturen, so weit dieser Begriff auch sein mag, sind geistige Führer in Tiergestalt allgegenwärtig. Sibirische Völker wie die Mansen und die Chanten wenden sich an den Bären, wenn sie etwas über die Jagd und den Ackerbau wissen wollen; die Inuit beobachten die Bewegungen von Walen, Bären, Robben und Karibus und finden darin ihre Verbindung zu den Göttern oder Geistern; die Samen und die Lappen verehren Robben und Adler. Jedes dieser Völker glaubt daran, dass die Götter oder Geister durch diese Tiere zu ihnen sprechen und ihnen in dieser Gestalt in Träumen oder Trancen Omen und Inspiration zuteilwerden lassen.

In vielen dieser Kulturen begibt sich entweder ein Schamane, eine Hexe oder ein Heiliger in einen Trancezustand, wenn er Führung sucht, und kontaktiert den Geist eines Tieres. Dieses Tier führt nun den Geist des Schamanen (wir wollen es bei diesem Begriff belassen, auch wenn verschiedene Kulturen diesen Visionären der Unterwelt unterschiedliche Namen geben) zu Visionen, die ihm Informationen offenbaren, die er benötigt, zu einer Pflanze, die eine bestimmt Krankheit heilt, zum Standort einer Herde, die gejagt werden kann oder zu einer Lösung für ein Problem, mit dem die Gemeinschaft zu kämpfen hat. Wenn der Schamane in unsere Realität zurückkehrt, besitzt er das nötige Wissen zur Lösung des jeweiligen Problems. Um dergleichen überhaupt tun zu können, muss der Schamane Jahre darauf verwenden, seine Beziehung zu den Totemtieren der Unterwelt zu nähren.

In monotheistischen Religionen gelten Tiere auch zuweilen als Zeichen des Himmels. In Hesekiels Traum wird ihm das Universum als vier Kreaturen offenbart, welche den Himmel bilden: ein Stier, ein Adler, ein Löwe und ein Engel (Hesekiel 1, 10). Noah lässt sich bei seiner Landung von einem Raben und einer Taube führen (Genesis 8:7-8). Im hebräischen Midrasch wird Salomo von einem Vogel die Ankunft der Königin von Saba vorausgesagt. Und Jesus übernimmt die Rolle des Lamms, des Opfertieres für Gott. Zudem wurde Jesus in einer Scheune geboren, wodurch seine Verbindung zu Tieren ebenso deutlich wird wie die zu den Menschen.

In jeder Kultur gibt es Geschichten über wilde Tiere, die zu uns sprechen und uns ihr Wissen, über das sie durch ihre Verbindung zu Träumen und der Unterwelt verfügen, weitergeben. Bär und Rabe stehen in besonders enger Verbindung zu dieser Welt und treten in den Mythen zu zahlreichen Unterweltgöttern in Erscheinung. Es ist der Bär, der meist zu fortschreitenden Magiern Kontakt aufnimmt und diese zu ihren Visionen oder anderen Tieren führt, die ihnen als Totemtiere dienen sollen.

Für unsere ersten Reisen in die Unterwelt werden wir uns also an den Bären der beiden Schwestern als Führer halten.

Die Menschen in den alten Kulturen, die mit Totemtieren oder geistigen Führern arbeiten, studieren jahrelang, ehe sie sich mit ihren Führern verbinden. Auch Hexen und Druiden studieren viele Jahre lang; im Wicca ist es gebräuchlich, dass ein Schüler zunächst verschiedene Initiationen durchläuft, ehe er sich an schwierige Trancearbeit heranwagt. Üblicherweise heißt es immer, es dauere „ein Jahr und einen Tag", ehe man für die erste Initiation bereit sei, doch ein aufrichtig Suchender sollte gute zwei bis drei Jahre lang im Wicca ausgebildet werden, ehe er den Schritt der Einweihung in den ersten Grad wagt.

Doch was hat das alles für uns zu bedeuten? Es bedeutet, dass die ein- oder zweimalige Durchführung dieses Rituals dich nicht zwangsläufig mit deinem Krafttier verbindet. Rituale sind dann am kraftvollsten, wenn sie dir in Fleisch und Blut übergehen und die Praktizierenden sollten größten Wert darauf legen, ihre Rituale jedes Mal auf eine Weise zu zelebrieren, welche bis ins Unbewusste vordringt. Eben dieser Prozess, bei dem wir das Unbewusste „aufwecken", indem wir dasselbe Ritual immer wieder durchführen, erlaubt uns, auf die Kräfte zuzugreifen, die in unserer Psyche verborgen sind und diese unbewussten Mächte dafür zu nutzen, „Magie zu wirken."

Schau dir einmal die Karte der Hohepriesterin in einem traditionellen Tarot-Deck, wie dem Rider-Waite-Deck, an. Dort sehen wir eine Frau, die in blaue Gewänder gehüllt ist und aus den Falten des Gewandes fließt ein Fluss. Der Fluss und die blauen Gewänder stehen für das Unbewusste, für Gefühle und Träume. Auf der Brust trägt sie ein gleichseitiges Kreuz – kein christliches Kreuz, sondern ein Kreuz der Sonne und des Mondes, des Maskulinen und des Femininen, der Nacht und des Tages – das uns auf die Verschmelzung von Bewusstem und Unbewusstem oder von Es und Ich hinweist, um es mit Freud'schen Begriffen zu sagen. Auf dem Schoß hält sie die Thora, teilweise unter den Falten ihres Gewandes verborgen. Die Thora ist das Grundlagenwerk zu jüdischen und christlichen Ritualen und Gottesdiensten und bildet den Kern der mystischen hebräischen Kabbala. Teils verborgen ist sie, weil nur einem entschlossen Suchenden, der willens ist, zu studieren und den äußerst steinigen Pfad spirituellen Lernens zu beschreiten, vielleicht eines Tages die tiefsten Mysterien der Kabbala und der Thora (oder die tiefsten Offenbarungen eines jeden beliebigen spirituellen Weges) enthüllt werden.

Hinter der Hohepriesterin ist ein Vorhang zu sehen, der zwischen zwei Säulen aufgespannt ist. Bei den Säulen handelt es sich um die kabbalistischen Säulen Boaz und Jachim oder männlich und weiblich, Tag und Nacht, Licht und Dunkelheit, Sonne und Mond, Leben und Tod: Es sind die äußeren Säulen des kabbalistischen Lebensbaumes, den hebräische Mystiker als Darstellung der Kräfte verwenden, mit deren Hilfe Jahweh (Gott) die Welt erschuf. Hinter diesem Vorhang fließt ein Fluss, der den Suchenden zu den tiefsten Mysterien von Geist und Sinn zu führen vermag. Nur ein Suchender, der über die entsprechende Geduld, den Mut und das Wissen verfügt, um den Vorhang zu durchdringen, darf weiter dem Fluss der Dunkelheit, des Unbewussten, der Träume und der Intuition folgen, um auch die inneren Mysterien kennenzulernen.

Eine der Bedeutungen dieser Karte impliziert, dass der Suchende bereit sein muss, sich in ritueller Arbeit und Selbstkonzentration zu üben, will er seine Ziele in Form von Magie und Trance auch erreichen. Man darf nicht erwarten, dass dies mit einem einzigen Ritual oder auch nur einer Woche oder einem Monat erledigt sei. Wenn wir uns mit Totemtieren verbinden wollen, müssen wir uns darüber im Klaren sein, dass unter Umständen Jahre der Trancearbeit, der Rituale und des Studiums notwendig sein werden. Das Ritual muss wieder und wieder wiederholt werden und mit jedem Mal tauchen wir tiefer ein in die Welt der Träume und des Unbewussten.

Das folgende Ritual wird dich bis zur Schwelle geleiten. Du musst entschlossen sein, dieses Ritual über Monate oder gar Jahre hinweg durchzuführen, wenn du wirklich tief in das Reich des Bären vordringen willst. Dort können deine Trance-Visionen dir Träume, Inspiration, Kunst und Wissen enthüllen. Wenn du wirklich dazu entschlossen bist, dann wirst du dein Ziel auch erreichen.

Das Rosenrot-Ritual

Dieses Ritual führst du am besten im Hause durch, denn es erfordert hohe Konzentration. Du kannst es aber auch im Freien im Mondlicht durchführen, wenn du einen sehr ruhigen Platz dafür kennst. Auch Schneeweißchen schlief mit dem Bären in einem Haus an einem kuscheligen Feuer. Ein gemütliches Zimmer zur Nachtzeit eignet sich am besten für diese magische Arbeit.

Du brauchst einen Besen, einen Teppich oder eine Matte, auf dem oder der du bequem sitzen oder liegen kannst, eine Kerze, einen Becher mit Wein oder Saft und einen Teller mit ein paar Backwaren.

Ziehe dreimal einen Kreis um deinen oder euren Meditationsplatz und wende dich dann den Himmelsrichtungen zu, um um ihren Beistand zu bitten. Sei dir dabei bewusst, dass die Himmelsrichtungen auch jeweils für ein Element stehen: Der Osten (mit dem du beginnst) für die Luft, der Süden für das Feuer, der Westen für das Wasser und der Norden für die Erde.

Wenn du ein Mensch bist, der auch die Götter einladen möchte, an diesem Ritual teilzuhaben, dann könntest du dich idealerweise an Nyx, die Göttin der Dunkelheit wenden, die durch den Mond und die Stille repräsentiert wird, und an Morpheus, den Gott der inneren Welten, der für Visionen steht und durch Nebel und Wunder in dieser Welt manifest wird.

Nun entzünde eine Kerze.

Alle Anwesenden sitzen mit dem Gesicht zum Altar in einer Meditationshaltung. Wer will, kann sich hinlegen, allerdings solltet ihr es euch nicht so bequem machen, dass ihr einschlaft. Wenn du das Ritual alleine durchführst, solltest du dir die Meditation unten zunächst durchlesen und sie dir gut genug einprägen, dass du sie aus der Erinnerung heraus durchführen kannst. Wenn das Ritual von einer Gruppe durchgeführt wird, sollte eine Person ausgewählt werden, die für die Gruppe spricht und dem Kreis die Meditation vorliest. Diese Person leitet nun die Meditation ein:

„Wir haben uns heute Abend hier eingefunden, um einen Tiergeist, den Bären, darum zu bitten, uns in eine Trance zu führen, wie er dereinst auch Schneeweißchen und Rosenrot zu ihrem Schatz und ihrem Schicksal geleitet hat. Visualisiere nun deinen ganz persönlichen Schatz, was immer das auch sein mag. Karriere, ein besserer Job, eine Ausbildung, eine Liebesbeziehung, ein treuer Freund, ein süßes Kind, das du lieben und für das du sorgen kannst. Was immer du dir wünschst, worin dein Schatz auch bestehen mag, wir wollen diesen geistigen Verbündeten darum bitten, dass er dich in Träumen und Visionen dorthin geleiten möge. Wir werden unseren bewussten Geist entspannen, die Stimmen verstummen lassen, die jeden Tag auf uns einreden, und die vom Mond beschienene Straße beschreiten, die uns in die Welt der Geister führt, in die tiefe Nacht hinein und hinein in den Wald, in dem Rosenrot zum ersten Mal den Bären erblickte, der sie zu ihrem Schatz geführt.

Auf der Straße unseres Atems gehen wir nun nach Innen. Spüre, wie dein Atem mit jedem Atemzug in dich hinein und wieder hinaus fließt. Folge deinem Atem durch deine Nase und tief hinein in deinen Körper. Folge deinem Atem in die Dunkelheit, spüre den Atem als kühle Brise auf deiner Haut.

Nun gehe noch weiter, spüre deinen Atem. Du schreitest voran, hinein in die Dunkelheit und hinein in die ausgedehnte Höhle deiner selbst. Du spürst die kühle Brise auf der Haut. Du trittst ein in Trance und Traum. Du befindest dich jetzt in einem langen, dunklen Tunnel, du folgst der kühlen Brise, bist voller Vertrauen darauf, dass die Dunkelheit dich führen wird.

In der Ferne vor dir siehst du ein Licht, es ist blass und unstet. Du gehst weiter, immer auf dieses kleine Fleckchen Licht zu, das dich nun führt. Es ist nicht mehr als ein winzig kleines Stückchen Glut, wie der erste Stern in der Abenddämmerung. Du spürst den Dunst zu deinen Füßen und der Boden gibt dir sicheren Halt an diesem Ort nächtlicher Dunkelheit und Nebel. Du gehst auf das Licht zu. Du spürst die Kälte und den feinen Dunst auf deiner Haut und du sehnst dich nach Wärme.

Jetzt scheint das Licht schon wie das Flackern eines Feuers. Es leuchtet heller und du erkennst schattenhafte Gestalten, die im flackernden Licht tanzen. Es handelt sich tatsächlich um ein Feuer und du kannst jetzt auch Bäume und Dickicht erkennen. Du riechst den Duft von Kiefern und Zedern und spürst das Knirschen von Laub und Nadeln unter deinen Füßen. Auch Schnee und Eis sind noch vorhanden. Du hörst den Schrei einer Eule und das Rascheln von Geäst, als ein Tier sich regt.

Der Feuerschein dringt durch ein Fenster vor dir, du erkennst auch eine hölzerne Tür in einem kleinen Hüttchen und ein winziger Pfad, kaum sichtbar im Mondlicht, führt dich näher heran. Es ist ein sehr kleines Hüttchen und du hast das Gefühl, es irgendwo schon einmal gesehen zu haben, vielleicht in deinen Träumen. Du spähst durch das Fenster und siehst das Flackern eines Herdfeuers.

Du klopfst an die Tür und wartest. Es ist kalt und feucht hier draußen, doch hinter der Tür erwarten dich Wärme und Trockenheit.

Im Hüttchen regt sich etwas. Die Tür wird geöffnet und das Gesicht eines Mädchens erscheint im Türrahmen. Sie ist lebhaft und hübsch und scheint sich zu freuen, dich zu sehen. Ihr Haar ist von einem satten Schwarz wie die Nacht und ihre Augen sind von einem so tiefen Blau, dass es fast erschreckend ist. Doch warte. Jetzt ist ihr Haar von tiefroter Farbe wie das Herbstlaub. Und ihre Augen sind grün. Vor deinen Augen verändert sich das Mädchen und du beobachtest das Schauspiel voller Belustigung und Überraschung.

Sie trägt ein langes rotes Kleid und hält eine Kerze in einem silbernen Kerzenständer in den Händen, die dir den Weg leuchtet, als du das Hüttchen betrittst. Sie heißt dich willkommen, zuerst mit blauen Augen, die dich voll Wärme anblicken, dann mit grauen Augen, die dich eingehend betrachten.

Du trittst ein.

Vor dir brennt ein Herdfeuer und verströmt flackerndes Licht, das die Schatten an den Wänden tanzen lässt. Vor dem Feuer liegt ein riesenhaftes Tier: Es ist ein schlafender Bär. Das Mädchen winkt dich mit flinkem Finger herbei. Sie legt sich neben der riesigen Gestalt nieder und kuschelt sich in den Winkel zwischen Schulter und Pranke des Bären. Jetzt ist ihr Haar wieder schwarz und die Augen blau. Sie lächelt. Es ist das schönste und unwiderstehlichste Lächeln, das du je gesehen hast.

„Leg dich zu mir", sagt sie lächelnd.

Und du legst dich neben dem Bären nieder. Entspannung macht sich breit, als du dich an den großen Leib lehnst. Spüre das Fell des Bären auf deiner Haut und nimm seinen scharfen Geruch wahr. Er regt sich, bewegt sich, zieht dich zärtlich näher an sich heran. Du bist nun eingehüllt in Fell und Muskeln. Liege ganz still und spüre die Kraft dieses Wesens, doch achte darauf, nicht einzuschlafen.

Du bist nicht zum Schlafen hierhergekommen. Du wirst dich diesem gewaltigen Geschöpf zuwenden und seinen Geist erwecken, damit er zu dir sprechen und dich in deinen Träumen zu deinem Schatz führen kann. Innerlich machst du dich bereit, denn es ist unklar, ob er still oder zornig sein wird, wenn er erwacht.

Lasse deine Finger durch das raue Bärenfell gleiten. Spüre das Fell auf der Haut deiner Finger. Reibe deine Wange an seinem warmen Gesicht. Ziehe an seinem Fell, ganz sanft, und singe ein Lied in sein Ohr. Singe in sein Ohr, damit er aufwacht."

(In diesen Chant können alle mit einstimmen. Er ist sehr leise zu singen.)

„Erwache, Bär, erwache und lausche meinem Lied
Auf dass du mich führen mögest in meinem Traum
Erwache, Bär, erwache und lausche meinem Lied
Auf dass du mich führen mögest in meinem Traum."

(Der Chant wird weiter gesungen.)

„Der Bär öffnet verschlafen ein Auge und blickt dich an. Auch das Mädchen regt sich in deiner Nähe, denn auch sie ist nun erwacht. Mit Samtpfoten zieht der Bär dich näher zu sich. Bald wird er zu dir sprechen. Spüre seinen warmen Atem. Entbiete dem Bären behutsam deinen Gruß. Beobachte ihn sorgsam und höre, was er dir zu sagen hat."

(Der Chant wird weiterhin von allen gesungen. Jeder visualisiert nun für sich den Bären und wartet ab, stumm den Bären bittend, zu ihm oder ihr zu sprechen. Das kann eine Weile dauern. Lasse den Anwesenden mindestens fünf Minuten, vielleicht auch mehr Zeit, um ihre Vision zu erhalten.)

„Wir bedanken uns bei dem Bären für seine Weisheit. Nun ist es an der Zeit, aus dem Wald zurückzukehren. Stehe jetzt langsam auf und nimm den Raum wahr, in dem der Bär schläft und ein warmes Feuer brennt. Präge dir diesen Ort gut ein, denn du wirst noch oft hierher zurückkehren und er wird dir ein zweites Zuhause werden.

Auch das seltsame Mädchen hat sich erhoben. Sie möchte, dass du bleibst, doch sie weiß, dass du wieder gehen musst. Versprich ihr, dass du sie wieder besuchen wirst. Frage sie, ob du ihr bei deinem nächsten Besuch ein Geschenk mitbringen sollst." (Der Vortragende macht eine kleine Pause.)

„Das Mädchen nimmt ihre kleine Kerze zur Hand und deutet auf die Tür. Du verabschiedest dich von dem Mädchen und machst dich bereit, in die Nacht hinaus zu treten. Öffne die Tür und tritt hinaus in die Kälte und den Dunst. Schreite voran in die Dunkelheit des Waldes.

Nun gehe wieder die Straße der Nacht entlang. Spüre den kalten Windhauch auf der Haut. Schreite aus und fühle die Nässe, die Kälte des Windes in der Dunkelheit. Streck die Hand aus und ertaste die Wand, an der du entlang gehst. Auch sie ist feucht, doch es tut gut, den Weg deiner Reise so deutlich spüren zu können.

Die Nacht fühlt sich jetzt, da du im dichten Fell des Bären die Wärme des Hüttchens gekostet hast, viel kälter an. Doch du gehst unbeirrt weiter, geführt von der Wand neben dir und dem Windhauch. Höre meine Stimme und gehe auf sie zu. Lasse dich von ihr nach Hause führen.

Jetzt nimmst du ein kleines Licht wahr, das Licht einer einzelnen Kerze. Das Licht flackert und tanzt. Du spürst deinen Atem, ein und aus. Du spürst den Platz, an dem du dich gerade befindest und nimmst durch geschlossene Augenlider den Schein der flackernden Kerze wahr.

Du bist nun wieder zu Hause angekommen. Wärme erfüllt den von Kerzenschein durchfluteten Raum, dein Körper ist sicher an diesem Ort nach deiner Reise. Die Kerze brennt auf deinem Altar. Deine Freunde sind hier und warten. Jeder von ihnen hat eine Geschichte zu erzählen.

Sobald du bereit bist, öffnest du die Augen und siehst die Kerze, siehst deine Freunde und diesen Ort, der dein Zuhause ist.

Atme tief ein und aus und komme voll und ganz hier an. In dir trägst du die Weisheit des Bären!"

Nun bleiben alle einen Augenblick schweigend sitzen. Wenn sie bereit sind, berichten sie davon, was sie während ihrer Vision gesehen haben. Dann ergreift wieder der Sprecher das Wort:

„Lasst uns nun zusammen essen und trinken und Nyx und Morpheus für ihre Träume und Visionen danken. Lasst uns den Wein (oder Saft) segnen, den wir nun miteinander teilen wollen.

Mutter der Nacht, Vater der Träume
Die ihr auf sternbeglänzten Wegen wandelt
Schenkt uns Visionen, schenkt uns Weisheit
Und segnet die Speisen, die wir aufgetischt."

Nun nehmen alle einen Schluck aus dem Kelch und verzehren die Kuchen. Jetzt ist ein guter Moment, um sich zu entspannen, lustig zu sein und gemeinsam zu lachen. Lasst eine kleine Portion Essen und Trinken übrig, die ihr später den Göttern opfert.

Wenn ihr soweit seid, löscht die einzelne Kerze und dankt sowohl den Himmelsrichtungen und den ihnen entsprechenden Elementen, als auch den Göttern oder Geistwesen, die ihr eingeladen habt und die euch durch ihre Gegenwart bereicherten.

Einer von euch geht nun entgegen des Uhrzeigersinns um den Kreis und spricht dabei:

„Wir geben den Kreis zurück an die Nacht
Und löschen das Licht, das wir entfacht
Möge es in unseren Herzen glimmen
Bis wir erneut zusammen finden!"

Vergesst nicht, ein wenig von euren Speisen und Getränken den Göttern zu opfern, wenn diese für euch bedeutsam sind, indem ihr sie im Garten, im Wald oder auf einer Wiese liegen lasst – ihr könnt sie auch in ein fließendes Gewässer geben, in einen Fluss oder einen See.

Lasse dich nicht entmutigen, wenn es ein Weilchen dauert. Wiederhole diesen Kreis so oft wie nötig, bis du das Gefühl hast, dass der Bär dir Antwort gibt und mit dir ein Gespräch beginnt an jenem astralen Ort oder Tranceplatz. Das erfordert schon ein wenig Übung. Es ist sehr wichtig, dass du Zeit und Geduld investierst, wenn etwas wirklich von Bedeutung für dich ist. Wir leben zwar in einer Welt, in der wir durch Technik und Mikrowellen jederzeit mit Informationen und warmem Essen versorgt werden, doch Rituale eröffnen Räume, an denen sich Magie, Trance und Vision nur ganz allmählich entwickeln und sich erst im Laufe der Zeit voll entfalten. Wie beim Ausüben einer sportlichen Disziplin oder beim Spielen eines Musikinstruments und wie ein Verständnis für Kunst und Literatur erfordern auch Ritual und Trance stetige Übung und Verfeinerung. Meisterschaft kommt durch viel Übung und viel Erfahrung.

Kapitel 3

Hänsel und Gretel – Feenspiegelmagie

Mit „Hänsel und Gretel" erzählen uns die Brüder Grimm die Geschichte von Bruder und Schwester, die während einer Hungersnot von ihren Eltern im Wald ausgesetzt werden. Sie folgen dem Ruf eines prophetischen Vogels und gelangen tief in einen dunklen Wald, der in Märchen oft für eine magische Unterwelt steht, in der Visionen warten, in der aber auch Gefahren lauern. Wir wollen uns ihre Visionen zunutze machen, um das Wahrsagen mit Hilfe von Spiegeln und Reflektionen zu erlernen.

Die Zitate stammen den „Kinder- und Hausmärchen der Brüder Grimm" sowie den „Wahren Märchen der Brüder Grimm", herausgegeben von Heinz Rölleke.

„Vor einem großen Walde wohnte ein armer Holzhacker mit seiner Frau und seinen zwei Kindern; das Bübchen hieß Hänsel und das Mädchen Gretel." So beginnt dieses seltsame Märchen von einer Hungersnot, zwei Geschwistern, prophetischen Vögeln und einer bösartigen Frau.

Wir wollen uns das Märchen einmal genauer anschauen, wie es in der Sammlung der Brüder Grimm erschienen ist. Die meisten von uns kennen es bereits, doch es gibt da einige Details, die dir als Kind möglicherweise entgangen sind.

Die Familie, die da am Rande eines großen Waldes lebt, ist unsagbar arm. Das Märchen weiß von dem Holzhacker zu berichten: „Er hatte wenig zu beißen und zu brechen, und einmal, als große Teuerung ins Land kam, konnte er auch das täglich Brot nicht mehr schaffen." Also bespricht sich der Vater mit seiner Frau (die von den Grimms mal als Mutter, mal als Stiefmutter der Kinder bezeichnet wird) und Mutti beschließt, dass sie die Kinder loswerden müssen, denn sonst würden sie alle vier verhungern.

Die Kinder aber sind so vom Hunger geplagt, dass sie nicht schlafen können, und so hören sie mit an, was die Mutter mit ihnen im Sinn hat. Hänsel handelt sofort, geht hinaus und füllt sich die Taschen mit „weißen Kieselsteine[n], die vor dem Haus lagen [und] glänzten wie lauter Batzen." Am Morgen folgen die Kinder ihren Eltern in den Wald, doch Hänsel hinterlässt eine Spur aus weißen Kieselsteinen. So finden die Kinder am Abend mit Hilfe der Kieselsteine wieder den Weg nach Hause.

Wieder brechen schwere Zeiten über die Familie herein und Mutti ist wild entschlossen, die zwei kleinen Plagegeister loszuwerden. Sie ist raffiniert und hat dieses Mal die Tür verriegelt, so dass Hänsel nicht hinausschleichen und Kiesel sammeln kann. Als sie sich auf den Weg in den Wald machen, gibt sie den Kindern ein Stückchen Brot und Hänsel lässt immer wieder ein paar Brocken als Wegmarkierung fallen. Doch wie wir bereits wissen, verschlingen die Vögel die Brotkrumen und die Kinder bleiben im Wald verschollen.

Drei Tage lang streifen die Kinder durch den Wald und fürchten schon, sie müssten Hungers sterben. Doch gegen Mittag am dritten Tage entdecken sie ein schneeweißes Vöglein in einem Baum, das für sie singt. Das Vöglein fliegt davon und sie folgen ihm und so führt sie der Vogel zu einem Haus aus Brot mitten im Wald. Sofort beginnen die Kinder, an der Behausung herumzuknabbern.

Da erklingt eine Stimme und fragt, wer da am Häuschen knuspert und die Kinder antworten: „Der Wind, der Wind, das himmlische Kind" und essen weiter. Doch als eine Frau herauskommt, erschrecken die Kinder zutiefst. Die aber beruhigt sie, bereitet ihnen ein Mahl und richtet kleine Bettchen für sie her.

Nun klärt uns der Erzähler darüber auf, dass die Alte eine „böse Hexe" ist, die sich nur deshalb ein essbares Haus gebaut hat, um hungrige Kinder anzulocken, die sie selbst fressen will. Die Hexe lässt keine Zeit verstreichen und beginnt sofort, Hänsel zu mästen, während Gretel in der Küche arbeiten muss. Doch der schlaue Hänsel, der erkannt hat, dass die Alte nicht gut sieht, streckt immer nur ein Knöchlein aus seinem Käfig heraus, den sie betastet. Die Hexe hält das Knöchlein für Hänsels Finger und beschwert sich darüber, dass der Junge viel zu dünn ist und wartet nun wochenlang, dass er dicker werde, womit sie beiden Kindern genügend Zeit gibt, um wieder zu Kräften zu kommen.

Schließlich beschließt die Alte dass Hänsel, gleich ob dick oder dünn, ein herzhaftes Mahl abgeben werde. Sie hat vor, Gretel als Appetithäppchen zu nehmen und befiehlt ihr, in den Ofen zu klettern, um nachzusehen, ob er richtig eingeheizt ist. Doch das schlaue Mädchen stellt sich dumm und lässt die Alte selbst in ihren Ofen klettern, schließt sie darin ein und lässt sie braten. Gretel befreit Hänsel und die beiden entdecken nun, dass das Haus der Alten voller Schätze ist. Sie bedienen sich freimütig und machen sich auf den Heimweg.

Auf dem Weg gelangen sie an ein großes Wasser, das sie nicht überqueren können. Da ruft Gretel ein Entchen herbei, das einen nach dem anderen zur anderen Seite bringen soll, was das Tier auch bereitwillig tut. Als sie zu Hause ankommen, ist die Mutter gestorben und die Kinder teilen ihre Reichtümer mit dem Vater. Nun können alle ein glückliches Leben führen.

Der Wald: Nicht immer das, was er zu sein scheint

Der Anfang der Geschichte ist überaus interessant: „Vor einem großen Walde lebte ein armer Holzhacker mit seiner Frau und seinen zwei Kindern." In der Folklore wie auch in Mythen und Märchen steht der Wald für das Dunkle und Unbekannte. Er repräsentiert die Unterwelt, in der Magie lauert und in der die Gemeinplätze unserer Welt gespiegelt werden, umgekehrt und auf den Kopf gestellt – ein Thema, dem wir bei der Erörterung der Märchen noch öfter begegnen werden. Die Tatsache, dass der Holzhacker und seine Kinder „vor einem" Wald leben, impliziert, dass sie sich in zwei Welten bewegen. Zum einen führen sie ein Leben in unserer von der Sonne beherrschten Welt, doch zugleich sind sie der Unterwelt durch den dichten Wald äußerst nah.

Darin spiegelt sich auch unser Menschsein: Wir führen ein Leben in einer Welt, die wir als Realität bezeichnen, und doch überqueren wir jedes Mal, wenn wir schlafen und träumen, wenn wir tagträumen oder zutiefst spirituell empfinden, eine Schwelle in eine andere Welt, in den Wald, die Welt der Feenmagie, der Visionen, der Prophetie und der Alpträume.

Die beiden Kinder wachsen an eben jener Schwelle auf. Sie kennen den Wald und wissen genau, dass sie sich verlaufen werden, wenn sie dort hineingeführt und dann allein gelassen werden. Dieses Szenario ist für Hänsel eine schlummernde Angst. Sie bedrückt ihn so sehr, dass er sofort einen Plan parat hat, als er hört, was seine Mutter vorhat. Er weiß, dass die silberweißen Kiesel vor dem Haus ihn wieder nach Hause führen können und so verliert er keine Zeit und stopft sich die Taschen damit voll. Hänsel hat also bereits darüber nachgedacht!

Die Grimmsche Fassung lässt keinen Zweifel an dem zugrundeliegenden Motiv: die drohende Hungersnot. Über Jahrhunderte hinweg hatte die europäische Bevölkerung unter der immer wieder ausbrechenden Pest, jahrzehntelangen Kriegen und furchtbaren Missernten zu leiden. Während der Renaissance herrschte im nördlichen Europa die Kleine Eiszeit und bis ins 19. Jahrhundert hinein war das Land immer neuen Klimaschwankungen unterworfen. Nach den Verwüstungen durch die Koalitionskriege fiel im Jahre 1816 zum Beispiel Schnee mitten im Juni; es war das „Jahr ohne Sommer". Der Frost zerstörte die Ernte und es folgte ein Jahr der Hungersnot und der Seuchen. Den deutschen Lesern dieser Zeit dürfte also das Motiv der Mutter von Hänsel und Gretel durchaus nicht fremd gewesen sein.

Worüber die Brüder Grimm sich nicht klar äußern wollen, ist die Beziehung zwischen der Mutter und den Kindern. Zu Beginn des Märchens bezeichnen sie sie als die Mutter der Geschwister, später verwenden sie den Begriff Stiefmutter und dann wieder Mutter. Die Grimms waren dafür bekannt, dass sie ihre Charaktere immer wieder veränderten, damit sie ihren Moralvorstellungen und denen des Publikums entsprachen: In den ersten Fassungen des Märchens war es die leibliche Mutter, die Hänsel und Gretel zum Verhungern im Wald zurückließ.

Die Kinder werden also in den Wald gebracht und von Mutti geschickt in Sicherheit gewiegt: Sie hat einen Ast an einen Baum gebunden, der im Spiel des Windes klingt wie die Axt des Vaters. Doch der schlaue Hänsel hat seine Kieselsteine ausgelegt und der Heimweg für die Kinder ist gesichert. Mitten in der Nacht kehren sie endlich heim und die arglistige Mutter schiebt ihnen die eigene Schuld zu: „Ihr bösen Kinder, was habt ihr so lange im Walde geschlafen, wir haben geglaubt, ihr wolltet gar nicht wiederkommen." Dies und der schlagende Ast sind unsere ersten Hinweise auf die Doppelzüngigkeit der Mutter. Gleich werden wir noch mehr davon erleben.

Erneut wird das Land von einer Hungersnot heimgesucht und wiederum schmiedet Mutti den Plan, die Kinder im Wald zu lassen. Dieses Mal sorgt sie sogar dafür, dass die Türe verschlossen ist, so dass Hänsel keine Kieselsteine sammeln kann. Mutti bringt die Kinder in den Wald und Hänsel muss den Weg mit Brotkrumen markieren.

Die Kinder in der Unterwelt

Hier erfahren wir erstmals etwas über die Beziehung der Geschwister zu den Vögeln des Waldes. Zuerst picken sie Hänsels Brotkrumen auf und versperren den Kindern so den Ausweg aus der Unterwelt. Drei Tage lang durchstreifen die Kinder nun den Wald, von Hunger und Erschöpfung geplagt.

Am dritten Tag entdecken sie ein „schönes schneeweißes Vöglein auf einem Ast", das für sie singt. Eingelullt von dem Lied, folgen sie dem Vogel und gelangen an ein Haus aus Brot.

Wir wissen ja bereits, dass Vögel prophetische Tiere sind und sich zwischen unserer Welt und der Unterwelt hin und her bewegen. Diese Eigenschaft wird meist schwarzen Vögeln zugeschrieben, doch auch vollständig weiße Vögel gelten als

Wanderer zwischen den Welten. Weiße Vögel werden als engelhaft angesehen, sie ähneln den Schneeflocken, die vom Himmel fallen und auf diese Weise Himmel und Erde verbinden. Es ist nicht verwunderlich, dass es im Volksmund heißt, der weiße Storch bringe die Babys, denn man glaubte, dieser weiße Vogel bringe die Seelen aus der Unterwelt hinaus und hinein in ihr Leben in unserer Welt.

Unser schneeweißes Vöglein führt die Kinder zu einer ganz erstaunlichen Entdeckung: Verloren und hungrig finden sie sich plötzlich vor einer Zuckerfestung wieder. Hänsel sagt zu seiner Schwester: „Da wollen wir uns dranmachen ... und eine gesegnete Mahlzeit halten. Ich will ein Stück vom Dach essen, Gretel, du kannst vom Fenster essen, das schmeckt süß." Der geerdete Hänsel will von den Teilen des Hauses essen, die aus Brot bestehen, während die engelsgleiche Gretel die zuckersüßen Teile bekommen soll.

Doch der Wald ist ein verzauberter Ort und die Plätze, an die wir dort gelangen, entpuppen sich als das genaue Gegenteil dessen, was sie in unserer Welt verheißen. Hänsel und Gretel wurden von einer doppelzüngigen Frau erzogen, die die beiden Kinder wiederholt dem Hungertod ausgesetzt hat. Nun sehen sich die Kinder mit einer weiteren doppelzüngigen Frau konfrontiert, die sie fettfüttern will, um sie dann zu töten. Die „böse Hexe" tritt hervor und täuscht sie mit süßen Worten, mit Speisen und einem weichen Bett. Die Kinder gehen ihr prompt in die Falle und haben zunächst einen wunderbaren Abend, an dem sie sich satt essen und dann in weiche Betten schlüpfen können.

Der Erzähler klärt nun den Zuhörer auf: „Die Alte aber war eine böse Hexe, die lauerte den Kindern auf, und hatte um sie zu locken ihr Brothäuslein gebaut, und wenn eins in ihre Gewalt kam, da machte sie es tot, kochte es und aß es, und das war ihr ein Festtag." Außerdem berichtet der Erzähler etwas sehr Interessantes: „Als Hänsel und Gretel in ihre Nähe kamen, da lachte sie boshaft und sprach höhnisch: ‚Die habe ich, die sollen mir nicht wieder entwischen.'" Das ist ein ziemlich merkwürdiger Satz. Soweit dem Zuhörer bekannt ist, ist die „Hexe" diesen beiden Kindern noch nie zuvor begegnet. Handelt es sich bei dem Satz also um einen eigenartigen Fehler, den die Grimms arglos übernommen haben? Merke dir diesen Gedanken, wir werden gleich noch einmal darauf zurückkommen.

Der neue Feind der hungernden Kinder ist nun Nahrung im Überfluss. Die Alte sperrt Hänsel in einen Käfig und versucht, ihn fett zu füttern, damit er ein üppiges Mahl abgibt. Sie befiehlt Gretel, den Ofen anzuheizen, in dem sie ihn braten will.

Überall in den Überlieferungen von Feengeschichten begegnen uns Feenwesen, die ihre menschliche Beute verführen und dann verschlingen. Einige habe ich bereits erwähnt: Reynardine, den Fuchsmann, der in den schottischen Bergen junge Frauen verführt und sich dann ihr Fleisch einverleibt; Loreley, die Nymphe vom Rhein, die junge Männer ertränkt, sobald sie versuchen, sie zu liebkosen; Glastig, Verführerin und Verschlingerin strammer junger Jägersleute. Unsere „Hexe" entspricht genau einem solchen Wesen. Sie lockt die Kinder mit dem, wonach diese sich sehnen: Essen und Behaglichkeit. Während andere Feen mit den Annehmlichkeiten einer Liebenden, mit Wärme und sexueller Zärtlichkeit aufwarten, weiß die „Hexe" die Eigenschaften einer Mutter anzubieten: Nahrung und Sicherheit. Doch wie bei all den anderen mordenden Verführerfeen auch, ist das nichts weiter als ein Köder und die Rolle der Mutter verkehrt sich in ihr Gegenteil, sobald die Kinder sich auf die scheinbar liebevolle und mütterliche Art dieser Frau eingelassen haben.

Die Grimms waren dafür bekannt, dass sie ihre Charaktere veränderten. Oft machten sie aus einer Fee eine „Hexe", denn Hexen waren die beliebtesten Bösewichte im Europa des 18. und 19. Jahrhunderts. Die großen Hexenjagden der Renaissance waren zu jener Zeit zwar weitestgehend Geschichte, doch in der Erinnerung der Menschen waren sie noch sehr lebendig. Nach wie vor erzählte man sich Geschichten, vor allem in den Städten Fulda und Trier, wo nur ein Jahrhundert zuvor hunderte Hexen gefoltert und getötet worden waren, die meisten davon bei lebendigem Leibe verbrannt (wie es auch unserer „bösen Hexe" ergehen soll).

Vor dem Hintergrund dieser Hexenhysterie waren die Grimms vermutlich der Meinung, dass eine Hexe einen besseren Bösewicht abgeben würde. Es ist jedoch sehr gut möglich, dass die ursprüngliche Missetäterin in „Hänsel und Gretel" eine verführerische, mordende Fee war, die den Grimms nur einfach nicht gruselig genug schien. Offensichtlich waren sie nie einer begegnet.

In der dramatischen Situation, in der die Kinder sich nun befinden, findet eine weitere, für die Feenwelt typische Umkehrung statt. Bisher ist es immer der schlaue Hänsel gewesen, der die Führung übernahm. Er war es, der Entscheidungen getroffen und seine Schwester getröstet hat, wenn alles immer schlimmer wurde. Am Anfang der Geschichte, als Gretel sehr verzweifelt war, war es Hänsel, der ihr Trost spendete: „Gretel weinte bittere Tränen und sprach zu Hänsel: ‚Nun ist's um uns geschehen.' ‚Still, Gretel', sprach Hänsel, ‚gräme dich nicht, ich will uns schon helfen.'"

Es war Hänsel, der auf die Idee kam, den Weg mit Kieselsteinen zu markieren, und der die Verbindung der beiden Kinder zu den Vögeln etablierte, indem er Brotkrumen fallen ließ. Und inmitten der Misere versichert er Gretel: „...Wart nur, Gretel, bis der Mond aufgeht, dann werden wir die Brotbröcklein sehen, die ich ausgestreut habe, die zeigen uns den Weg nach Haus." Als sie das Haus aus

Brot entdecken, ist es ebenfalls Hänsel, der sich darüber auslässt, wie wohl ihnen das Mahl schmecken wird, während Gretel Bedenken hat, davon zu essen.

Doch in der Spiegelwelt der Feen übernimmt Gretel die Führung. Sie wartet den richtigen Moment ab und trickst die „Hexe" aus, doch selbst in den Ofen zu steigen, worauf sie diese darin einsperrt und sie bei lebendigem Leibe verbrennen lässt. Dann befreit sie Hänsel und ruft: „Hänsel, wir sind erlöst, die alte Hexe ist tot."

Die Sprache der folgenden Szene ist interessant: „Da sprang Hänsel heraus wie ein Vogel aus dem Käfig, wenn ihm die Türe aufgemacht wird." Es war ein Vogel, der die Kinder zu jenem Haus geführt hatte und nun, da das Schicksal sich wendet, wird Hänsel mit einem Vogel verglichen.

Nun durchsuchen die beiden Kinder das Haus und finden lauter Schätze. Wie wir bereits festgestellt haben und immer wieder feststellen werden, horten die Bewohner – gleich ob Zwerge, Räuber, Drachen oder „Hexen" – verzauberter Häuser stets ihre Schätze darin. Ein Teil dieser Schätze steht für die Gaben der Unterwelt: Prophetie, Intuition, Feenvision. Wer es also wagt, sich auf diese gefährliche Reise zu begeben, kehrt mit einem gewaltigen Vorteil zurück, sofern er überhaupt zurückkehrt. In Märchen wird das meistens durch leichter greifbare Schätze wie Gold, Silber und Juwelen veranschaulicht.

Die Kinder stopfen sich mit den Schätzen die Taschen voll und machen sich auf den Heimweg.

Um *zu* dem Haus aus Brot zu gelangen, mussten sie drei Tage lang den Wald durchstreifen. Die Heimreise dagegen gestaltet sich ganz anders: „Als sie aber ein paar Stunden gegangen waren, gelangten sie an ein großes Wasser." Auf dem Hinweg hat es kein Wasser gegeben. Im Volkstum hören wir es jedoch oft, dass auf der Reise zum Feenreich und wieder zurück auch ein Gewässer überquert werden muss. Von einem weißen Vogel waren die Kinder in den Wald geführt worden. Der Vogel steht dabei als Symbol für die Reise der Seele zwischen den Welten. Um wieder hinauszugelangen, müssen die Kinder ein großes verzaubertes Gewässer überqueren. Und so wie ein Vogel sie hineingeführt hatte, ist es ebenfalls ein Vogel, der sie wieder hinausbringt. Wiederum ist es Gretel, die hier im Feenwald die Führung übernimmt, sie kennt die Zauberworte, um das Entchen herbeizurufen: „‚Hier fährt auch kein Schiffchen', antwortete Gretel, ‚aber da schwimmt eine weiße Ente, wenn ich die bitte, so hilft sie uns hinüber.' Da rief sie: ‚Entchen, Entchen, da stehn Gretel und Hänsel. Kein Steg und keine Brücke, nimm uns auf deinen Rücken.'"

Hänsel will, dass die Ente sie beide gleichzeitig trägt, doch Gretel greift ein und erklärt, dass dies dem Entchen zu schwer werden würde. Obschon sie gemeinsam durch den magischen Wald und ihre schmerzliche Initiation gegangen sind, müssen sie das Wasser nun allein überqueren und jeder von ihnen bekommt während der Überfahrt nur das zu sehen, was für ihn bestimmt ist. Dies ist die überaus persönliche Natur eines Initiationsprozesses.

Nun, da sie der Verzauberung des dichten Waldes entkommen sind, müssen sie nur noch ein kurzes Stück zurücklegen und sind schon bald wieder am Haus ihres Vaters.

An dieser Stelle bekommen wir etwas Merkwürdiges zu lesen: „Der Vater freute sich, als er sie wieder sah, er hatte keine vergnügten Tage gehabt, seit seine Kinder fort waren, und ward nun ein reicher Mann. Die Mutter aber war gestorben." Für den Tod der Mutter gibt es keinerlei Erklärung. Er steht einfach nur als Tatsache im Raum. Doch erinnern wir uns an den merkwürdigen Satz, den der Erzähler beim Beschreiben der „bösen Hexe" verwendete: „Die habe ich, die sollen mir nicht wieder entwischen." Wieso denn „wieder"?

In den Tiefen des verwunschenen Waldes verwandelt sich die Mutter, die in unserer Welt versucht hat, die Kinder dem Hungertod preiszugeben, in die trügerische Hexen-Mutter, die den Kindern zunächst Behaglichkeit und Nahrung bietet und sie dann mit Essen und Überfluss zu töten trachtet. Die Hexe verwendet das Wörtchen „wieder", weil die Kinder ihr in der physischen Welt schon einmal entkommen sind. Nun hat sie sie hierher in die Unterwelt gelockt, wo sie eine andere Möglichkeit ersonnen hat, sie zu töten – eine Umkehrung des Hungertodes, mit dem sie es in unserer Welt versucht hat. Obwohl die Kinder in unserer Welt nicht imstande waren, sich gegen sie zur Wehr zu setzen, verfügt Gretel in der Spiegelwelt des Feenlandes sehr wohl über die Macht, das verschlagene Weib zu vernichten. Die Frau verbrennt bei lebendigem Leib, so wie es die Bestrafung von Hexen vorsieht. Was jedoch noch viel wichtiger ist: Sie wird wie ein Kuchen gebacken, wird also zu dem gemacht, womit sie die Kinder in die Falle zu locken und zu töten versucht hat.

Der Spiegel der Feenwelt

Die Spiegelungen der Feenwelt, einer Unterwelt, in der die Rollen in ihr Gegenteil verkehrt werden, zeigen sich nicht nur anhand der Mutter, die ihre Kinder in unserer Welt verhungern lässt und im Wald aussetzt und sie im Feenwald überfüttert; sie zeigen sich auch bei den Kindern selbst. Der mythische Bruder und seine Schwester, männlich und weiblich, die einander spiegeln, begegnen uns immer wieder in volkstümlichen Überlieferungen. In diesen Geschichten stoßen wir auf Fähigkeiten bei Geschwistern, die einander perfekt ergänzen und den Charakteren dabei helfen, tiefe Einblicke zu erlangen oder in die Zukunft zu schauen.

Die wohl bekanntesten Geschwister alter Mythen sind Apollo und Diana. Apollo, der Sonnengott, galt auch als Gott der Wahrsagekunst. Die Orakel von Delphi sollen ihre Visionen direkt vom Sonnengott erhalten haben. Außerdem ist er der Gott der Musik und der künstlerischen Inspiration.

Apollos Kräfte haben ihre Quelle in der Beziehung zu seiner Schwester Diana, der keuschen Mondgöttin, auf deren dunkle Kräfte der Gott zurückgreifen kann, um seine Traumvisionen und Einblicke zu erlangen (in einigen Mythen ist Apollo auch der Bruder von Artemis oder Selene, die ebenfalls keusche Mondgöttinnen sind). Nur durch Dianas Herrschaft über die Nacht ist es dem heiteren Apollo möglich, im Reich der Träume, erlesener Visionen und musikalischer Inspiration zu verweilen.

Eine ganz ähnliche Beziehung besteht zwischen der Göttin Mab und dem Gott Mabon in den britischen Mythen. Mab ist eine dunkle Unterweltsgöttin, die auf einer großen weißen Stute durch die Nacht reitet. Ihr Bruder Mabon ist der junge Gott des Korns, der im Getreide heranwächst und zur Erntezeit geschnitten wird. (Moderne Heiden haben ihr Erntefest zur Zeit der Herbst-Tag-und-Nacht-Gleiche nach diesem Gott benannt.) Wenn Mabon von der Sichel geschnitten wird, nimmt seine Schwester Mab dessen Geist auf einen wilden Ritt durch den herbstlichen Wald mit sich und bringt ihn in die Unterwelt. Dort ruht er und wartet darauf, dass er im Frühling im Getreide wiedergeboren wird. Bei diesem Besuch in der Unterwelt erlangt er, genau wie Apollo, Träume und Visionen sowie die Fähigkeit, das Leben in die Welt zu tragen, sobald der Frühling naht.

Die Beziehung zwischen Gottbruder und Göttinschwester begegnet uns auch in einer sehr viel älteren Kultur, nämlich der sumerischen Kultur des mittleren Ostens. Im Gilgamesch-Epos stoßen wir auf Utu und seine Schwester Inanna. Die Unterweltsgöttin Inanna vermag mit Hilfe des Weltenbaumes Huluppu zwischen unsere Welt und die Unterwelt zu blicken und teilt ihre Visionen mit Utu, dem Gott der Sonne und der Gerechtigkeit.

Auch in der Folklore Osteuropas gibt es ein Geschwisterpaar, das solch komplementäre Rollen verkörpert, obwohl ihre Funktionen nicht ganz so eindeutig sind wie in anderen Mythologien. In estnischen Liedern, wie dem hier vorgestellten, reist der Bruder in die Unterwelt und ist fortan für alle unsichtbar, außer für seine Schwester. Sie muss ihn aus der frostigen Unterwelt holen und wieder auftauen, damit er sein irdisches Leben wieder aufnehmen kann (genau wie Mab, die über die Jahreszeiten herrscht und so dem Frühling gewährt, die Erde wieder aufzutauen, damit Mabon im Getreide wachsen kann).

Komm auf die Erde, holder Bruder
Tritt auf die Erde, liebster Bruder!
Meine Schwester, süßes Vögelein,
Schwälbchen mit güldener Krone!
Meine Finger sind zu Zügeln erstarrt,
Meine Beine zu Bügeln erstarrt,
Du Sonne meines Herzens,
ich will die Sauna anheizen
und dich mit Birkenzweigen wecken,
dass deine Finger keine Zügel,
deine Beine keine Bügel mehr sind.[5]

Beachte, dass dieser Bruder seine Schwester als „süßes Vögelein" bezeichnet, was nahelegt, dass diese die Gestalt eines Vogels annehmen und in die Unterwelt reisen kann, um nach ihm zu suchen – ganz ähnlich wie der Vogel in Hänsel und Gretel.

All diese Bruder-Schwester Elemente finden sich auch in unserem Märchen. Hänsel ist der junge Gott des Korns und der Nahrung: Mit Brotkrumen markiert er den Weg in den Wald und entzieht der winterlichen Welt des Waldes etwas von ihrer Kraft. Dort übernimmt dann Gretel, Göttin der Träume und Visionen und von einem Vogel in die Unterwelt geleitet, die Führung. Sie wartet so lange, bis ihre Intuition sie wissen lässt, dass der rechte Zeitpunkt gekommen ist, den Frühling (das Gleichgewicht) wieder in unsere Welt zu bringen. In diesem Augenblick vernichtet sie die „Hexe" und beendet damit die Herrschaft des Winters und der Hungersnot. Nun muss sie Hänsel über das Wasser bringen, zurück in unsere Welt, in der das Spiegelbild unserer Realität entspricht. Hier kann Hänsel nun anstelle von Hungersnot und Elend dem Vater den Wohlstand bringen (Getreide). Der Vater ist der alte Gott: Apollo ist der Sohn des Zeus, des Blitze schleudernden Himmelsvater-Gottes; wir gehen davon aus, dass es sich bei Hänsels Vater um denselben Himmelsgott handelt.

Die Spiegeldualität von männlich und weiblich, von Unterwelt und Oberwelt, Traum und Wachsein erzeugt ein Gleichgewicht in unserer Welt und unserem mythischen Bewusstsein. Aus der Vereinigung zwischen dem männlichen und dem weiblichen Element geht auch das Leben hervor. In Mythen können auch Bruder und Schwester Leben hervorbringen. In der Schöpfungsgeschichte sind Adam und Eva ebenfalls Bruder und Schwester und zugleich die Eltern der

Menschheit. Gleichsam verhält es sich bei dem Geschwisterpaar der ägyptischen Mythologie, Isis und Osiris, die für Leben und Tod, Tag und Nacht sowie für Erde und Himmel stehen.

Auf magische Weise spiegeln sich die männlichen und weiblichen Energien in ihren Fähigkeiten. Die männliche Energie ist positiv, sie ist das Licht (wie der Tag), ist aktiv und intellektuell; weibliche Energie ist negativ (jedoch nicht im negativen Sinne, sondern im Sinne elektrischer Ladungen), dunkel (wie die Nacht), spiegelnd und intuitiv. Beide sind nötig, soll unsere magische Arbeit von Erfolg gekrönt sein.

So verhält es sich auch bei unserem kleinen Hänsel und seiner Gretel. Um gegen ihre Mutter bestehen zu können und ihrer Welt den Wohlstand zu bringen, muss Hänsel den aktiven, intellektuellen Part übernehmen und ihre Reise in den dunklen Wald planen. Sobald er sie beide dorthin gebracht hat, wirken Gretels Intuition und Klarheit, verkehren die Realität in ihr Gegenteil und machen Hunger und Elend ein Ende. Um wieder aus der Unterwelt hinaus zu gelangen, muss Hänsel sich Gretels Führung anvertrauen, die mit den Wasservögeln kommunizieren kann und diese bittet, sie selbst und ihren Bruder über den Spiegelsee wieder zurück in unsere Welt zu bringen. Auf der anderen Seite ist es wieder Hänsel, der die Führung übernimmt und seinen Himmelsvater-Gott mit Reichtum überschüttet.

Hänsel und Gretel spiegeln einander, sowohl als männliches und weibliches Element als auch als magische Wesen. Mit Hilfe ihrer Spiegelmagie können sie in das Feenreich des dunklen Waldes blicken und unversehrt und in Wohlstand gehüllt wieder daraus hervortreten.

Spiegelmagie

Glasspiegel

In „Hänsel und Gretel" wird deutlich, wie der Wasserspiegel des Feenreiches die Ereignisse in unserer Welt beeinflusst. Spiegel spielen eine gewichtige Rolle in Feengeschichten. Meerjungfrauen und Sirenen betrachten sich im Spiegel, was von den Seeleuten für Eitelkeit gehalten wird. Tatsächlich aber können diese Wesen mit Hilfe ihrer Spiegel Schiffbruch und Ertrinken vorhersehen. Weil Spiegel Feenzauber enthalten, wird in schottischen Legenden davor gewarnt, einen Spiegel aufzuheben, den man auf dem Boden findet, vor allem in Meeresnähe.

In derlei Geschichten sind die Spiegel genauso, wie sie für uns sein müssen: aus reflektierendem Glas. Magier nutzen reflektierende Spiegel zum Wahrsagen oder um durch die Nebel in die Anderswelt zu blicken und Dinge vorherzusehen oder die wahre Natur einer bestimmten Situation zu erkennen.

Wenn du dich im Wahrsagen versuchen möchtest, benutzt du dafür am besten einen Wahrsagespiegel aus schwarzem Glas. Einen solchen Wahrsagespiegel kannst du im Internet oder auch in manchen Esoterikläden erwerben. Sie sind aus farbigem Glas gefertigt, sehr dunkel und reflektieren genauso gut wie ein herkömmlicher Spiegel.

Wenn du keinen schwarzen Glasspiegel besitzt, kannst du auch einen Teller oder eine Schale aus dunkelblauem Kobaltglas verwenden. Kobaltglas ist leicht zu finden, zum Beispiel in Weinhandlungen oder Second-Hand-Läden.

Wenn du mit einem Wahrsagespiegel arbeitest, solltest du dich an einem ruhigen Plätzchen befinden, wo du ungestört sein kannst. Entzünde eine kleine Kerze und nutze das Kerzenlicht, um die Spiegeloberfläche nur ein klein wenig zu beleuchten. Sitze still mit geschlossenen Augen und spüre die Oberfläche des Spiegels. Am besten beginnst du mit einer Frage oder du denkst ganz fest an eine bestimmte Situation. Wenn du bereit bist, sage: „Ihr Feenwesen, wunderschön, erlaubt mir, durch den Schleier zu sehen!“ und blicke in den Spiegel.

Erwarte nicht allzu viel: Lasse deinen Blick trübe werden und erlaube der Spiegeloberfläche, dir zu zeigen, was auch immer sie zu offenbaren hat, anstatt bestimmte Bilder sehen zu wollen. Vielleicht ergreift dich einfach nur ein Gefühl oder ein flüchtiger Gedanke weht durch deinen Geist, wenn du in den Spiegel schaust: Das ist in Ordnung, vertraue einfach deinem Instinkt. Der Spiegel übermittelt dir Informationen; erlaube dir, ihm Glauben zu schenken.

Beim ersten Mal solltest du es nicht allzu lange versuchen. Ein paar Minuten reichen völlig aus (und werden dir sehr viel länger erscheinen!). Wenn du fertig bist, lege den Spiegel beiseite, schließe die Augen und reflektiere darüber, was dir der Spiegel gezeigt hat. Gestatte deiner Intuition, für dich zu interpretieren, aber widerstehe der Versuchung, dir das erhoffte Ergebnis einzureden. Lasse dir von deiner Intuition berichten, was der Spiegel dir wirklich zeigt.

Möglicherweise brauchst du mehrere Anläufe, bevor du das Gefühl hast, tatsächlich Antworten zu bekommen. Gib nicht auf. Magie ist ein allmählicher Prozess und es braucht Zeit, wenn du sie meistern willst. Niemand wird beim allerersten Versuch alles perfekt machen.

Wasserspiegel

In einigen Märchen wird auch Wasser als Spiegel zur Feenwelt verwendet. Wenn ein Mensch in die Feenwelt reist, muss er stets ein Gewässer überqueren. Hänsel und Gretel überqueren ein Gewässer, als sie aus dem Feenwald in unsere Welt zurückkehren. Dieses Thema begegnet uns auch immer wieder in mythischen Geschichten: In vielen Feengeschichten überqueren Menschen einen Fluss oder den Ozean, um in ein verzaubertes Reich zu gelangen.

Oft benutzen Feen Wasser, um die Zukunft vorherzusagen. Die berühmt berüchtigte Banshee, eine Todesfee aus Irland, wird stets im Zusammenhang mit Wasser genannt: Den ganzen Tag lang wäscht sie am Wasser ihre Wäsche und kann den Tod vorhersehen, während sie in das Wasser blickt.

In der Geschichte gibt es keinen Hinweis darauf, wie es der berühmte Wahrsager Thomas von Ercildoune, der seine Gabe der Prophetie von der Königin der Elfenlande erhielt, angestellt hat, durch den Schleier der Zeit zu blicken. Doch in einer seiner Vorhersagen erhalten wir einen winzigen Hinweis. Thomas weissagte, dass die Haig Familie auf immerdar über das Anwesen Bemersyde an der schottischen Grenze herrschen sollte. Die Prophezeiung bewahrheitete sich selbst dann noch, als die Haig Familie im späten 19. Jahrhundert ausgestorben zu sein schien; die britische Krone übereignete das Anwesen an den Helden des Ersten Weltkriegs: Douglas Haig.

Was die Prophezeiung für uns so interessant macht, ist die Tatsache, dass Thomas sich ganz eindeutig auf das Wasser bezieht, als er vorhersagt:

Tide, tide, whate'er betide, There'll aye be Haigs at Bemersyde.[6]
[Bei Ebbe und Flut, was auch geschieht,
es wird immer Haigs geben auf Bemersyde.]

„Bei Ebbe und Flut" bezieht sich ganz gewiss auf das Meer und der Verdacht liegt nahe, dass sich Thomas die Gezeiten des Meeres zunutze machte, um in die Zukunft zu blicken. Laut Überlieferung soll er schließlich tatsächlich das Meer und einen Fluss aus Blut überquert haben, um ins Feenland zu gelangen.

Auch Tolkien war die Tradition des Wahrsagens mit Hilfe eines Wasserspiegels wohl bekannt und in seinem *Herrn der Ringe* lässt er seine Elbenkönigin Galadriel mit Hilfe einer Quelle tief im Herzen des Elbenwaldes in die Zukunft blicken.

Das Wahrsagen mit Hilfe eines Wasserspiegels ist dem Wahrsagen mit einem Wahrsagespiegel sehr ähnlich. Du nimmst ein dunkles Gefäß, zum Beispiel eine schwarze Schale aus Glas oder Keramik, und füllst es halbvoll mit Wasser.

Wenn du willst, kannst du noch einen kleinen Schuss Tusche hinzufügen, damit das Wasser richtig dunkel ist. Um eine Reflektion auf dem Wasser zu erzeugen, kannst du eine kleine Kerze oder, was noch besser ist, Mondlicht benutzen. Dann blickst du tief hinein in die spiegelnde Oberfläche und beobachtest die flüchtigen Formen und Bilder. Lasse deinen Blick ein wenig verschwimmen und akzeptiere jeglichen Gedanken, jegliches Bild, das sich dir zeigt.

Hier ein Wahrsageritual, das von einer Einzelperson oder einer kleinen Gruppe durchgeführt werden kann. Es sollte bei hellem Mondschein zelebriert werden.

Du brauchst dafür einen kleinen Altar (im Freien reichen ein Stein oder eine Decke völlig aus) und einen schwarzen Wahrsagespiegel aus Glas oder eine Schale mit Wasser.

Kommt schweigend und mit feierlichem Ernst in eurem Kreis zusammen. Es ist ein sehr ruhiges Ritual und sollte in aller Stille durchgeführt werden.

Ziehe den Kreis, begrüße die Himmelsrichtungen und die jeweiligen Elemente und bitte sie und die ihnen innewohnenden Geistwesen um Einsicht. Wie immer beginnst du im Osten und wendest dich zuletzt auch wieder dem Osten zu, um den Kreis zu vollenden.

Nun bleibe einen Moment lang schweigend sitzen und konzentriere dich auf die Dinge, die du klarer zu sehen wünschst. Wenn ihr das Ritual in einer Gruppe durchführt, könnte jeder von euch laut aussprechen, was er geklärt haben möchte. Wenn du allein bist, sprich ebenfalls laut aus, worauf deine Gedanken sich richten.

Nun nimm dein Wahrsagewerkzeug (Spiegel oder Schale) zur Hand und strecke es dem Himmel entgegen. Bitte den Mond um seinen Segen, bitte darum, Einblicke gewährt zu bekommen.

Halte die Schale so, dass etwas Mondlicht oder etwas Licht von der Altarkerze darauf fällt, und blicke hinein. Lasse zu, dass Bilder sich finden und beobachte einfach nur; später wirst du Zeit haben, sie zu interpretieren. Wenn du glaubst, alles gesehen zu haben, was du heute sehen sollst, reiche die Schale weiter. Jeder der Anwesenden im Kreis sollte sich in Geduld üben und den anderen gestatten, sich bei ihrer Schau Zeit zu nehmen. Nutze die Wartezeit einfach, um dich auf deine Frage oder dein Anliegen zu konzentrieren.

Wenn alle in den Spiegel geschaut haben, halte ihn oder die Schale in die Höhe und bedanke dich bei den Elementen und dem Mond für ihre Unterstützung.

Nun können alle Anwesenden miteinander teilen, was sie im Spiegel gesehen haben und wie sie diese Bilder interpretieren. Dabei kann jede Teilnehmerin auf respektvolle Weise ihre eigene Deutung kundtun.

Wenn jeder zu Wort gekommen ist, löse den Kreis auf, indem du erneut den Elementen dankst.

Finde eigene Abschiedsworte für jede Himmelsrichtung und wende dich am Ende wieder gen Osten, um den Kreis zu vollenden.

Nun gehe entgegen des Uhrzeigersinnes um den Kreis und sprich dabei: „Wir übereignen diesen Kreis der Erde, bis wir seine Energien erneut benötigen. Seid gesegnet!"

Du kannst dieses Ritual immer wieder durchführen, wenn du das Bedürfnis hast.

Fließende Wasser

In der Wiccan Rede lautet eine Zeile:

Wo die Wasser unruhig fließen,
wirf einen Stein und Wahrheit wirst du erkennen.

Die Wahrsagerei durch die Schau auf ein fließendes Gewässer, wie einen Fluss oder Bach, ist uralte Feenmagie. Die irischen Barden legten sich an fließenden Gewässern zur Nachtruhe, damit die Feengeister dieser Wasser sie neue Lieder lehrten.

Hier ein Zauber, um die Wahrheit über eine Situation herauszufinden:

Finde einen runden Stein. Am allerbesten verwendest du einen Stein mit einem Loch, das durch die Kräfte der Natur in den Stein gebohrt wurde. Gehe an einen Fluss, einen Strom oder einen Bach.

Konzentriere dich einen Augenblick lang auf die Angelegenheit, über die du die Wahrheit erfahren willst, dann schließe kurz die Augen. Sage:

„Tide, Tide,
zeig mir die Wahrheit,
enthülle mir, was wirklich ist!"

Wirf den Stein ins Wasser. Nach ungefähr zwei Wochen wird dir die Wahrheit enthüllt.

Es gibt noch sehr viel mehr Möglichkeiten der Wahrsagerei mit Hilfe von Spiegeln oder Wasser. Lasse deiner Fantasie freien Lauf. Sei dir gewiss: Was auch immer für dich am besten funktioniert, ist in Ordnung und man kann dabei nichts „falsch machen."

Kapitel 4

Dornröschen - Inspiration durch Träume und Divination

In diesem Märchen wird eine junge Frau schon bei ihrer Geburt mit einem Fluch belegt: Sie soll sich an einer Spindel stechen und in einen todesähnlichen Tiefschlaf fallen. Allen Vorsichtsmaßnahmen ihrer Eltern zum Trotz trifft die Prophezeiung ein und das Mädchen fällt in einen hundertjährigen Schlaf. Wir nutzen die Trance- und Traumzustände dieser Geschichte, um ein Ritual zu kreieren, das uns hilft, Inspiration und Führung durch unsere Träume zu erlangen.

Die Zitate entstammen den „Kinder- und Hausmärchen der Brüder Grimm“.

In Legenden heißt es, König Artus schlafe auf der Apfelinsel und werde wieder erwachen, wenn Britannien in größter Not ist. Gleiches sagt man von dem französischen Charlemagne und dem walisischen Bran, die beide über Jahrhunderte hinweg in Schlaf versunken sind und erwachen sollen, wenn man sie auf bestimmte Weise ruft. Die Geschichte des Schlafenden, der eines Tages erwachen wird, begegnet uns in allen Kulturen und in allen Jahrhunderten, angefangen bei dem niederländisch-amerikanischen Rip Van Winkle bis hin zu Ossian, dem irischen Helden, der dreihundert Jahre lang die Unterwelt bereist hat. Hier ist Dornröschen unsere Heldin, die tief im Wald in einem Turm schläft und für den Zeitraum eines ganzen Jahrhunderts von der Welt vergessen wird.

In ihrem Kern ist die Geschichte vom Dornröschen die Geschichte eines Fenzaubers, wie er im Buche steht. Doch im Laufe der Zeit und durch die Hände unbeholfener Geschichtenerzähler, darunter auch die der Brüder Grimm, wurde diese schlichte Geschichte mit Details angereichert, die peinlich und einfältig bis gruselig und pervers sind. In der langen Geschichte seines Lebens wurden diesem Märchen unter anderem Vergewaltigung, Folter und Mord angedichtet. Ziemlich schwere Bürden für so eine hübsche kleine Geschichte!

Die Erzählung der Grimms beginnt mit dem Wehklagen eines Königspaares darüber, dass sie kein Kind bekommen können, ein weit verbreitetes Märchenmotiv, das uns auch in anderen Grimmschen Märchen begegnet, wie zum Beispiel „Hans mein Igel“ und „Rapunzel“. Maria Tatar weist darauf hin: „Die Unfähigkeit zur Empfängnis verleitet Ehepaare in Märchen oft zu unbesonnenen Versprechungen und haarsträubenden Abmachungen.“[7] In unserem Fall lassen sich die Eltern mit ihrer Fehlentscheidung Zeit bis nach der Geburt des Kindes, doch sie werden für ihren Mangel an Manieren schwer bestraft.

Interessant ist allerdings, was sich zwischen dem Wehklagen und der Geburt des Kindes zuträgt. Wir erfahren, „als die Königin einmal im Bade saß, dass ein Frosch aus dem Wasser ans Land kroch und zu ihr sprach: ‚Dein Wunsch wird erfüllt werden, ehe ein Jahr vergeht, wirst du eine Tochter zur Welt bringen.‘“ Die Königin badet in einem Teich, an einem Ort, wo auch Frösche leben. Nackt und verletzlich sitzt sie mitten in der Natur, ein weit verbreitetes Szenario in Volksmärchen und Mythen um Sex, Liebe und Tragik. Auch Hades erblickte Persephone zum ersten Mal, als diese gerade in einem Fluss badete (in einigen Erzählungen heißt es auch, sie habe an einem Teich Blumen gepflückt), und Davids todbringende Obsession von Bathsheba nahm ebenfalls ihren Anfang, nachdem er sie beim Bade beobachtet hatte. Hier nun sitzt die Königin nackt und sinnlich auf einer Waldlichtung und ein Frosch kommt zu ihr und sagt ihr voraus, dass sie ein Kind zur Welt bringen werde (als natürliche Folge ihrer offenkundigen Sexualität).

In dieser Geschichte erscheint uns der Frosch als Symbol der Fruchtbarkeit und der Geburt. Diese kleinen Tierchen zeigen sich zum Frühlingsbeginn, wenn die Erde nach ihrem todesähnlichen Winterschlaf wieder grüne Blätter treibt. Auch durchwandern Frösche einen erstaunlichen Transformationsprozess vom Ei über die Kaulquappe hin zu einer langbeinigen Amphibie. So scheint es nur angemessen, dass ausgerechnet ein Frosch die seltsame Kunde überbringt, dass die Königin schwanger ist.

Doch bevor wir uns allzu sehr in die Symbolik versteigen, wollen wir doch nicht vergessen, dass es in früheren Fassungen der Geschichte gar kein Frosch, sondern ein Krebs war, der aus den urtümlichen, feuchten Tiefen herausgekrabbelt kommt, um die Prophezeiung zu überbringen. Das klingt vielleicht merkwürdig, doch es ergibt absolut einen Sinn. Das Wasser steht für Emotionen und Träume und der Krebs ist ein Schalentier und steht damit für die darin eingeschlossenen Elemente von Traum und Wunsch. In der Tarot-Karte des Mondes sehen wir eine ähnliche Szene: ein Wolf (das wilde Begehren) und ein Hund (kontrollierte soziale Interaktionen) stehen zu beiden Seiten eines Sees von der

Art, in dem auch unsere Königin gebadet haben könnte. Über ihnen steht der Vollmond und zieht an ihren Emotionen, während er ein Netz aus Träumen über den wilden Wolf und den domestizierten Hund wirft, den besten Freund des Menschen, der jedoch immer noch über seine wilden Instinkte verfügt. Aus der Tiefe zwischen den beiden kriecht ein Krebs hervor und deutet damit die tiefsten Bedürfnisse und alptraumhaften Visionen an, die tief in ihren Seelen schlummern. Ein jeder reagiert darauf in der ihm eigenen Art: mit der wilden Brutalität des Wolfes oder der vorsichtigen Zurückhaltung des Hundes.

Der Krebs steht im Tarot außerdem für die Sprache: Ein Wort ist eine Einheit von Geräuschen (eine Schale), das Bedeutung enthält (das Fleisch des Krebses). Worte bilden unsere Kommunikationsgrundlage, doch jedes Wort lässt sich mit seinen vielfältigen Bedeutungsschichten und Ausrichtungen sowohl zum Guten als auch zum Schlechten, zur Heilung oder zur Verletzung verwenden. Im Laufe dieser Geschichte werden Worte sowohl als Segen als auch als Fluch ausgesprochen werden. Der Krebs tut beides zugleich: Er segnet die Königin mit der Erfüllung ihres Wunsches, die jedoch zu einhundertundfünfzehn sorgenvollen Jahren führen wird.

Der Krebs erscheint also vor der nackten Königin, um ihr mitzuteilen, dass ihr sehnlichster Wunsch, die Sehnsucht danach, Leben hervorzubringen, sich erfüllen wird. Sie verfällt in Jubel und teilt bei ihrer Heimkehr ihre Freude mit dem König. Bald darauf wird ihnen ein Mädchen geboren. Bei den Grimms heißt das Kind Dornröschen. In älteren Fassungen lautet ihr Name dagegen Talia, was „erblühendes Mädchen“ bedeutet.

Und jetzt fangen die Probleme an. Mit einer Reihe von weitschweifigen Erklärungen und in ungewöhnlich schwerfälligem Erzählstil informieren uns die Grimms, dass das königliche Paar zur Geburt des Mädchens ein großes Fest veranstaltete. Sie laden auch „die weisen Frauen dazu ein, damit sie dem Kind hold und gewogen wären.“ Hier haben wir eine ziemlich beschönigende Beschreibung für Hexen und in diesem Königreich gibt es nun dreizehn Hexen oder „weise Frauen“. Doch wie es scheint, besitzt der König nur zwölf goldene Teller. Anstatt nun einen weiteren goldenen Teller zu beschaffen oder einfach dreizehn Silberteller zu kaufen, lädt der König nur zwölf der weisen Frauen zum Fest ein und lässt der dreizehnten ausrichten, sie müsse daheim bleiben.

Die weisen Frauen werden gebeten, das Neugeborene mit magischen Gaben zu segnen und jede von ihnen bedenkt sie mit einer erstrebenswerten Eigenschaft oder physischem Merkmal: „die eine mit Tugend, die andere mit Schönheit, die dritte mit Reichtum und so mit allem, was auf der Welt zu wünschen ist.“ (Schönheit, Reichtum und Tugend sind Merkmale, die das Ideal dieser Ära von einer jungen Frau ausmachen.) Doch plötzlich erscheint auch die abgewiesene Hexe und verflucht das Mädchen: An ihrem fünfzehnten Geburtstag soll sie sich an einer Spindel stechen und tot hinfallen. Zum Glück hat die letzte der geladenen Hexen ihren Segen noch nicht gesprochen und hier folgt zum zweiten Mal ein merkwürdiges Ausweichmanöver: Die Hexe mildert den Fluch ab (hebt ihn jedoch nicht auf) und bescheidet, dass das Mädchen nicht sterben soll, sondern stattdessen hundert Jahre lang schlafen muss. Liegt das an mir oder findest du es auch komisch, dass die ungeladene Hexe nicht abwarten konnte, ehe die zwölf geladenen Frauen mit ihren Segnungen fertig waren, bevor sie wie von Zauberhand erschien? Timing ist schließlich alles.

Dieser Teil der Geschichte, der nur so strotzt vor seltsamen Zusammenhängen und der absonderlichen Grimmschen Säuberung, ist in älteren Versionen wesentlich schlüssiger. Die Überbringerinnen der Gaben sind Feen (in Perraults Version von 1697 heißt es: „als Patinnen bekam die Prinzessin alle Feen, die im Königreich zu finden waren") und als Gegenleistung für ihre Gaben wird das Mädchen von der Feenwelt gefangengehalten und muss darin umherwandern, sobald sie die sexuelle Reife erlangt. In zahlreichen Mythen haben wir gesehen, dass bei einer Reise ins Land der Feen, die scheinbar nur eine Nacht gedauert hat, tatsächlich einhundert Jahre vergangen sind, wenn der Reisende in unsere Welt zurückkehrt. Die Zeit scheint den Schlafenden dabei nicht zu beeinflussen, während er durch die verwunschenen Lande streift. Mehr darüber gleich, doch nun erst einmal zurück zu der Geschichte, wie die Brüder Grimm sie erzählen.

Der König macht sich wegen des Fluches große Sorgen und befiehlt, dass alle Spindeln im Königreich verbrannt werden. Wir fragen uns natürlich, wie die Leute in den nächsten fünfzehn Jahren ihre Kleider herstellten, doch das wird nicht erläutert. Stattdessen macht die Erzählung einen Sprung von fünfzehn Jahren, und zwar mit diesem unwahrscheinlichen Satz: „Es geschah, dass an dem Tage, wo es gerade fünfzehn Jahr alt ward, der König und die Königin nicht zu Haus waren und das Mädchen ganz allein im Schloss zurückblieb."

Ich weiß ja nicht, wie du das siehst, aber wenn meine Tochter unter dem Fluch stünde, dass sie an ihrem fünfzehnten Geburtstag sterben sollte, würde ich sie bestimmt nicht an gerade diesem Tag allein im Schloss lassen. Das ist wie in einem Horrorfilm, in dem das Mädchen sagt: „Ich geh mal raus!" und das ganze Publikum denkt „Nein, bloß nicht!" Nun ja, unser kleines Dornröschen ist also an ihrem fünfzehnten Geburtstag allein im Schloss und beschließt, ein bisschen umher-zuwandern. Und was findet sie da? Einen verschlossenen Raum, den sie noch nie zuvor entdeckt hat! Und was ist da drin? Eine alte Frau natürlich mit einer Spindel!

Dornröschen ist neugierig, denn sie hat ja noch nie eine Spindel zu Gesicht bekommen, und berührt das seltsame Ding. Auf der Stelle sticht sie sich in den Finger und verfällt in tiefen Schlaf. Bei den Grimms heißt es: „In dem Augenblick aber, wo sie den Stich empfand, fiel sie auf das Bett nieder, das da stand, und lag in einem tiefen Schlaf." Was für ein Glück, dass gerade dort ein Bett stand. Ich sehe den König förmlich vor mir, wie er sagt: „Verbrennt jede Spindel im Land, aber nur für den Fall, dass eine Spindel in das geheime, verschlossene Zimmer gelangt, stellt dort ein Bett auf, in das meine Tochter fallen kann."

Dornröschen verfällt also in tiefen Schlaf und just in diesem Moment kehren König und Königin zurück von ihrem zeitlich ungünstig anberaumten Ausflug und verfallen ebenfalls in Schlaf, wie jeder andere im Schloss auch. Die Grimms fügen dem noch eine Beschreibung der höfisch Schlafenden hinzu, die wohl Heiterkeit erwecken sollte, denn darunter befinden sich auch diverse Tiere und ein Koch, der gerade einem Kind eine Ohrfeige geben will.

Die Zeit vergeht und ein Prinz nach dem anderen versucht, die schlafende Schöne im Walde (wie der Titel der französischen Version lautet) zu erretten, doch jeder einzelne dieser Möchtegern-Freier wird von der Dornenhecke, die das Schloss umgibt, verschlungen. In der ursprünglichen Fassung der Brüder Grimm gab es eine morbide Beschreibung des schrecklichen Sterbens all dieser Freier, die allerdings in späteren Ausgaben herausredigiert wurde (welch eine Überraschung). Die Überwindung der Dornenhecke erinnert an die Freier von Rapunzel, die von den Dornen entweder getötet oder geblendet wurden. In dieser Geschichte schafft es jedoch ihre wahre Liebe, die zunächst geblendet, dann aber geheilt wird, zurückzukehren und das Mädchen für sich zu gewinnen (wie wir in ein paar Kapiteln noch sehen werden).

Obwohl er gewarnt wurde, beschließt eines Tages ein Königssohn, sich nicht zu fürchten und betritt den Wald. Seine Furchtlosigkeit wird allerdings gar nicht erst auf die Probe gestellt, denn der Tag, an dem er sich zum Schloss aufmacht, ist zufällig eben jener Tag, an dem die hundert Jahre verstrichen sind. „Nun waren aber gerade die hundert Jahre verflossen und der Tag war gekommen, wo Dornröschen wieder erwachen sollte. Als der Königssohn sich der Dornenhecke näherte, waren es lauter große schöne Blumen, die taten sich von selbst auseinander und ließen ihn unbeschädigt hindurch und hinter ihm taten sie sich wieder als eine Hecke zusammen."

Auch hier haben wir wieder einen seltsamen Erzählstil. Der junge Mann gelangt nun in das Schloss und findet im Turm das schlafende Mädchen. Er kniet sich vor sie hin und just in dem Moment erwacht das schöne Kind. Säuberlich gestalten die Grimms auch das Ende der Geschichte und der Koch verpasst dem Kind die Ohrfeige, während das Paar königlich verheiratet wird.

Das ältere Märchen: Flachs und Vergewaltigung

Diese hübsche kleine Geschichte hört sich in älteren Versionen ganz anders an und auch das Ende unterscheidet sich stark von dem eben Gehörten. Schriftliche Fassungen gab es bereits im 14. Jahrhundert, wo Dornröschen noch Talia (Thaleia) hieß, was im Griechischen soviel heißt wie „Erblühende" (was auch an den Begriff *Nymphe* erinnert). In dieser sehr viel älteren Erzählung wird Talia als Tochter eines Königs geboren, der sich von Weisen und Wahrsagern die Zukunft des Kindes voraussagen lässt. Bekümmert teilen sie ihm mit, dass dem Mädchen durch eine winzige Flachsfaser ein großes Leid zustoßen werde. Darauf erlässt der König ein Gebot, „weder Flachs noch Hanf noch irgendetwas Derartiges dürfe je in sein Haus kommen".[8]

Als Talia herangewachsen ist, sieht sie zufällig eine Frau vorüber gehen, die Flachs spinnt. Das Mädchen ist neugierig auf dieses Handwerk, das sie noch nie zuvor gesehen hat, und bittet die Frau, es auch einmal versuchen zu dürfen. Dabei zieht sich Talia eine winzige Flachsfaser unter den Fingernagel, fällt in einen Schlaf und ist scheinbar tot.

Der verzweifelte König bringt es nicht fertig, seine Tochter zu begraben, und lässt sie stattdessen in ein Zimmer seines Landsitzes legen (ganz ähnlich wie Schneewittchen in ihrem gläsernen Sarg mitten im Wald).

Ein junger König kommt durch diese Gegend geritten, gelangt zu dem Landsitz und entdeckt, als er darin umherstreift, das schlafende Mädchen. Es gelingt ihm nicht, sie zu wecken, trotzdem hat er Sex mit ihr. „Als der König sie sah, glaubte er, sie schlafe, und er sprach sie an. Als sie aber trotz allem, was er unternahm und wie sehr er auch schreien mochte, doch nicht zu sich kam und er von ihrer Schönheit entflammt wurde, trug er sie, so wie sie war, zu einem Bett und pflückte dort die Früchte der Liebe. Dann ließ er sie liegen und kehrte in sein Reich zurück, wo er lange Zeit überhaupt nicht mehr an diese Geschichte dachte."[9]

Nach wie vor schlafend, bringt Talia Zwillinge zur Welt, einen Jungen und ein Mädchen. Als die Zwillinge heranwachsen und an den Brüsten ihrer Mutter saugen, kann der Junge eines Tages ihre Brust nicht finden und nuckelt stattdessen an Talias Finger. Dadurch löst sich die Flachsfaser und sie erwacht.

Der König kehrt bald darauf zu Talia zurück und findet sie erwacht und seine Kinder umsorgend, denen er die Namen Sonne und Mond gibt. Nun erfahren wir, dass dieser nekrophile König zudem auch noch ein Ehebrecher ist: „Die Frau des Königs, die schon einen gewissen Verdacht geschöpft hatte, als ihr Mann so spät von der Jagd zurückgekommen war, und die ihn nun beständig Talia, Mond und Sonne rufen hörte, wurde darüber von einer anderen Hitze als der der Sonne ergriffen."[10]

Seine Gemahlin erfährt von Talia und ihren Kindern. In eifersüchtiger Raserei befiehlt sie, das Talia gefoltert und getötet werde und ihre Kinder gekocht und ihrem Gemahl in einem Eintopf serviert werden sollen. Der gutherzige Koch jedoch rettet die Kinder und während die Königin Talia foltert, vernimmt der König ihre Schreie und rettet seine Geliebte. Nun muss die Königin selbst in dem Feuer brennen, das eigentlich für Talia bestimmt war. Jetzt, da seine eifersüchtige Gattin glücklicherweise aus dem Weg ist, nimmt der König Talia zur Frau und zieht mit ihr seine Kinder groß.

Wenn dir Dornröschen schon ein wenig bizarr und unheimlich vorgekommen ist, was hältst du dann von dieser Version der Geschichte? Hier sehen wir die schlafende Schöne einmal aus einer ganz anderen Perspektive, in der das „erblühende" Mädchen erst im Schlaf vergewaltigt, dann von einer zurecht eifersüchtigen Königin gefoltert wird und nur äußerst knapp dem Tode entgeht. In letzter Sekunde wird sie von diesem Schürzenjäger gerettet, der ihr Geliebter ist und aus Liebe zu Talia seine eigene Gemahlin ermordet. Nicht gerade der Stoff, aus dem Disneyfilme sind, oder?

1911 wurde die Erzählung „Sonne, Mond und Talia" des italienischen Märchensammlers Giambattista Basile aus dem 17. Jahrhundert für die Veröffentlichung bei Macmillan and Company von E.F. Strange neu herausgegeben. Spannenderweise hat Strange die Vergewaltigung ausgelassen und lässt stattdessen die Zwillinge hereinspazieren, die Talia finden: „Da kamen zwei Zwillingskinder, ein Junge und ein Mädchen, die wie zwei kleine Juwelen aussahen, von ich weiß nicht woher in den Palast gelaufen und fanden Talia in Schlaf versunken. Zuerst hatten sie Angst, denn vergeblich versuchten sie, Talia zu wecken; doch da fasste sich das Mädchen ein Herz und nahm Talias Finger in den Mund und biss hinein, um sie damit aufzuwecken; und so geschah es, dass die Flachsfaser sich löste."[11] Wie bei den Brüdern Grimm wurde diese Geschichte ein wenig bereinigt, um die hässlicheren Stellen dieses grausigen Märchens zu verbergen.

Das schlafende Mädchen

In Kern all dieser Geschichten gibt es ein paar grundlegende Elemente, die sie alle gemeinsam haben: Einem königlichen Paar, das schon fürchtet, unfruchtbar zu sein, wird ein Mädchen geboren, das aus eben diesem Grunde etwas ganz Besonderes ist und alles verkörpert, was wir an kleinen Mädchen toll und schön finden. Nach der Geburt erscheint eine Gruppe magischer Wesen, ursprünglich Feen, die das Kind segnen oder seine Zukunft vorhersagen, wodurch der Geschichte das Element der Prüfung, des Todes und der Unfruchtbarkeit hinzugefügt wird. Mit fünfzehn erlangt das Mädchen die geschlechtliche Reife und fällt in eine Trance oder einen Zauberschlaf und erst während dieses Schlafes treten die Anzeichen dafür, dass das Mädchen zu einer geschlechtsreifen Frau erblüht ist, deutlich hervor. In der älteren Version der Geschichte ist sie selbst im Schlaf so anziehend, dass ein König, der bereits verheiratet ist, sie vergewaltigt, weil er sie mehr als jede andere (einschließlich der eigenen Gemahlin) begehrt. In der modernen Fassung scheuen junge Männer weder Tod noch Mühen, um dieses so überaus anziehende Mädchen zu finden.

In beiden Fassungen gelingt es einem jungen Mann in einer hohen Position (König oder Prinz), das Mädchen zu finden und sie sexuell in Besitz zu nehmen. Am Ende der Geschichte, dem in der einen Fassung noch ein bisschen Vergewaltigung und Folter vorausgeht, wird sie schließlich seine Geliebte und Ehefrau und gebiert ihm Kinder.

Unmittelbar vor und nach der Geburt unserer Heldin begegnet uns das Element der Prophezeiung. Im Grimmschen Märchen ist es ein Frosch, der die Königin über ihre Schwangerschaft unterrichtet. In älteren Versionen übernimmt ein Krebs diese Aufgabe. Sobald das Kind das Licht der Welt erblickt hat, kommen Zauberwesen herbei – gleich ob Feen, Hexen oder Wahrsager – und sagen das Schicksal des Kindes voraus. Dieser Tatsache entnehmen wir, dass es sich bei „Dornröschen“ um ein Märchen handelt, in dem Träume und Divination das Hauptelement bilden – Dinge, die uns mit dem Unbewussten verbinden, jenem tiefsten Quell des Geistes, dem unerklärliche Bilder, Vorahnungen und Instinkte entsteigen.

Betrachten wir noch einmal die Karte des Mondes aus dem Tarot: Im Lichte des Vollmonds steigt ein Krebs aus dem Wasser und Wolf und Hund reagieren auf die unerwünschten, oft überraschenden Visionen und Empfindungen, die das Wesen aus den trüben, unerschlossenen Tiefen mit heraufbringt. Wir alle kennen das. Hat nicht jeder von uns schon einmal einen Traum gehabt, der uns verwirrt, der Vorahnungen auf bevorstehendes Unheil in uns weckt, die uns die Haare zu Berge stehen lassen und die wir nicht mehr abschütteln können? Wir alle haben Gefühle, die wir eigentlich lieber nicht empfinden würden, denn sie bringen eine verzweifelte Trauer oder urplötzlichen Zorn mit sich. Wie der Hund auf der Karte haben wir gelernt, diesen tiefen Impulsen zum Trotz zu funktionieren. Wir gestatten es uns nicht, uns unverhältnismäßig zu verhalten, wenn diese Gefühle in uns aufsteigen. Natürlich würdest du manchmal gern deinen Chef erwürgen, deine Eltern anschreien, dass sie dich verlassen haben, deinem Ex sagen, dass er dein Vertrauen erschüttert hat, als er dich verließ und erfolgreich sein eigenes Leben weiterlebte – aber du tust es nicht. Im Gegensatz zu dem Wolf, für den es ganz natürlich ist, den Mond anzuheulen und seiner Beute den Hals aufzuschlitzen, müssen wir unter „zivilisierten" Menschen leben, also trainieren wir uns von Kindesbeinen an darauf, uns miteinander zu vertragen, unsere Gefühle zu verbergen und uns umgänglich und produktiv zu geben. Wem das nicht gelingt, der wird geächtet, gemieden oder weggesperrt.

Doch diese tiefen Bedürfnisse suchen uns immer wieder heim. Trotz all dieser finsteren Impulse, Träume und Visionen, die, genau wie der Krebs, unter der Oberfläche unseres Bewusstseins lauern, leben wir ein ganz normales Leben. Diese Dualität wird auch im Archetypen des Dornröschens sichtbar: Die Gegensätze von hell und dunkel sind ihre ständigen Begleiter. Auch wenn sie, gesegnet mit Schönheit, Reichtum und Tugend, dem Ideal ihrer Zeit von einem perfekten Mädchen entspricht, lebt unsere Heldin jeden einzelnen Tag ihres Lebens mit dem bevorstehenden Unheil: der Prophezeiung, dass ihr Vernichtung droht, sobald sie zur Frau „erblüht". Unter der stillen, von scheinbarer Normalität geprägten Oberfläche brodelt das stete Wissen darum, dass sie im Alter von fünfzehn Jahren Verwüstung und Tod erleben soll. Von Anfang an ist uns klar, dass die Unterwelt und die Träume in diesem Märchen eine unheilvolle Rolle spielen werden.

Der Krebs (oder Frosch) hat also seine Prophezeiung überbracht. Als das Baby zur Welt kommt, erhält es in den älteren Geschichten den Namen Thaleia oder Talia, in Deutschland nennt man sie Dornröschen und in den Wäldern Frankreichs wird sie als die schlafende Schöne bekannt. All diese Namen haben etwas gemeinsam: Sie sind ein Paradoxon. Talia, „die Erblühende", spricht von dem Mädchen als einer Blume, die in den besten Jahren ihres Lebens erblüht. Und doch erfahren wir bereits im zweiten Absatz, dass das Kind niedergestreckt werden soll, sobald sie zur Gänze erblüht. Der Titel von Basiles Märchen, „Sonne, Mond und Talia" deutet darauf hin, dass das Mädchen sowohl Tag als auch Nacht, Licht und Dunkelheit verkörpert und dass im Laufe der Geschichte diese unvereinbaren Eigenschaften aus den erblühenden Lenden eines einzigen Mädchens hervorgehen sollen. Wie die Sonne und der Mond ist auch unser schlafendes Mädchen Sommer und Winter zugleich – die Erblühende des Sommers und die gespenstische, in Schlaf versunkene Blässe des Winters, da alles in der Welt sich zum Sterben niederlegt. Sie trägt in sich gleichsam Leben und Tod.

Die Implikationen von Licht und Dunkelheit, Sommer und Winter, Dorn und Blume spiegeln sich in dem deutschen Namen *Dornröschen* wider. Wir können beobachten, dass das Mädchen die Schönheit und Fröhlichkeit einer Blume besitzt, nämlich die der Rose; doch tief in ihrem Inneren verbirgt sich der Dorn, das spitzdornige Gestrüpp, das sich durch den Wald zieht, die Haut zerkratzt und vor allem im Winter, wenn alle Blumen und Blätter dahingewelkt sind, gut zu sehen ist. Dieses Thema wiederholt sich auch in ihrem französischen Namen, La Belle au Bois Dormant (wörtlich „Die Schöne, die im Walde schläft"), was sich entweder auf die schlafende Schöne im Walde beziehen kann oder aber die Schönheit, die im Walde schlummert, was bedeuten würde, dass das schöne Mädchen im Walde liegt, während dieser in seinem finsteren Winterschlaf verharrt. Tatsächlich spiegelt sich in der Grimmschen Fassung ihre Dualität auch in dem Wald wider, in dem sie liegt. Die namengebenden Dornen, die wachsen konnten, während das Mädchen in der Dunkelheit der Unterwelt verweilte, werden zu wundervollen Blumen, als sie wieder erwacht und nun für eine sexuelle Beziehung bereit ist. („Als der Königssohn sich der Dornenhecke näherte, waren es lauter große schöne Blumen.")

Demnach vereint diese Schönheit, ebenso wie der Wolf und der Hund auf der Tarot-Karte, in sich sowohl Dunkelheit als auch Licht, Sommer und Winter, Wachstum und Tod. Zwar sind die Menschen im Allgemeinen nicht in der Lage, das zu erkennen, doch für die Zauberwesen, die Feen, Wahrsager und Hexen ist es ganz offensichtlich und so teilen sie ihr Wissen mit den Eltern des Kindes. Als sie mit fünfzehn Jahren die geschlechtliche Reife erlangt, wird sie sich der eigenen Dunkelheit bewusst: Sie macht sich auf den Weg in die Unterwelt und erscheint dem Rest der Welt wie tot für die Dauer von hundert Jahren.

Der hundertjährige Schlaf

Fünfzehn Jahre waren vor ein paar Jahrhunderten in den französischen oder deutschen Wäldern ein ganz normales Alter für die geschlechtliche Reife. Junge Mädchen heirateten kurz nach Einsetzen ihrer Monatsblutungen, was zur damaligen Zeit ein ganzes Stück später geschah als es heute bei den meisten jungen Frauen der Fall ist. Während im Judentum Frauen bereits mit dreizehn als geschlechtsreif gelten, feiern die Hispanoamerikaner die Geschlechtsreife erst im Alter von fünfzehn Jahren. Die Quinceañera oder die Zeremonie der „süßen Fünfzehn" lässt sich bis zu den frühen Azteken zurückverfolgen, bei denen ein fünfzehnjähriges Mädchen gebärfähig und zur Mutterschaft bereit galt. Dieselbe Art von Ritual wird, mit verschiedenen Gradierungen sexueller Anspielungen, auch in Süd- und Mittelamerika und in den spanisch sprechenden Gemeinden in den Vereinigten Staaten gefeiert. Die mexikanische Version dieses Rituals wurde im 19. Jahrhundert, als Mexiko einige Jahre lang von den Franzosen regiert wurde, von der französischen Kultur beeinflusst (weshalb es nur logisch scheint, dass unser kleines Dornröschen im Alter von fünfzehn Jahren von einem französischen Märchenerzähler als geschlechtsreif betrachtet wird). Zu den wichtigsten Elementen der mexikanischen Quinceañera-Zeremonie gehört es, dass der Vater der Fünfzehnjährigen deren flache Schuhe durch Schuhe mit hohen Absätzen ersetzt, wodurch er traditionell bekundet, dass er sich darüber im Klaren ist, dass seine Tochter nun für junge Männer sexuell attraktiv ist und ihr bereitwillig gestatten wird, mit dem von ihr erwählten Liebhaber eine sexuelle Beziehung einzugehen, sofern sie mit ihm verheiratet ist.

Mit fünfzehn wäre Dornröschen also zu einer reifen Frau herangewachsen, was neben der geschlechtlichen Reife auch bedeutet, dass sie fortan auch die Aufgaben einer erwachsenen Frau übernehmen muss. Das wird verdeutlicht durch das Bild der Spindel oder des Flachses, der zu Leinen versponnen wird. Demnach wendet sich nun ausgerechnet das Werkzeug, mit dessen Hilfe Dornröschen ihren rechtmäßigen Platz als Erwachsene in der Familie hätte einnehmen können, gegen sie und sticht sie in den Finger bzw. fährt ihr ins Nagelbett, wodurch das Mädchen in einen langen Schlaf verfällt.

In Kapitel 1 haben wir in Bezug auf Schneewittchen bereits über den Schlaf als Symbol für den Winter, für Ruhe und Tod gesprochen. Das Element des hundertjährigen Schlafes ist im Märchen von großer Bedeutung: Es ist die Vorstellung davon, dass die physische Welt um uns herum sich weiter dreht, während wir in der Unterwelt oder der unbewussten Welt der Träume unterwegs sind und nach einer Vision suchen, die uns vervollständigt. Es erinnert an die Rituale, die seit vielen Jahrhunderten von indigenen Völkern, wie den amerikanischen Natives und den Ureinwohnern Australiens, gefeiert werden. Bei letzteren wäre als ein solches Ritual der Walkabout zu nennen: Wenn die Jugendlichen ins Erwachsenenalter eintreten, trennen sie sich von der Gruppe und ziehen allein los, um „sich zu finden", indem sie mehrere Monate lang (bis hin zu einem Jahr) selbst für sich sorgen. Dieser Prozess ähnelt sehr stark der Traumzeit, einer Zeit, in der die physische Welt des alltäglichen Gemeinschaftslebens in den Hintergrund tritt und der Jugendliche ausschließlich mit sich selbst allein ist und gewissermaßen damit kämpfen muss, ob er sich beim Auftauchen des Krebses aus den dunklen Tiefen als Hund oder als Wolf gebärden wird.

Der Walkabout ist ein Initiationsritus für junge Männer (weitere Informationen über diese Art Initiationen für Jungen findest du in meinem Buch *The Flowe-*

ring Rod), doch auch Mädchen müssen sich in indigenen Kulturen einem Ritual nach der Art der rituellen Traumzeit unterziehen. Navajo-Mädchen unterziehen sich im Alter von dreizehn Jahren einem Übergangsritual namens *Kinaaldá*: „Wenn ein Navajo-Mädchen das dreizehnte Lebensjahr erreicht und ihre erste Monatsblutung hat, wird sie durch ein wunderschönes viertägiges Ritual namens Kinaaldá, einem Bestandteil der Blessing Way Zeremonie der Navajo, ins Frausein initiiert. Wörtlich übersetzt, bedeutet Kinaaldá „Pubertäts-Zeremonie" und diese Bezeichnung kann sowohl für das Mädchen als auch für die Zeremonie gelten."[12]

Diese Art von Ritual gibt es auch bei anderen Stämmen, wie zum Beispiel bei den in Washington ansässigen Quinault-Indianern. Bei ihnen werden Mädchen, bei denen die Monatsblutungen eingesetzt haben, für die Dauer von fünf Monaten von der Gruppe getrennt und danach „... ist die lange Zeit des Mädchens in der dunklen Zelle vorüber. Nun galt sie als heiratsfähig und wurde in der Regel bald darauf vermählt."[13]

In den meisten indigenen Völkern sind derartige Rituale für Jungen ebenso wie für Mädchen weit verbreitet und wurden in Form von Ritualen wie der Quinceañera, der Bar Mitzwa oder gar der stark kommerzialisierten „Sweet Sixteen"-Partys an uns weitergegeben. Die meisten dieser heutigen Rituale sind zwar frei von Elementen wie Sexualität oder Abgeschiedenheit, doch viele junge Menschen haben dennoch das Gefühl, dass sie einen wichtigen Höhepunkt in ihrem Leben markieren, der sie fortan als Erwachsene durchs Leben gehen lässt. Der Jugendliche erfährt dadurch ein Gefühl der Zuversicht beim Eintritt in diese neue Lebensphase.

Der lange Schlaf des Dornröschens steht für eben diese Art von Ritual, bei der die Jugendliche vor dem Übergang ins Erwachsenenalter zunächst abgeschieden sein muss. In ihrem Fall handelt es sich um eine Traumzeit, eine Zeit des Rückzugs, wie sie auch die Navajo und die Quinault Mädchen erleben. Dornröschen durchwandert die Unterwelt der Träume, wo der Krebs zu Hause ist, und sucht nach einem Traumzeichen, das ihr schließlich ermöglichen wird, zu reifen und in die Rolle einer erwachsenen Frau zu schlüpfen. In dem älteren Märchen erlaubt ihr ihre Vision sogar, tatsächlich zu einer erwachsenen Frau zu werden, indem sie Zwillinge gebiert. So grausig diese Geschichte auch sein mag, die Namen der Kinder geben uns einen Hinweis auf ihr Traumerlebnis: Mond ist das Kind aus dem Reich der Träume, dem Reich der Nacht; Sonne ist das Kind, das Talia in die Welt des Tages zurückbringt, die Welt des Wachens, in der auch die Realität wieder zurückkehrt.

Zudem stehen die Namen für die Geschwister Diana und Apollo, die ihr, wie wir gesehen haben, die Gabe der Intuition und der Prophetie verleihen. In Basiles Version der Geschichte erwacht Talia zwar, bleibt jedoch noch eine Zeitlang für sich allein, sorgt für die Zwillinge, bis die Realität in Gestalt des wollüstigen Königs sie einholt. Nun muss sie sich einer weiteren Initiation unterziehen, während der sie die eifersüchtige Königin besiegen muss und so ihren rechtmäßigen Platz als erwachsene Frau und Königin ihrer Welt einnehmen kann. Die eifersüchtige Königin tritt an die Stelle der bösen Stiefmutter, die das Selbstverständnis des Mädchens auf die Probe stellen und sie zur Reife zwingen muss. Sie ist also gewissermaßen die Priesterin, die Talia mittels einer Feuerprobe durch ihre Initiation führt. Und zwar wortwörtlich!

Das Dornröschen-Ritual

Dieses Ritual unterscheidet sich ein wenig von den Ritualen, die wir bisher gemacht haben. Es handelt sich dabei um ein äußerst introspektives Ritual, das du allein durchführen solltest oder aber mit einer weiteren Person, die dir so nahe steht, dass du mit ihr in einem Bett schlafen würdest. Die einzige Möglichkeit, dieses Ritual mit mehr als zwei Menschen durchzuführen, bestünde darin, dass mehrere Menschen das Ritual zur gleichen Zeit, aber an verschiedenen Orten durchführen und später ihre Erlebnisse miteinander teilen.

Du brauchst ein Tarot-Deck, am besten eines mit klassischen Tarot-Bildern, wie zum Beispiel das Rider-Waite Deck, das Thoth Deck, das Royal Fez Moroccan Deck oder das Marseilles Deck. Andere Decks eignen sich gut zur Divination, doch in diesem Fall benötigen wir die spezifischen Bilder der klassischen Tarot-Karten.

Außerdem brauchst du:

- Eine weiße Kerze in einem Glas
- Ein leeres Buch (das du dann als Tagebuch verwendest)
- Räucherwerk, Salz, Öle und Regenwasser oder geschmolzenen Schnee (zur Aufbereitung des rituellen Bades)

Das Ritual sollte in einer Neumondnacht durchgeführt werden, zu einer Uhrzeit, zu der du dich normalerweise bettfertig machst (es wird auch noch Einiges an Nacharbeit geben bis zum nächsten Neumond).

Ein reinigendes Bad eignet sich gut als Vorbereitung für das Ritual: Entzünde Kerzen im Badezimmer und lasse das Badewasser ein. Segne das Bad, indem du Salze und Öle (Rosenöl wäre ideal) hinzugibst. Dann bitte die Elemente um

Unterstützung, indem du Räucherwerk für die Luft abbrennst, eine Kerze für das Feuer über dem Bad schwenkst, etwas Regenwasser oder geschmolzenen Schnee in das Wasser gibst und ein wenig Salz für die Erde deinem Badewasser hinzufügst.

Jetzt setz dich in die Badewanne, entspanne dich und denke an Dornröschen, die in den Traumwelten wandelt. Meditiere über deinen Wunsch, den Pfad in die Unterwelt der Träume und der Emotionen beschreiten. Bitte die Essenz von Dornröschen, dir beizustehen.

Bade und entspanne dich, solange du willst. Wenn du fertig bist, bitte die Elementargeister, dir in dein Bett zu folgen.

Wenn du bettfertig bist, stelle die weiße Kerze in ihr Gefäß und platziere sie auf deinem Nachttisch oder auf eine andere gerade Oberfläche in der Nähe deines Bettes. (Achte darauf, dass sich nichts Brennbares in der Nähe der Kerze befindet, falls du einschläfst, solange die Kerze noch brennt. Außerdem muss die Kerze auf einer ebenen Fläche stehen, damit sie nicht umkippen kann. Glaub mir, ich spreche aus bitterer Erfahrung.)

Als nächstes mische das Tarot-Deck und suche drei Karten heraus. Die mittlere Karte ist der Mond mit der Nummer achtzehn. Die erste Karte soll dich selbst vor der Traumsuche repräsentieren: Bei einer Frau könnte das die Hohepriesterin sein, die Karte Nummer II, eine junge Frau, die in der Unterwelt nach Geheimnissen sucht, die hinter dem Schleier verborgen sind, vor dem sie sitzt. Bei einem Mann könnte es sich um den Magier handeln, Karte Nummer I, der die Magie und die Kunst des Wahrsagens erlernen will. Die dritte Karte verkörpert dich in Vollendung: Für eine Frau könnte dies die Welt sein, Karte Nummer XXI, auf der eine Tänzerin zu sehen ist, voller Selbstsicherheit und Selbstvertrauen. Bei einem Mann wäre es der Eremit, ein robuster Kletterer, der das Licht des Wissens mit sich auf den Berg gebracht hat.

Entzünde die weiße Kerze in ihrem Glasgefäß, wo sie die ganze Nacht lang brennen kann, ohne dass etwas passiert. Nun mache es dir in deinem Bett bequem. Lege dich so hin, wie du dich zum Schlafen hinlegen würdest.

Lege die drei Tarot-Karten, die du gewählt hast, vor dich. Betrachte die erste Karte: Du befindest dich auf einer Traumsuche, du erhoffst dir Intuition und Wissen von deiner Reise in die finstere Unterwelt. Schaue in die Augen der Hohepriesterin oder des Magiers. Die Figur bist du selbst, bereit und stark, doch noch kennst du nicht die tiefsten Mysterien deiner Selbst und deiner Träume. Betrachte die Karte einige Minuten lang eingehend. Wenn du das Gefühl hast, die Karte ein wenig zu verstehen oder zu durchschauen, schreibe deine Erkenntnisse in deinem Tagebuch nieder (halte dich kurz, schreibe nicht allzu lange).

Jetzt nimm die Mondkarte zur Hand. Betrachte den Vollmond, der die Träume führt. Der Krebs im unteren Teil der Karte wird dein Führer sein und dich mit hinab nehmen in die undurchdringlichen Tiefen des Schlafes und des Vergessens. Vielleicht willst du dem Krebs etwas mitteilen, ihn um Führung oder um Divination bitten. Halte in deinem Tagebuch fest, was du den Krebs fragen würdest.

Nun nimm dir die letzte Karte, die Welt oder den Eremiten. Ebenso wie diese Figur willst auch du Wissen erlangen über die tiefsten Mysterien, willst vorhersehen, wohin dein Weg dich führen wird. Bewahre das Bild dieser Karte einige Augenblicke lang vor deinem geistigen Auge, dann mache es dir zum Schlafen bequem.

So, nun hängt alles von deinen Träumen ab. Sobald du aufwachst, schreibe gleich in den ersten Sekunden des Wachseins, noch ehe du richtig wach bist, alles in dein Tagebuch, was dir durch den Kopf geht, ganz gleich wie verrückt, wie trivial oder verschwommen es auch scheinen mag.

Führe fortan jeden Tag dieses Traumtagebuch bis zum nächsten Neumond. Dann lege es einen Monat lang beiseite, wieder von Neumond zu Neumond. Danach kannst du dir noch einmal durchlesen, was du geschrieben hast (wenn du das Ritual zeitgleich mit einem Freund oder mehreren Freunden gemacht hast, könnt ihr eure Traumtagebücher gemeinsam lesen). Nachdem du alles noch einmal gelesen hast, schreibe deine Beobachtungen oder Intuitionen zu den Träumen und Visionen nieder, die dir begegnet sind.

Wiederhole diesen Ritualzyklus alle paar Monate. Nach und nach werden deine Träume sehr lebhaft werden und du wirst nützliche Visionen aus deinen Träumen ziehen können.

Kapitel 5

Besenstielchen (Die Schöne und das Biest) - Besen und Besenmagie

„Die Schöne und das Biest" ist wohl das beliebteste Märchen unserer Kultur (zumindest teilt es sich diesen Platz mit „Rotkäppchen"). Dieses Märchen inspirierte zu Filmen, TV-Produktionen, Musicals und sogar zu einer Comic-Figur. Die Geschichte erzählt davon, wie ein Mann einen Handel mit einem abscheulichen, verzauberten Biest eingeht: seine Tochter für das eigene Leben. Die schöne Tochter des Mannes muss an der Seite des Biestes leben. Dieses besucht sie jede Nacht, während sie in seinem majestätischen Schlosse schläft. Das Mädchen fühlt sich hin- und hergerissen zwischen ihrer Verpflichtung gegenüber dem Vater und ihrer Beziehung zu dieser monströsen Kreatur. In diesem Kapitel werden wir die Version der Brüder Grimm aus den „Kinder- und Hausmärchen" aus dem Jahr 1812 mit einer Version von Ludwig Bechstein vergleichen, einem weiteren deutschen Märchensammler. Bechsteins Version erschien 1845 im „Deutschen Märchenbuch". Dann wollen wir uns über ein häufig missverstandenes magisches Werkzeug unterhalten, den Besen, und einige Zauber und Verwendungen für dieses praktische Instrument kennenlernen.

Die Schöne und das Biest. Man kann vermutlich getrost behaupten, dass jedes Kind (zumindest in meiner Heimat, den USA) mit dieser Geschichte über Liebe, Intrigen und Loyalitätskonflikte aufgewachsen ist. Junge Erwachsene in den 1980er Jahren liebten die TV-Serie, die das Märchen in eine moderne, schmutzige Stadt versetzte, und die Kinder der 1990er waren gebannt von dem Disney-Zeichentrickfilm und seinen zahlreichen Ablegern (darunter auch der „Weihnachtszauber").

Die Grimms sammelten dieses Märchen unter dem Titel „Von dem Sommer- und Wintergarten" und es war schon zu ihrer Zeit ein sehr altes Märchen, das man sich in ganz Europa erzählte und aufschrieb. Wir wollen uns ihre Version der Geschichte anschauen und sie mit der Fassung eines anderen Deutschen, des Märchensammlers Ludwig Bechstein, vergleichen. Bechstein sammelte seine Märchen etwa zur gleichen Zeit wie die Brüder Grimm, nämlich in der ersten Hälfte des 19. Jahrhunderts. Zu seiner Zeit war er unter den einfachen Leuten der beliebtere Märchensammler. Im Gegensatz zu den Grimms beließ er seine Märchen so ziemlich genau so, wie er sie gesammelt hatte: Er nahm keine Charakterveränderungen vor oder verwandelte Mütter in Stiefmütter. Darum könnte seine Fassung etwas verworrener erscheinen und stellenweise schwer zu verstehen sein. Aber so hat man sich das Märchen nun einmal erzählt. An späterer Stelle werden wir das noch eingehender betrachten.

Bechsteins Version hat einen seltsamen Titel: „Besenstielchen“. Dieser Titel bezieht sich auf eine Nebenrolle des Märchens, auch das werden wir später noch genauer beleuchten.

Die Geschichte beginnt in etwa so wie die Disney-Verfilmung. Ein Kaufmann hat drei Töchter – die beiden älteren sind ungehobelt und selbstsüchtig, die jüngste Tochter dagegen ist schön, bescheiden und fromm. In Bechsteins Version heißt die jüngste Tochter Nettchen. Nettchen ist eine deutsche Variante des hebräischen Namens Anna. Dieser Name bedeutet „Gott war gnädig“, also spiegelt sich die Gutherzigkeit und Frömmigkeit des Mädchens bereits in ihrem Namen. In anderen Fassungen lautet ihr Name Belle oder Bella, was im Französischen und Italienischen „schön“ bedeutet, woher das Märchen auch seinen bekannteren Titel hat.

Gleich hier, im zweiten Absatz, folgt eine kleine Abweichung von der Grimmschen Fassung: „Nettchen ... hatte eine einzige Herzensfreundin, die war sehr arm, aber ebenso schön als tugendhaft; es war die Tochter eines Besenbinders und wurde daher von Jung und Alt nur das Besenstielchen genannt. Beide Mädchen waren *ein* Herz und *eine* Seele, sie vertrauten sich ihre kleinen Geheimnisse und aller Rangunterschied war zwischen ihnen gefallen. Darüber erzürnten sich die beiden andern Schwestern zwar sehr, Nettchen jedoch ließ sie schelten und liebte ihr Besenstielchen darum nicht weniger.“[14]

Im Folgenden entspricht die Geschichte wieder der Grimmschen Fassung: Der Vater macht sich auf den Weg zu einer Geschäftsreise und fragt jede seiner Töchter, was er ihr mitbringen soll. Die beiden älteren Mädchen verlangen Schmuck, doch Klein-Nettchen versichert dem Vater, dass sie alles hat, was sie braucht. Der Vater aber dringt in sie und schließlich bittet sie ihn um „drei Rosen (...), die an einem Stiel gewachsen sind“, denn sie ist sich sicher, dass der Vater derlei mitten im Winter nicht wird auftreiben können.

Auf dem Heimweg von seiner Reise kommt der Vater an einem von einer Mauer umgebenen Garten vor einem Schloss vorbei, in dem mitten im Winter Rosen wachsen. Er findet drei Rosen an einem Stiel und pflückt sie. Augenblicklich erscheint ein Tier vor ihm – laut Beschreibung hat es einen langen Rüssel, ein zottiges Fell und noch ein paar andere unansehnliche Merkmale. Der Mann bettelt um sein Leben und berichtet dem Tier, weshalb er die Rose gepflückt hat. Das Tier schließt aus der Erzählung, dass es sich bei der jüngsten Tochter des Mannes um ein richtiges Herzchen handeln muss und ringt ihm das Versprechen ab, dass er ihm im Gegenzug dafür, dass es ihn am Leben lasse, „in sieben Monaten" seine Tochter zur Frau geben müsse.

Der Mann kehrt heim, sagt aber nichts zu Nettchen, nur die beiden älteren Töchter weiht er in sein Geheimnis über das Biest und das geleistete Versprechen ein. Wie wir erfahren, freuen sich die beiden älteren Schwestern über diese Enthüllung.

Nun ist die Zeit heran, das Versprechen einzulösen. Vor dem Haus hält die Kutsche des Tiers, doch der Kaufmann beschließt, es übers Ohr zu hauen: An Nettchens Stelle schickt er das Besenstielchen mit. Das Tier aber erkennt die Täuschung sofort. Er lässt Besenstielchen in seiner Kutsche zurückbringen, seine Diener laden das Bauernmädchen aus und nehmen stattdessen Nettchen mit.

Nettchen ängstigt sich verständlicherweise, doch sie bleibt tapfer und reißt sich zusammen. Das Mädchen wird in ein prächtiges Schloss geführt, wo man ihr ein üppiges Mahl serviert. Von schweigsamen Dienern wird sie in ein prachtvolles Schlafgemach geführt, wo sie ihre Gebete spricht und sich zum Schlafen niederlegt. Doch als sie erwacht, liegt neben ihr das Tier. Das Tier erhebt sich und geht still hinaus, wodurch Nettchen etwas Zeit gewinnt, über die Situation nachzudenken.

Sie scheint sich allerdings keine allzu großen Sorgen um ihre Situation zu machen. Tatsächlich schläft das Biest nun jede Nacht bei ihr und sie fürchtet sich immer weniger vor ihm. Das Biest schmiegt sich an sie „und Nettchen streichelte sein zottiges Fell und duldete es selbst, als es mit seinem langen kalten Rüssel ihre Lippen berührte." Erinnerst du dich noch daran, wie sich Schneeweißchen und Rosenrot mit dem Bären verhielten?

An dieser Stelle werden die Ereignisse in dieser Version etwas zusammengefasst, während die Grimms uns alles etwas genauer berichten: Eines Nachts erscheint das Biest nicht in Nettchens Schlafgemach und Nettchen macht sich große Sorgen. Sie kann ohne das Biest nicht schlafen und erkennt plötzlich, dass sie es recht lieb gewonnen hat.

In der Grimmschen Fassung, „Von dem Sommer- und Wintergarten“, vergehen Monate der Werbung, bis die Schöne schließlich die Botschaft erhält, dass ihr Vater vor lauter Sehnsucht nach ihr im Sterben liegt. Das Biest gestattet dem Mädchen, heimzukehren, nimmt ihr aber das Versprechen ab, wieder zurückzukommen. Als sie zum Biest zurückkehrt, findet sie es sterbend in seinem Kohlgarten. Und so berichten die Grimms von den Ereignissen: „Und wie sie das Tier selber suchte, war es fort, und sie suchte aller Orten, aber sie konnte es nicht finden. Da war sie doppelt traurig und wusste sich nicht zu trösten und einmal ging sie so traurig im Garten und sah einen Haufen Kohlhäupter, die waren oben schon alt und faul, da legte sie die herum und wie sie ein paar umgedreht hatte, sah sie ihr liebes Tier, das lag darunter und war tot. Geschwind holte sie Wasser und begoss es damit unaufhörlich, da sprang es auf und war auf einmal verwandelt und ein schöner Prinz.“

In Bechsteins Version, „Besenstielchen“, werden uns ein paar Details vorenthalten: Zur Schlafenszeit kommt das Biest einfach nur nicht in ihr Schlafgemach. Da geht das Mädchen in einen üppigen Garten und findet das Biest halbtot an einem Bassin. Nun wird zwar ihre Brust erwähnt („Da zuckte ein so bittrer Schmerz durch ihre Brust, dass sie um den Tod des armen Thieres weinte“), doch es sind ihre Tränen, die das Biest wiedererwecken und es erwartungsgemäß in einen wunderschönen Jüngling verwandeln.

Darauf erklärt das Biest, dass Nettchen ihn von einem Fluch erlöst habe: „Ich sollte nach dem Willen meines Vaters eine Gattin freien, die ich nicht liebte; ich weigerte mich standhaft und im Zorn ließ mein Vater mich durch eine Zauberin in ein Ungeheuer verwandeln, das ich so lange bleiben sollte, bis eine reine Jungfrau mich trotz meiner häßlichen Gestalt lieben und Thränen um mich weinen werde.“ Nettchen hat also das Biest befreit und der Jüngling bittet sie, seine Frau zu werden.

Hier zeigt sich nun auch die Frömmigkeit des Biestes: Er lehnt es ab, zu heiraten, ohne Liebe zu empfinden und zieht stattdessen ein schreckliches Schicksal vor, um seinen Moralvorstellungen treu bleiben zu können. Der Leser soll ihm verzeihen, dass er einen Mann mit dem Tode bedroht und daraufhin eine junge Frau entführt und vergewaltigt hat, nachdem seine Motive nun enthüllt sind.

Doch Moment, da ist noch mehr

Das Grimmsche Märchen endet an dieser Stelle. „Besenstielchen“ ist aber erst halb zu Ende.

Nettchen durfte ein Jahr lang nicht ins Haus ihres Vaters zurückkehren. Wir erfahren aber, dass sie (praktischerweise) einen Spiegel erhält, in dem sie sehen kann, was zu Hause vorgeht. So erfährt sie, dass es ihren Schwestern gut geht, ihr Vater aber ob ihrer Abwesenheit untröstlich ist. Auch Besenstielchen vermisst sie schrecklich. Schließlich enthüllt ihr der Spiegel, dass der Vater im Sterben liegt, was ihre Schwestern wenig zu kümmern scheint.

Das ehemalige Biest erzählt dem Mädchen, dass in seinem Garten ein Kraut wachse, das die Lebensgeister wieder zurückholt, und sobald das Jahr vorüber ist, darf sie ihren Vater, ihre Freundin und auch die bösen Schwestern holen und sie mit ins Schloss bringen, wo der Vater wieder gesund gepflegt werden soll. Das Mädchen bringt sie allesamt mit. Der Vater wird geheilt und sie und Besenstielchen lassen ihre Freundschaft wieder aufleben. Nur mit den Schwestern ist es nicht so einfach getan: „Nettchen war versöhnlichen Herzens und so sehr sie auch von den Schwestern gekränkt worden war, so wollte sie doch auch mit ihnen ihr Glück teilen. Sie ließ sie daher kommen und zeigte ihnen all' ihren Reichthum. Die Schwestern erbosten sich über all' die Pracht noch mehr und beschlossen den Tod der Glücklichen. Als sie einst im Bade waren, tauchten sie Nettchen unter die Wellen, dass sie ertrank."

Nett, oder? Doch jetzt steigt eine „hohe Frauengestalt" aus dem Wasser und holt Nettchen ins Leben zurück. Dabei handelt es sich um die Zauberin, die ursprünglich den jungen Mann verflucht hatte, und die ist stinksauer. Sie fragt Nettchen, was sie mit den Schwestern tun soll. Nettchen bettelt um deren Leben, doch die Zauberin lenkt nicht ein. Sie sagt dem Mädchen, dass ihre Schwestern bestraft werden müssen: „So sollen sie in Säulen verwandelt werden und es so lange bleiben, bis ein Mann sich in sie verliebt und das wird nimmer geschehen."

Die beiden Schwestern werden verwandelt und wir erfahren, dass sie bis zum heutigen Tage als Steinsäulen im Garten stehen, denn kein Mann verliebt sich in ein Mädchen mit einem Herzen aus Stein.

Das Ende der Geschichte lautet folgendermaßen: „Das gute Besenstielchen blieb Nettchens treuste Freundin und teilt ihr Glück noch immer, wenn sie nicht unterdessen alle beide gestorben sind."

Tierische Angelegenheiten

Dieses Märchen gibt uns einige Rätsel auf; zunächst haben wir hier einfach nur die grundlegende Geschichte von der Schönen und dem Biest: Wer ist das Biest, das durch das Pflücken einer Rose auf den Plan gerufen wird und warum kann nur Nettchen (oder Belle oder Bella) es in einen prinzengleichen Jüngling verwandeln? Und was sollen die weiteren Entwicklungen in der Geschichte, das Ertränken Nettchens und die Verwandlung der Schwestern in Steinsäulen? Und wer ist eigentlich Besenstielchen und was hat sie mit dieser Geschichte zu tun? Kurzum: Aus welchem Grund wird das ganze Märchen nach ihr benannt, obwohl sie doch nur eine Nebenrolle spielt und eigentlich kaum einmal in Erscheinung tritt?

Ich weiß, du denkst jetzt: Hör auf, mir so viele Fragen zu stellen. Also gut, versuchen wir doch mal, ein paar davon zu beantworten.

Betrachten wir zunächst einmal das Biest. Es ist ganz offensichtlich ein Zauberwesen, das in einem Schloss lebt, inmitten eines von einer Mauer umgebenen Gartens, und durch das Pflücken einer Rose herbeigerufen wird. Die gleiche Geschichte begegnet uns in dem Lied „Tam Lin", einer traditionellen schottischen Ballade über einen Wechselbalg aus der Feenwelt, der von Janet, einer schönen Jungfrau, durch das Pflücken einer Rose herbeigerufen wird, und dann zu deren Geliebten wird (mehr dazu gleich). In anderen Versionen von „Die Schöne und das Biest" ist es jedoch keine Rose, die der Vater als Geschenk mitbringen soll, sondern ein „kleiner Haselzweig". Doch wie wir aus „Aschenputtel" bereits wissen, verfügen Haselnüsse über Zauberkräfte und können Feen herbeirufen. Unser Biest ist also eine Fee oder ein Wechselbalg, das in einem geheimen oder verbotenen Schloss umherspukt und wie Tam Lin durch das Pflücken einer Rose oder einer anderen Zauberpflanze herbeigerufen wird.

Vergleichen wir einmal das Biest dieser Version mit den Wesen anderer Versionen. In diesem Märchen wird das Biest einfach nur als zottiges Ungeheuer mit einem Rüssel beschrieben. In anderen Versionen handelt es sich aber um einen Bären und ein Pferd, in einigen wenigen Fassungen auch um eine Schlange (in einer Erzählung sogar um eine dreiköpfige Schlange). Das erinnert wiederum an Eva und die Schlange: Wieder haben wir einen von einer Mauer umgebenen oder geschützten Garten mit einer verbotenen Pflanze (die Frucht des Baumes); und auch hier begegnen wir einem monströsen Geliebten, der Schlange, und einem schönen menschlichen Geliebten, nämlich Adam. Die Bären-Version erinnert an das Märchen von „Schneeweißchen und Rosenrot", in dem die Titelfiguren eine romantische Beziehung zu einem Bären und einem Prinz-Geliebten pflegen. Die Version mit dem Pferd gleicht dem türkischen Märchen „Der Ross-Dew und die Hexe", in der ein Schah seinen drei Töchtern aufträgt, in seiner Abwesenheit persönlich sein geliebtes Pferd zu füttern. Die beiden älteren Töchter versuchen, das Pferd zu füttern, doch es nimmt von ihnen kein Futter an (was uns wiederum an die beiden älteren Schwestern unseres Märchens erinnert). Die jüngste Tochter allerdings vermag das Pferd problemlos zu füttern. Als der Schah bei seiner

Rückkehr davon erfährt, verheiratet er die jüngste Tochter mit dem Pferd. Nun verwandelt sich jede Nacht der Stall in einen Rosengarten (wieder ein geheimer, umzäunter Garten) und das Pferd in einen schönen Jüngling.

Sämtliche Versionen dieser Geschichte gehen auf wesentlich ältere Mythen und Legenden zurück, in denen wunderschöne Jungfrauen sich mit monströsen Liebhabern paaren. Aus dem sprichwörtlichen Stegreif lässt sich sagen, dass die Geschichte von der „Schönen und dem Biest" exakt dem antiken griechischen Mythos von Amor und Psyche entspricht.

In diesem Mythos entwickelt Venus eine ungeheure Eifersucht auf eine Sterbliche namens Psyche, die von einer atemberaubenden Schönheit ist (genau wie Nettchen oder Belle). Daraufhin schickt Venus ihren Sohn Amor aus, sie zu töten, doch Psyche ist so wunderschön, dass Amor, als er ihre Kammer betritt und sie dort schlafen sieht, ungeschickt an seinem Pfeil herumfingert und sich selbst damit durchbohrt, woraufhin er sich unsterblich in das schlafende Mädchen verliebt. Besessen von ihrer Schönheit, will er das liebreizende Mädchen heiraten, doch die rasend eifersüchtige Venus verweigert ihre Einwilligung zu dieser Verbindung. Darum versteckt Amor seine Psyche in einem prächtigen Schloss, um sie vor seiner missbilligenden Göttinnenmutter zu beschützen.

Jede Nacht besucht Amor seine Geliebte, doch er warnt sie, dass sie das Licht auslassen muss, so dass sie ihn nicht sehen kann. Psyche nimmt an, dass er ein schreckliches Ungeheuer ist und macht Liebe mit ihm, hat aber zugleich furchtbare Angst vor ihm. So geht das eine ganze Zeitlang weiter: Amor besucht des Nachts und in undurchdringlicher Dunkelheit seine Liebste und Psyche glaubt, sie habe Sex mit einem abscheulichen Ungeheuer.

Letztendlich kann Psyche der Versuchung nicht mehr widerstehen und entzündet inmitten des leidenschaftlichen Treibens eine Kerze. So erkennt sie die wahre Identität Amors. Um ihren Liebsten heiraten zu können, muss Psyche in den Hades hinabsteigen und ihr sterbliches Leben hinter sich lassen, auf dass sie unsterblich sein kann. Schließlich verleiht Zeus Psyche Unsterblichkeit und sie kann Amor heiraten und schenkt ihm bald darauf eine Tochter, Voluptas, die kurvige Halbgöttin von deren Namen das englische Wort *voluptuous – lüstern* abstammt.

In dieser Geschichte geht es um die Wahrnehmung: Zunächst sieht Venus ihre Selbstwahrnehmung als schönstes Geschöpf des Universums dadurch bedroht, dass eine Sterbliche sie an Schönheit übertreffen könnte. Genau dasselbe Thema kennen wir bereits aus „Schneewittchen". Wie Schneewittchens Mutter ist auch die Göttin fest entschlossen, das Mädchen zu vernichten, um ihre Selbstwahrnehmung von sich als dem Inbegriff der Schönheit wiederherzustellen.

Psyche wird als eine Art Liebessklavin in einen Schlossturm gesperrt, wo Amor sie stets nur in absoluter Dunkelheit besucht. Ihre Wahrnehmung ist, dass es sich bei Amor, der eigentlich der Inbegriff männlicher Schönheit ist, um ein abstoßendes Ungeheuer handeln muss. Jede Nacht macht sie nun Liebe mit ihm, hat aber die Fantasie, dass sie ein Bild des Schreckens erblicken würde, schaute sie in sein Gesicht. Dieser Gedanke nagt natürlich an ihr, bis sie schließlich das Risiko eingeht und eine Kerze entzündet: In diesem Augenblick blickt sie ins Antlitz eines hinreißend schönen Gottes. Welches Mädchen würde so einen von der Bettkante schubsen?

Biester, Götter und Feen

Die Geschichte von Amor und Psyche teilt sich ihre Thematik vom monströsen Liebhaber mit einer traditionellen britischen Feenballade, „King Henry". In diesem Lied gerät ein erfundener King Henry in einer Jagdhalle in die Gefangenschaft einer monströsen Feendame, die ihm zuerst befiehlt, all seine Jagdtiere zu töten, Pferde, Hunde wie auch Falken, um ihren Hunger zu stillen, und dann verlangt sie von ihm, sich hinzulegen und sie zu beglücken. Als er dies tut, wird aus der monströsen Fee die „schönste Frau, die man je gesehen". Auch hier verändert sich Henrys Wahrnehmung dramatisch, sobald er mit der monströsen Fee im Bett liegt.

In unserem Märchen gibt es mit Sicherheit ebenfalls eine Fee. Das Biest entspricht allen Merkmalen eines Wechselbalgs aus dem Feenland: Es herrscht über ein Spukschloss, es wird durch das Pflücken einer Rose oder eines Haselzweigs herbeigerufen und es verführt schöne keusche Jungfrauen. In dieser Version haben wir am Schluss auch die „Zauberin", die mit ihrem Zauberstab aus dem Wasser aufsteigt und über Leben und Tod herrscht. Diese Zauberin scheint eine Nixe zu sein, eine Wasserfee, wie sie oft in den Grimmschen Märchen vorkommt. Wie sie da aus dem Wasser aufsteigt, Menschen zum Austausch gegen Wechselbälger mitnimmt und das ertrinkende Nettchen vor dem Tode bewahrt, ist sie eine klassische Nixe. Die „Zauberin" entspricht zudem der Rolle der Venus, die erst besänftigt werden muss, ehe Amor seine Psyche ehelichen kann.

Doch halt. Nettchen selbst hat auch etwas von einem Wechselbalg, nicht wahr? In so gut wie jeder Version der Geschichte wird sie gegen das Leben ihres Vaters eingetauscht. In klassischen Erzählungen über Wechselbälger handelt es sich bei diesen stets um Menschen, die ins Feenreich gebracht und dort festgehalten werden. Oft findet dabei ein Austausch statt und für den Menschen bleibt ein Wechselbalg zurück. In unserem Fall hat der Vater das Feenreich des ummauerten Gartens betreten und befindet sich somit im Herrschaftsgebiet der Feen: Wenn er zurückkehren will, muss er dafür das Leben eines anderen Menschen geben. Die Schöne geht in fast allen Fällen ganz freiwillig dorthin, eifrig darauf bedacht, ihren Vater zu retten: In diesem Märchen wird sie allerdings entführt, nachdem Besenstielchen nicht als Ersatz für sie akzeptiert wurde. In Besenstielchens Adern fließt nicht das Blut des Vaters, weshalb sie vermutlich abgelehnt wurde.

Was jedoch besonders faszinierend ist, sind die Geschehnisse, die sich Nacht für Nacht in Nettchens/der Schönen Schlafgemach abspielen: „Sie überließ sich bald den Armen des Schlafs, nachdem sie ihr Gebet verrichtet; als sie jedoch erwachte, sah sie mit Schrecken, dass ein abscheuliches zottiges Untier neben ihr lag; da es aber stille und ruhig war, ließ sie es gewähren." Genau dasselbe passiert auch Psyche in Amors Schloss, Schneeweißchen und Rosenrot mit dem Bären und der jüngsten Tochter aus „Der Ross-Dew und die Hexe": In jedem dieser Märchen führt das Mädchen tagsüber ein ganz normales Leben, doch nachts im Bett, wenn sie schläft, bekommt sie Besuch von ihrem dämonischen Liebhaber.

In Kapitel 1 zu „Schneewittchen" haben wir bereits über Schlaf und Träume gesprochen und dass sie uns mit der Unterwelt verbinden. Sowohl Schneewittchen als auch Nettchen erleben bei ihren nächtlichen Besuchen in der Unterwelt Dinge, die sich die Mädchen bei Tageslicht nicht erlauben würden. Nicht nur, dass Nettchen Sex hat, nein, sie hat auch noch Sex mit einer tierischen, abscheulichen Kreatur (ganz gewiss nichts, was ein süßes, frommes Mädchen tun würde, allenfalls würde sie davon träumen). Und scheinbar findet sie Gefallen daran, zumindest so viel, dass sie das Erlebnis Nacht für Nacht wiederholt. Als sie morgens erwacht, ist sie keinesfalls traumatisiert, sondern setzt ihr ganz normales Leben fort, als wäre überhaupt nichts Ungewöhnliches geschehen.

In unserer Kultur verwenden wir den Ausdruck „Traummann". Das Biest ist im wortwörtlichen Sinne ein Traummann, ein Traumliebhaber, denn er dringt jede Nacht in Nettchens Träume ein, wo er sich manifestiert und somit in der Lage ist, mit ihr zu schlafen, sie zu halten, in sie einzudringen. Dies ist das Tor, durch das das Biest/Pferd/der Bär/die Schlange aus dem Feenreich in die Welt des Mädchens eintritt und dort zu ihrem sterblichen Geliebten wird.

Und wieder die Spiegelung der Feenwelt

Wir, die wir diese Geschichte seit unserer Kindheit kennen, wissen etwas, das Nettchen nicht weiß: nämlich dass das Biest eigentlich ein wunderschöner Prinz ist. Wir wissen, dass das Pferd des Nachts zu einem Menschen wird, dass der

Bär Rosenrot und Schneeweißchen zu einem Schatz führen wird, ehe auch er menschliche Gestalt annimmt, und dass die Schlange im Garten Eden Eva das Bewusstsein für ihre eigene Sexualität enthüllen wird, damit sie ihren Bruder Adam ehelichen und die Menschheit erschaffen kann. Wir kennen diese (oder ähnliche) Märchen inzwischen so gut, dass wir absolut sicher sind, dass das Biest verschwinden und ein schöner Prinz an seine Stelle treten wird.

Aber was, wenn das nicht so wäre? Oder anders ausgedrückt: Was, wenn diese Feengestalt, zottelig und schlüpfrig und ungehobelt und riesig, die wahre Gestalt des Liebhabers wäre? Was, wenn eigentlich der „schöne Prinz" die Traumgestalt ist, wenn es nur eine List ist, scheinbare Schönheit, damit der Zuhörer es leichter akzeptieren kann? Erinnern wir uns an unsere Feststellung, dass in vielen Versionen von „Schneeweißchen und Rosenrot" der Bär einfach nur ein Bär ist.

In diesen Märchen gibt es eine Schwelle, über die Mythen, in der Form von Träumen, in die Realität eindringen können. Ist es wirklich Nettchens Liebe zu dem Biest, die ihm erlaubt, wieder seine frühere menschliche Gestalt anzunehmen? Oder ist es vielmehr so, dass er diese Gestalt nur tagsüber annimmt und sich des Nachts wieder in seine wahre Gestalt verwandelt, um seine Lust und Begierde nach der Geliebten zu stillen?

Im Schlafe lebt Nettchen im Feenreich, wo sie ihren Geliebten in seiner wahren Gestalt sehen kann. In diesem Bewusstseinszustand kann sie das Tierhafte an ihm gut akzeptieren, sie fühlt sich sicher und wird gar intim mit ihrem abstoßenden Freier.

Wenn Nettchen und das Biest jedoch wieder in die Welt des Wachens zurückkehren wollen, müssen sich die Dinge ändern.

In vielen Geschichten über Wechselbälger, lebt der Wechselbalg einige Zeit lang in unserer Welt, muss allerdings in seine eigene Welt, ins Feenreich oder die Unterwelt zurückkehren, damit er dauerhaft in unserer Welt bleiben und eine Gestalt annehmen kann, die zur Welt der Sterblichen gehört. In der Geschichte der Rhiannon aus dem *Mabinogion* wird das mehr als deutlich. Vielleicht erinnerst du dich, dass Rhiannon unsere Welt als scheinbar menschliche Frau betreten hat, um den Sterblichen Pwyll zu ehelichen. Nachdem jedoch eine Fee ihren Sohn im Austausch gegen ein Fohlen entführt, muss Rhiannon, die ja eine Pferdefee ist, Sattel und Zaumzeug anlegen und auf ihrem Rücken Reiter tragen: Sie muss als Pferd leben, in ihrer Unterweltgestalt.

Eben diese Rückkehr zu ihrem Unterwelt-Dasein macht es möglich, dass ihr Sohn ihr wieder zurückgegeben wird und sie selbst endgültig als Menschenfrau leben darf. Auch in einer Geschichte, die größere Ähnlichkeit mit „Besenstielchen" besitzt, begegnet uns dieses Thema: Als Psyche, die in dem Glauben war, sich mit einem abscheulichen Ungeheuer gepaart zu haben, Amors wahre Gestalt erblickt, muss sie in die Unterwelt des Hades reisen, um als Unsterbliche wieder zurückzukehren und Amor in dessen schöner Gestalt als Liebesgott ehelichen zu können. (Wir müssen uns fragen, wie Amor wohl in der Unterwelt ausgesehen haben mag.)

An dieser Stelle ergibt die merkwürdig verlängerte Version vom Besenstielchen endlich einen Sinn. Wie Psyche muss auch Nettchen in die Unterwelt reisen und ihr sterbliches Leben hinter sich lassen, um bei ihrem Mann, dem Biest, sein zu können. Auch wenn das Biest inzwischen in Gestalt eines schönen Prinzen auftritt, so ist er doch immer noch ein verzaubertes Wesen und muss in einem einsamen Schloss leben. Nettchens Schwestern haben die Funktion, ihr den nötigen Schub zu geben, sowohl im wörtlichen wie auch im übertragenen Sinne, noch einmal in die Zauberwelt zurückzukehren, in der sie während ihrer Träume gelebt hat und wo sie mit ihrem verzauberten Geliebten Sex haben konnte. Durch ihren Tod reist sie nun erneut ins Feenreich und kehrt mit Hilfe der Flussnixe, die sie wiederbelebt (und die der Venus aus dem griechischen Mythos entspricht), wieder heim.

Doch im Gegenzug muss die Nixe auch ein Leben beenden. Sie nimmt sich die beiden Schwestern, die in der Geschichte so verschlagen und manipulativ dargestellt werden, dass dem Leser dieser Handel nicht auf den Magen schlägt. Schließlich ist für die Feen ein Menschenleben so gut wie das andere. Zwei Schwestern für ein Biest und ein niedliches Mädchen? Ist doch ein fairer Handel.

Das letzte Rätsel

Nun bleibt nur noch ein letztes Rätsel zu lösen: Was hat Besenstielchen mit dieser ganzen Geschichte zu schaffen? Warum ist das Märchen ausgerechnet nach ihr benannt?

Besenstielchen ist ein Bauernmädchen und der Natur viel näher als das gut situierte Nettchen und seine Schwestern. Der Vater des Mädchens ist ein Besenbinder und demnach wird auch das Mädchen selbst dieses Handwerk ausüben und Besen herstellen. Um dies zu tun, muss sie Getreide anbauen, damit sie Stroh für den Besen hat, sie muss das Holz für den Besenstiel schlagen und auch die geheime Zutat kennen: die Eichel, die an der Verbindungsstelle zwischen Besen und Stiel verborgen liegt.

Im Wicca und anderen traditionellen heidnischen Religionen besteht eine magische Verbindung zwischen jungen Frauen und dem Besen. Hexen sind diesem magischen Werkzeug so eng verbunden, dass man sie oft auf einem Besen reitend darstellt.

Die Ehre, mit einem Besen den magischen Kreis zu fegen, gebührt traditionell der jüngsten Frau in einer Wicca Gruppe. Besenstielchen würde demnach als äußerst magische junge Frau gelten, sie ist die jüngste Frau, Hüterin der Mysterien des Besens. Besenstielchen besitzt diese unglaubliche Macht, den Funken der Fruchtbarkeit, den der Besen bei den jüngsten Frauen eines Covens repräsentiert, denn diese haben noch nicht so viele ihrer Eier durch die Menstruation verloren und besitzen damit das höchste Potenzial, Leben zu geben. Dies ist uralte Magie und eine ehrfurchtgebietende Macht, die nur junge Frauen besitzen. Die Zuhörer der Geschichte im mittelalterlichen Europa werden das auf einer gewissen Ebene sicherlich verstanden haben.

Wir erfahren, dass die beiden Mädchen „ein Herz und eine Seele" sind. Nettchen verfügt ebenfalls über diese uralte Magie und ist sich dank ihrer Liebe zu Besenstielchen dieser Macht zudem bewusst. Dadurch ist es ihr möglich, ins Feenreich zu reisen, denn sie weiß, dass ihr dort nichts geschehen kann.

In den meisten Fassungen von „Die Schöne und das Biest" hat es für uns als Leser den Anschein, dass das Leben des Vaters gegen das der Schönen eingetauscht wird. Immerhin macht das Biest sehr deutlich, dass es Papis Leben nur dann verschonen wird, wenn stattdessen Nettchen/die Schöne in sein Schloss gebracht wird. Erinnerst du dich an Tam Lin und seine Rose? (Ich sagte ja, dass wir noch einmal darauf zurückkommen würden.) Im Grunde könnte jeder Tam Lin mit Hilfe der Rose herbeigerufen haben, aber es war Janet und nur Janet, die Tam Lins Kind austragen und ihn vor seinem Schicksal bewahren konnte, durch die Hand der Feenkönigin der Hölle geopfert zu werden.

Stellen wir uns also vor, dass das Biest im Traum ein Auge auf Nettchen geworfen hat, genau wie Hades es bei Persephone getan hat, und einzig und allein sie haben wollte. Er wusste genau, dass ihr Vater vorbeikommen würde, also ließ er mitten im Winter eine Rose wachsen (darum auch der Grimmsche Titel „Von dem Sommer- und Wintergarten"). Papi geht zielsicher in die Falle, die allerdings in erster Linie Nettchen galt.

Nun muss das Biest aber an Nettchens Stelle ein Zauberwesen zurücklassen. Und da ist doch Besenstielchen, das magische Kind und Hüterin der lebenspendenden Besen-Mysterien, genau die richtige! Sie ist bereits ein Geschöpf der magischen Welt und wird kurzerhand von Papi in die Kutsche gesetzt, schließlich wird niemand das Kind eines einfachen Besenbinders vermissen, so glaubt er. (In der Grimmschen Fassung schickt man übrigens zunächst die Müllerstochter.) Doch das Biest schickt sie zurück und holt sich Nettchen.

Wenn Feen einen Austausch vornehmen, wird gewöhnlich ein Wesen aus dem Feenreich in unserer Welt zurückgelassen. Das schlaue Biest hat schon geahnt, dass Papi das Kind zu ihm schicken würde, das bereits mit einem Fuß in der Zauberwelt steht. Na wunderbar! Das Biest schickt also Besenstielchen zurück und nimmt damit den Austausch vor, der es ihm gestattet, sich Nettchen ohne Rückwirkungen auf die Unterwelt zu holen. Die Unterwelt ist bereits zufriedengestellt. Das magische kleine Besenstielchen kann ebenso gut in unserer sterblichen Welt bleiben, während Nettchen in dem verwunschenen Schloss gefangen gehalten wird.

Am Ende der Geschichte begleitet Besenstielchen seine Freundin in das Traumschloss. Immerhin ist die Unterwelt ihre zweite Heimat. Und nun kann sie einen magischen Bund mit Nettchen eingehen, der zuvor nicht möglich gewesen wäre. Obschon wir von dem Mädchen kaum etwas erfahren, so wird sie doch ziemlich auffällig im letzten Absatz erwähnt: „Das gute Besenstielchen blieb Nettchens treuste Freundin und teilt ihr Glück noch immer, wenn sie nicht unterdessen alle beide gestorben sind." Gestorben? Diese beiden Mädchen? Schwer vorstellbar in der Feenwelt des verwunschenen Schlosses.

Besen und Besenmagie

In „Besenstielchen" können wir sehen, dass Nettchen (die Schöne) durch eine Rose in einem ummauerten Garten zu dem Biest geführt wird. Aber eigentlich gibt es in dieser Geschichte gleich zwei magische Pflanzen: Die andere ist das Besenstroh, das von der Titelfigur des Märchens verwendet wird, deren Magie durch ihr Geschick beim Besenbinden Ausdruck findet.

In zahlreichen Systemen gilt der Besen als mächtiges magisches Werkzeug. Dem Besen werden in Volkserzählungen derartig magische Kräfte zugeschrieben, dass man Hexen auf ihm durch die Luft reiten lässt. Auch moderne Hexen verwenden Besen: Harry Potter Fans ist das Bild von Harry auf seinem Nimbus 2000 wohl bekannt.

Wie hat es der Besen geschafft, ein so sagenhaftes Werkzeug zu werden und wie können wir ihn in Ritualen und bei der magischen Arbeit einsetzen?

Schauen wir uns also die Konstruktion eines Besens einmal genauer an und finden heraus, wofür die einzelnen Teile stehen.

Zunächst einmal gibt es verschiedene Arten von Besen. Der traditionelle „Hexenbesen" ist ein Besen zum Ofenkehren, bestehend aus einer Bürste aus Besenstroh und einem Eschenstiel. Das Besenstroh ist das Stroh der Mohrenhirse (Solghum vulgare), eine grasartige Pflanze, aus der Melasse gewonnen wird. Besenstroh sieht aus wie eine essbare Pflanze und wird auch so geerntet, darum steht es für die Ernte, die im Heidentum und im Wicca einen heiligen Ritus darstellt. Über die Ernte herrschen Götter wie Bacchus und Dionysos, Saturn und Mabon und Göttinnen wie Ceres, Pomona, Demeter und Mab. Demnach ist das Besenstroh für all diese Gottheiten eine heilige Pflanze.

Das Eschenholz, das für den Stiel verwendet wird, stammt von der europäischen Esche, Fraxinus, zu deren Familie auch der Vogelbeerbaum und die Eberesche gehören. In Irland nennt man den Vogelbeerbaum auch „Maibaum", denn er ist der erste Baum mit weißen Blüten, der im Mai zur Blüte kommt und damit den Frühlingsanfang und die Anbausaison einläutet. Moderne Heiden feiern das Frühlingsfest Beltane zwar am ersten Mai, doch in Irland wird es immer dann gefeiert, wenn sich am Vogelbeerbaum die ersten Blüten öffnen. In vergangenen Zeiten fertigte man aus Eschenholz auch Jagdspeere an, weshalb der Baum auch den Göttern Herne, Cernunnos und Lugh sowie den Göttinnen Artemis und der irischen Flidais heilig ist

Bei der traditionellen Herstellung eines Besens wird das Besenstroh mit einer Weidenrute gebunden und an den Eschenstiel genäht. An der Stelle, wo das Stroh den Stiel berührt, befindet sich eine Eichel. Aus magischer Sicht repräsentieren die Strohborsten des Besens den sexuellen Part der Frau, während der Eschenstiel den des Mannes verkörpert. Durch die Vereinigung entsteht neues Leben und die verborgene Eichel im Besenstroh steht für das fruchtbare Ei der Frau. In der Wicca-Tradition wird der Besen darum oft von einem Mädchen oder einer sehr jungen Frau (Maid genannt) benutzt, da diese nach Ansicht der meisten Wicca-Anhänger über das größte Potential zur Erschaffung von Leben verfügt.

Besonders Frauen können durch das Fegen des Kreises, wobei sie die fruchtbaren Energien des Besens deutlich spüren, ein ungeheures Gefühl der Magie und der Macht empfinden, allerdings kann ich aus eigener Erfahrung sagen, dass auch Männer diese Energie wahrnehmen. Viele moderne Heiden finden, dass das Fegen eines Ritualplatzes mit einem Besen negative Energien vertreibt, doch bei traditionellen Wicca-Anhängern ist das nicht das eigentliche Ziel: Durch das Fegen des Kreises wird die Energie der Fruchtbarkeit verteilt, die dann von der Gruppe genutzt wird, um Magie zu erzeugen.

Bei einem Wicca-Ritual bleibt das Vorrecht, den Kreis zu fegen, der Maid vorbehalten. Allerdings kann diese Aufgabe auch von einer älteren Frau oder einem Mann übernommen werden, besonders dann, wenn in der Gruppe keine geweihte junge Frau anwesend ist. In anderen heidnischen Traditionen darf jedes Mitglied die Aufgabe des Fegens übernehmen. Das Fegen ist eine der ersten rituellen Handlungen und es unterstützt die Verbindung zwischen den Mitgliedern eines

Kreises, denn das Definieren des Ritualplatzes durch das Fegen hilft ihnen dabei, sich zu konzentrieren. Der Kreis wird drei Male gefegt, und zwar in einer langsamen, kreisenden Bewegung entlang der äußeren Grenze. Die Anwesenden innerhalb des Kreises können einen Segen chanten oder ein Lied singen, während der Kreis gefegt wird.

Sobald der Kreis gefegt ist, wird der Besen am östlichen Rande des Kreises, der für Jugend und Geburt steht, auf den Boden gelegt. Manchmal behält die Maid den Besen auch in der Hand und hält ihn bereit, um bei bestimmten Aufgaben magische Energie für einen Zauber heraufzubeschwören: Normalerweise wird das durch Chanten und Tanzen bewirkt und die Maid chantet und tanzt dann mit dem Besen, was die Ausrichtung der Gruppenenergie unterstützt. Diese Praxis könnte ein Grund für das Bild sein, das sich in unser aller Geist eingeprägt hat: die Hexe auf dem Besen.

Einen Besen anschaffen

Wenn du dich in Besenmagie versuchen willst oder einfach nur einen Besen in deiner magischen Ausrüstung haben möchtest, musst du dir einen zulegen, ob du ihn nun kaufst oder selber herstellst. Wenn du handwerklich geschickt bist, kannst du dir selbst einen Besen bauen. Es gibt ein paar wirklich gute Anleitungen dazu im Internet und in ausgewählten Büchern. Ich kann dir wärmstens einen Aufsatz aus dem Jahr 1887 empfehlen, *Broomcorn and Brooms* (*Besenstroh und Besen*), der erst kürzlich in der Algrove Publishing's Classic Reprint Series wieder aufgelegt wurde.

Wenn du kein handwerkliches Geschick besitzt, gibt es auch sehr gute Bezugsquellen für traditionelle Ofenkehrbesen im Internet oder auf Handwerksmessen und Festivals. Ich persönlich habe mehrere Besen auf Renaissance Messen gekauft. Im Süden der USA, wo das Besenbinderhandwerk noch gepflegt wird, gibt es auch einige Handwerker, die Ofenkehrbesen herstellen. Wenn du Gelegenheit hast, selbst mit dem Handwerker zu sprechen, dann versichere dich, dass der Besen aus Besenstroh gemacht ist. Wenn er noch dazu einen Eschenstiel besitzt, umso besser. Wenn der Handwerker sich bereit erklärt, dir einen persönlichen Besen anzufertigen (was die meisten gern tun), dann bitte ihn, eine Eichel in der Verbindungsstelle zu platzieren. Vielleicht findest du ja selbst eine Eichel, die eine besondere Bedeutung für dich hat, und bringst sie dem Handwerker mit.

Den Besen einsegnen

Wenn dein herrlicher neuer Besen erst einmal in deinen Besitz übergegangen ist, solltest du ihn weihen. Hier also ein Ritual zur Weihe deines Besens. Wir werden dazu die Titelfigur unseres Märchens, Besenstielchen, imaginieren, deren starke Zauberkräfte und Wanderungen in der Unterwelt du bei der Vorbereitung auf das Ritual stets vor Augen haben solltest.

Halte deinen neuen Besen vor der Brust, schließe die Augen und spüre die Energie des Werkzeugs. Denke darüber nach, aus welchen Materialien dein Besen besteht und woher diese stammen: Das Besenstroh ist in der Erde gewachsen, der Eschenstiel war einmal ein Baum im Wald. Denke auch an die Arbeiter und Handwerker, die die Materialien geerntet und vorbereitet haben.

Strecke den Besen nun gen Osten, denke intensiv an Besenstielchen und ihre Zauberkraft und bitte die Luft und die Winde des Ostens um Energie und Freude.

Halte ihn dann in Richtung Süden und bitte das Feuer des Südens um Leidenschaft und Entscheidungskraft.

Halte ihn nun in Richtung Westen und bitte die Wasser dieser Himmelsrichtung um Empathie und Tiefe der Gefühle. Bitte hier auch um Mitgefühl und Zufriedenheit.

Danach hältst du den Besen in Richtung Norden und bittest die Erde, die der Norden symbolisiert, um Entschlossenheit, tiefe Weisheit, Ruhe und Frieden. Zuletzt hältst du ihn schweigend noch einmal Richtung Osten, um den Kreis zu vollenden.

Lege deinen Besen nun in die Mitte deines Kreises und mache dir bewusst, dass du eine große Verantwortung trägst und Magie nur für gute und richtige Zwecke einsetzen solltest. Bitte für diesen Vorsatz all diejenigen Kräfte und Mächte um Unterstützung, die dir hierfür einfallen.

Wenn du fertig bist, setze dich in den Osten und lege den Besen in deinen Schoß. Spüre seiner Energie nach und versuche, zu fühlen, inwiefern sich die Energie des Besens nach der Einsegnung verändert hat. Versuche, zu beschreiben, inwiefern er sich jetzt anders anfühlt; die Sensibilität dafür, wie Energien sich verändern, ist ein sehr wichtiger Bestandteil magischer Arbeit.

Wenn du fertig bist, bedanke dich bei den Göttern und Göttinnen und lösche die Kerze in der Mitte des Altars. Nun gehe mit deinem Besen in der Hand den Kreis ab und bedanke dich bei den Geistern des Ostens, des Südens, des Westens und des Nordens. Wenn du wieder im Osten angelangt bist, lege den Besen nieder und sage:

„Der Kreis ist aufgehoben, mein Wille geschehen."

Besenkunde

Neben seiner Verwendung zum Fegen eines Ritualplatzes ist der Besen auch ein uralter Fruchtbarkeitszauber. In einigen Teilen Europas und Afrikas wurden Besen lange Zeit als Symbol für Ehe und als Werkzeug bei Hochzeiten verwendet.

In Ghana wedelt man mit einem Besen über den Köpfen des Brautpaars hin und her, um ihnen Fruchtbarkeit in der Ehe zu bescheren. In Europa gehörte es lange Zeit zum Hochzeitsbrauch, über einen Besenstiel zu springen, ein Brauch, der sich bis in den Süden der USA durchgesetzt hat. „Über den Besenstiel springen" ist ein geflügeltes Wort für das Heiraten und bei europäischen Zigeunern sowie in walisischen und irischen Gemeinden war es im 19. Jahrhundert scheinbar ausreichend, über einen Besen zu springen, um als rechtmäßig verheiratet zu gelten. Einem Brauch zufolge heißt es, derjenige der beiden Frischvermählten, der nach dem Sprung zuerst den Boden berührt, werde im Haus fortan das Sagen haben.

Nach der Hochzeit hing das Paar den Besen über dem Ehebett auf, als Zauber für eine große Kinderschar. Wenn ein Paar schließlich alle Kinder hatte, die es sich einstmals gewünscht hatte, nahm es den Besen wieder herunter (allerdings genossen in diesen Gemeinden große Familien hohes Ansehen, weshalb es eher unwahrscheinlich war, dass ein Paar den Besen wieder fortnahm).

Für eine Bauernfamilie mag Fruchtbarkeit eine Menge Kinder bedeutet haben, für uns aber bedeutet sie auch schöpferische Kraft, Ideen für unsere Arbeit oder unsere Studien, Inspiration oder Wahrsagerei. Nun, da du einen Besen besitzt, schlage ein paar Haken oder Nägel in die Wand über deinem Bett und lege den Besen dort ab, wenn du ihn nicht gerade für ein Ritual benötigst. Wenn du dich mit irgendeinem Problem herumschlagen musst, wie zum Beispiel einer Idee für einen Aufsatz oder einen Bericht für die Arbeit, eine Entscheidung eine bestimmte Situation oder deine Beziehung betreffend oder wenn du Inspiration oder Führung brauchst, dann berühre den Besen, bevor du dich abends schlafen legst. Bitte den Besen um Führung und Weisheit. Während du langsam ins Reich der Träume hinüber gleitest, spüre die Energie des Besens über dir. Erlaube dem Werkzeug, dir dabei zu helfen, deine Antworten im Schlaf zu finden, dann solltest du beim Aufwachen eine geniale Idee haben oder die richtige Entscheidung kennen.

Kapitel 6

Aschenputtel – Wenn Wünsche wahr werden

Einem Mädchen stirbt die Mutter und der Vater verheiratet sich mit einer grausamen Frau, die zwei grausame Töchter hat. Darauf wird das halbverwaiste Mädchen auf den Status einer einfachen Hausdienerin herabgesetzt, doch es gibt die Hoffnung niemals auf. Geführt vom Geiste ihrer Mutter, nimmt sie die Hilfe eines verzauberten Baumes und die Führung eines Vogels in Anspruch, der Wünsche zu gewähren vermag. Am Ende wird sie zu der Person, die sie eigentlich sein sollte, und heiratet einen Prinzen. Wir werden ein Ritual zur Wunscherfüllung entwickeln, basierend auf der magischen Thematik des Baumes und des Vogels.

Zitate aus dem Märchen entstammen Hans Röllekes „Die wahren Märchen der Brüder Grimm" und den „Kinder- und Hausmärchen der Brüder Grimm".

Jeder, der den Namen Aschenputtel hört und mit Disney-Filmen aufgewachsen ist, wird sofort an die beiden zentralen Themen dieses Märchens denken: Eine gute Fee, die Wünsche erfüllt, und einen magischen Kürbis, der sich in eine Kutsche verwandelt und von Mäusen geführt und von Froschlakaien begleitet wird. Schaust du dir aber einmal das Märchen an, das die Grimms gesammelt haben, dann findet sich nicht ein einziges dieser Elemente in der Geschichte!

Die gute Fee fand durch andere traditionelle Überlieferungen ihren Weg in die Disney-Verfilmung. In dem ganz ähnlichen irischen Märchen „Fair, Brown and Trembling" ist es eine Henne, die Trembling ihren Wunsch gewährt, zu dem Fest zu gehen, während es in den Märchen aus Norwegen und Georgien eine Kuh ist, die dem Mädchen den Wunsch erfüllt. Es war Charles Perrault – dessen Sammlung französischer Märchen in den Märchenbüchern von Andrew Lang veröffentlicht wurde (der zudem jedem Märchen eine Moral hinzufügte) – der dem Aschenputtel eine Patin zur Seite stellt, wobei sie in unterschiedlichen Versionen einmal eine Fee ist und einmal eine ganz normale Frau.

Im Grimmschen Aschenputtel begegnen uns zwei wesentlich ältere Elemente: der weise Haselbaum und der prophetische Vogel, der unserer frommen Heldin zu Gerechtigkeit und Liebe verhilft.

„Aschenputtel“ beginnt mit dem Versprechen einer sterbenden Mutter. Die Mutter verspricht ihrer Tochter, dass sie sie auch nach ihrem Tode noch beschützen wird. Doch der Vater des Mädchens nimmt sich eine neue Frau und die Tochter muss nun mit zwei neuen Geschwistern zurechtkommen. Die Stiefschwestern drängen das Mädchen in die Rolle einer Dienerin. Es darf nicht mehr in einem richtigen Bett schlafen, sondern muss sich mit der Asche an der Feuerstelle begnügen. Da es stets von Asche bedeckt ist, wird es Aschenputtel genannt. Darüber hinaus haben die Schwestern die Angewohnheit, die Erbsen und Linsen des Mädchens in die Asche zu schütten, was im ersten Moment merkwürdig erscheint, später aber durchaus einen Sinn ergibt. Hab nur Geduld mit mir.

Eines Tages macht sich der Vater des Mädchens auf den Weg zum Markt und fragt die Mädchen, was er ihnen mitbringen soll. Die Stiefschwestern wollen teure Kleider und Schmuck. Doch Aschenputtel bittet seltsamerweise nur um ein Reis. Der Vater bringt jedem der Mädchen mit, worum es gebeten hat, und Aschenputtel pflanzt das Reis auf das Grab ihrer Mutter und begießt es mit seinen Tränen.

Nun folgt eine merkwürdige Szene: Jeden Tag sitzt Aschenputtel an dem Baum und jedes Mal erscheint ein Vogel und verspricht dem Mädchen, ihm zu schenken, was immer es begehrt.

Wie in der Disney-Version lädt der Königssohn zu einem Ball und auch die Stiefschwestern sind eingeladen. Sie sagen Aschenputtel, es müsse daheim bleiben, da es so schmutzig sei und nichts anzuziehen habe. Aschenputtel aber bettelt sehr und so stellt ihr die Stiefmutter eine Reihe scheinbar unlösbarer Aufgaben, wobei wiederum Linsen mit im Spiel sind. Aschenputtel erledigt die ihr aufgetragene Aufgabe mit Hilfe der Tauben aus ihrem Garten. Bereitwillig helfen die Tauben dem Aschenputtel auch bei den noch schwierigeren Aufgaben, doch die Stiefmutter bricht jedes Mal ihr Wort und verwehrt Aschenputtel die Erlaubnis, mit auf den Ball zu kommen.

Das einfallsreiche Mädchen bittet den Vogel im Haselbaum um ein Kleid und es gelingt ihm, sich hübsch zu machen. Wie im Zeichentrickfilm hat der Prinz nur Augen für sie und ist ganz verzaubert. Doch anders als im Film muss Aschenputtel jeden Abend eine neue List ersinnen, um dem Prinzen zu entkommen; zuerst versteckt es sich in einem Taubenhaus, dann in einem Birnbaum. In der dritten Nacht schließlich stellt der Prinz ihm eine Falle und bestreicht die Stufen der Treppe mit Pech. Als sie davonläuft, bleibt ihr Schuh kleben und der Prinz begibt sich auf die berühmte Suche nach der Jungfrau, deren Fuß in diesen Schuh passt.

Als er zum Haus der drei Mädchen gelangt, darf jede der Stiefschwestern den Schuh anprobieren. Beide machen sie sich Hoffnungen auf den Prinzen, doch der Schuh ist jeder von ihnen zu klein. Jede schneidet ein Stück von ihrem Fuß ab, damit der Schuh doch noch passt, doch der Schuh füllt sich mit ihrem Blut. Trotzdem reitet der Prinz nacheinander mit beiden Mädchen in dem Glauben davon, die rechte Braut gefunden zu haben. Beide Male muss er am Haselbaum vorbei. Im Haselbaum sitzen zwei Täubchen, die ihm verraten, dass er das falsche Mädchen bei sich hat. Die Vögel verkünden dem Prinzen, dass er die richtige Schwester noch nicht gefunden hat: „Rucke di guck, rucke di guck, Blut ist im Schuck, der Schuck ist zu klein, die rechte Braut sitzt noch daheim."

Da kehrt der Prinz zum Haus der Mädchen zurück und fragt, ob es noch eine dritte Tochter gibt. Der Vater streitet ab, eine weitere Tochter zu haben, da wäre nur „noch ein kleines, garstiges Aschenputtel." Der Prinz besteht darauf, dass auch sie den Schuh anprobiere und als dieser perfekt an ihrem Fuß sitzt, erkennt der Prinz in ihr das Mädchen vom Ball wieder.

Als der Prinz mit Aschenputtel davonreitet, versichern ihm auch die Täubchen im Haselbaum, dass er nun die Richtige hat: „Rucke di guck, rucke di guck, kein Blut im Schuck, der Schuck ist nicht zu klein, die rechte Braut, die führt er heim" und setzen sich auf Aschenputtels Schulter. Auch bei der Hochzeit sind die Täubchen zugegen und als die Stiefschwestern an Aschenputtels Seite erscheinen, picken sie ihnen die Augen aus.

In der Grimmschen Version vom „Aschenputtel" entdecken wir einen wahren Schatz wesentlich älterer Feenkunde und Mythen. Nehmen wir uns die Zeit, uns jedes dieser zuweilen recht komplexen Elemente einmal näher anzuschauen.

Verwaist und ausgesetzt

Wie viele andere Märchen der Gebrüder Grimm beginnt auch diese Geschichte mit einem verwaisten Kind. Das verwaiste oder ausgesetzte Kind ist uns bereits aus anderen Märchen vertraut, zum Beispiel aus „Schneewittchen", deren Mutter kurz nach deren Geburt stirbt, aus „Hänsel und Gretel" oder dem weniger bekannten Märchen „Brüderchen und Schwesterchen", das ganz ähnlich beginnt wie „Hänsel und Gretel". Das Motiv spielt in den Grimmschen Märchen eine so wichtige Rolle, das es sogar über menschliche Waisen hinausgeht: In „Die Bremer Stadtmusikanten" sind es vier Tiere, die ausgesetzt werden und sich fortan allein durchschlagen müssen.

Es gibt viele Gründe dafür, dass Geschichten über ausgesetzte Kinder so weit verbreitet sind. Zum einen geschieht es tatsächlich. Im Mittelalter litt die europäische Bevölkerung sowohl unter katastrophalen Hungersnöten als auch grausamen Kriegen und Kinder verloren dabei nicht selten ihre Eltern und ihr Zuhause. Das geschah im Laufe der Jahrhunderte wieder und wieder. Dickens Oliver Twist und Hugos Cosette waren ebenfalls verwaiste Opfer von Krieg und Armut und das liegt weniger als zwei Jahrhunderte zurück. (Und in dem Moment, da ich dieses Buch schreibe, werden durch die Kriege in Afghanistan, im Irak und in Somalia neue Waisen geschaffen.) Diese Kinder berühren unsere Herzen. Wir empfinden Mitleid mit der Heldin oder dem Helden – einem armen, hilflosen Kind, das ganz allein ist. Wir wünschen uns, dass diese Figuren über ihre Umstände hinauswachsen und ihren Einfallsreichtum und ihren Mut unter Beweis stellen – ein Wunsch, den uns die kleinen Heldinnen und Helden auch immer erfüllen. Wir wollen, dass diese Kinder triumphieren, dass sie die Not überwinden und Gerechtigkeit bekommen.

Aschenputtel ist nicht ganz allein. Sie hat noch ihren Vater, der, wie uns das Märchen verrät, sehr wohlhabend ist. Doch sobald die Geschichte sich entwickelt, hören wir nur noch sehr wenig von ihm. Tatsächlich lässt er sie von dem Augenblick an im Stich, da er wieder heiratet. Er unternimmt rein gar nichts, um seine Tochter zu verteidigen, als die beiden Stiefschwestern sie misshandeln. An einer Stelle spricht er von ihr: „nur von meiner verstorbenen Frau ist noch ein kleines, garstiges Aschenputtel da." Da drängt sich doch das Gefühl auf, dass der Mann für seine Tochter kein bisschen Liebe übrig hat (und seinen Worten nach scheint er sogar Zweifel daran zu hegen, ob Aschenputtel überhaupt seine leibliche Tochter ist). Doch am Ende der Geschichte, als die diversen Bösewichte (Stiefschwestern und Stiefmutter) ihrer gerechten Strafe zugeführt werden, wird Papi noch nicht einmal erwähnt.

Papi ist nichts weiter als ein Gespenst; das arme Aschenputtel ist ein Opfer der Umstände, allein gelassen mit einer sehr realen Misshandlung und niemand da, der sie beschützt oder sich für sie einsetzt. Niemand, außer ihrer toten Mutter, die ihr auf dem Sterbebett versprochen hatte, auch nach ihrem Tod noch für sie da zu sein: „Einem reichen Manne wurde seine Frau krank und als sie fühlte, dass ihr Ende herankam, rief sie ihr einziges Töchterlein zu sich ans Bett und sprach: ‚Bleib fromm und gut, so wird dir der liebe Gott immer beistehen und ich will vom Himmel herab auf dich blicken und um dich sein.'"

Eine weitere Tatsache zur Eröffnung der Geschichte: Wir erfahren zu keiner Zeit Aschenputtels wirklichen Namen. Überhaupt bekommen wir nur sehr wenig Informationen über sie; im Gegensatz zu Schneewittchen, von der es heißt, sie sei „so weiß wie Schnee, so rot wie Blut und so schwarz wie Ebenholz“, oder zur Räuberbraut, von der wir wissen, dass sie „wunderschön“ ist, oder auch zu Rotkäppchen, deren Garderobe wir ziemlich gut kennen, erfahren wir am Anfang der Geschichte so gut wie gar nichts über Aschenputtel, außer dass ihr Vater reich, ihre Mutter gestorben und sie selbst „fromm“ ist. Ein Beispiel für ihre Frömmigkeit gibt uns die Tatsache, dass sie jeden Tag das Grab ihrer Mutter besucht, während Papi vermutlich anderen Frauen nachsteigt.

Die böse Stiefmutter betritt die Bühne

Papis Flirts machen sich schließlich bezahlt: „Der Schnee aber deckte ein weißes Tüchlein auf das Grab und als die Sonne es wieder herabgezogen hatte, nahm sich der Mann eine andere Frau.“ Diese Frau bringt zwei eigene Töchter mit in die Ehe und wie wir nur zu gut wissen, beginnen die beiden Stiefschwestern auf der Stelle damit, Aschenputtel zu schikanieren.

Das Motiv des (oftmals misshandelnden) Stiefelternteils und der Stiefgeschwister begegnet uns in vielen Überlieferungen. Gwion Bach wird von seiner Ersatzmutter, Cerridwen, gejagt und aufgefressen. Im griechisch-römischen Mythos um Amor und Psyche hasst Amors Mutter Venus Psyche für deren Schönheit und verflucht sie. Doch Amor verliebt sich in das Mädchen und versteckt es in einem Schloss, um es vor seiner eifersüchtigen Mutter zu beschützen. (Durch Amors Vereinigung mit Psyche wird Venus zu deren Schwiegermutter.)

Auch in Volksballaden muss man nicht weit suchen, um auf dasselbe Motiv der bösen Stiefmutter zu stoßen. In der schottischen Ballade „Willie's Lady“ kann Willies Mutter dessen neue Braut nicht leiden und verflucht sie, so dass die Schwangere auf immer in Wehen liegen, aber niemals gebären soll. Willie muss also einen Weg finden, den Fluch aufzuheben, bevor seine Frau in den Wehen stirbt. In einer anderen schottischen Ballade „The Famous Flower of Serving Men“ hegt die Mutter einer jungen Edelfrau eine Abneigung gegen deren Ehemann und schickt des Nachts ein paar Halsabschneider los, die ihre Familie töten sollen:

My Mother did me deadly spite
For she sent thieves in the dead of night
They killed my Lord, they slew my babe
They made their sport and went their way

Meine Mutter tat mir ein tödliches Leid
Im Dunkel der Nacht schickte sie Diebe aus
Die töteten meinen Gemahl und auch mein Kind
Feierten ihr Schlachtefest und verschwanden wieder

(traditionell)

Nach diesen traumatischen Ereignissen schneidet sich die junge Frau die Haare ab und gibt sich als Mann aus:

I cut my locks and I changed my name
From Fair Eleanor to Sweet William
I went to court to serve my King
As the famous flower of serving men

Ich schnitt ab mein Haar und änderte meinen Namen
Aus der schönen Eleanor wurde der süße William
Meinem König zu dienen ging ich an dessen Hof
Und wurde die berühmte Blume unter seinen Dienern

Am Hofe wird sie bald zum Liebling des Königs. Da sie ein schöner junger Soldat ist, trägt sie den Titel dieses Liedes fortan als Spitznamen. Irgendwann erfährt der König, dass sie eigentlich eine Frau ist und verliebt sich in sie. Da erzählt sie ihm ihre Geschichte und bittet ihn, ihre Mutter für ihre bösen Taten töten zu lassen.

Unsere Märchen strotzen nur so vor argwöhnischen, nachlässigen, grausamen Eltern: Eltern, die ihre Kinder verhungern lassen („Hänsel und Gretel", „Brüderchen und Schwesterchen"), Eltern, die ihre Kinder unbeaufsichtigt im Wald herumlaufen lassen („Rotkäppchen") und schließlich auch noch Eltern oder Stiefeltern, die ihren Kindern nach dem Leben trachten („Schneewittchen").

Warum begegnen uns diese Themen immer wieder in Märchen? Warum reagieren wir auf eine Geschichte über einen nachlässigen oder mörderischen Elternteil? Was haben wir eigentlich davon?

Zunächst einmal lauert in jedem Kind eine tief sitzende Urangst, seine Eltern könnten es eines Tages im Stich lassen oder sich nicht mehr um es kümmern. Kinder sind von der Fürsorge ihrer Eltern vollkommen abhängig und die Angst, die Liebe und Sorge ihrer Eltern zu verlieren, ist nichts weniger als eine Todesangst, die Teil unseres Überlebensinstinkts ist. Alle Kinder wissen tief in ihrem Innern, dass sie sterben würden, wenn ihre Eltern sich plötzlich nicht mehr um sie kümmerten. Und auch wenn die meisten Kinder rational durchaus wissen, dass ihre Eltern sie lieben, so taucht jene irrationale Angst doch hin und wieder auf, wie es nun einmal die Art von irrationalen Ängsten ist.

Kinder fürchten sich auch davor, dass ihre Eltern sie in der Obhut eines nicht vertrauenswürdigen Menschen lassen (einer „bösen Stiefmutter“). Ein Babysitter oder ein anderes Familienmitglied wäre vielleicht nicht so eifrig darauf bedacht, ihre Bedürfnisse zu befriedigen, wie es die eigenen Eltern wären. Vielleicht würde er sich auch überhaupt nicht um das Kind kümmern. Wir alle rutschen auf unseren Stühlen vor bis zur Kante, wenn wir im Film Zeuge werden, wie ein nichts ahnender Babysitter über Kopfhörer Musik hört oder mit der Freundin rumknutscht, während im Nebenzimmer das Leben des Kindes bedroht ist.

Und was, wenn die Eltern sterben würden? Wer würde sich dann um das Kind kümmern?

Kinder sind in der Lage, diese Ängste zu verarbeiten, wenn sie in Märchen damit konfrontiert werden und mit den kindlichen Helden mitfühlen, die letztlich ihre Notlagen überwinden und am Ende den Sieg davontragen. Die Tatsache, dass Schneewittchen oder Hänsel und Gretel ihrer Not ein Ende bereiten können, ist ein Trost für das Kind. Nur für den Fall, dass ihm einmal etwas Ähnliches geschehen sollte, wüsste es, dass es ebenfalls heil aus der Geschichte rauskäme.

Ein Thema, das sich durch alle diese Märchen hindurch zieht, ist der Gedanke, dass die Heldin irgendwie an den falschen Platz geraten ist, sie wurde von ihrem rechtmäßigen Platz verdrängt und ist ohne eigene Schuld zu einem Opfer des Schicksals geworden. Aschenputtel sollte eigentlich die fröhliche, verwöhnte Tochter einer liebevollen Mutter und eines reichen Vaters sein, doch das Schicksal hat sie der Gegenwart ihrer Mutter und der Liebe des Vaters beraubt. Die Position im Leben, die eigentlich ihr bestimmt war, nehmen nun unverdientermaßen die Stiefschwestern ein. Gleiches lässt sich auch über Schneewittchen sagen: Sie hätte die geliebte Tochter ihres Vaters sein sollen, doch die Eifersucht der Mutter wusste dies zu verhindern. Die Mutter war besessen von dem Gedanken, selbst Schneewittchens Platz im Herzen des Vaters einzunehmen und so wurde Schneewittchen im Wald ausgesetzt und der Willkür von Frau Fortuna überlassen.

Der böse Stiefelternteil oder das böse Stiefgeschwister ist jedoch mehr als einfach nur ein schlechter Mensch: Er ist der Überbringer der Grausamkeit des Schicksals und spielt nur seine Rolle in einer großen Tragödie, in der die Hauptfigur ausruft: „Das ist ein Fehler, so sollte das eigentlich nicht sein“, doch aufgrund der Rolle, in die sie durch den Stiefelternteil geraten ist, schenkt ihr niemand mehr Glauben. Ihr Aufschrei bleibt ungehört und die Welt dreht sich weiter, der grausigen Wende der Ereignisse zum Trotz.

Um diesen kosmischen Fehltritt zu korrigieren, muss die Heldin die Thronräuber – im Falle von Aschenputtel also die Stiefschwestern – besiegen und damit ihr Geburtsrecht zurückfordern. Dieses Thema wiederholt sich wieder und wieder in der Mythologie. Jeder Held muss den falschen Erben seiner eigenen rechtmäßigen Position besiegen oder zerstören. Zeus muss seinen Vater Kronos töten, um seinen Platz als König der Götter des Olymp einnehmen zu können; Artus muss sich erst beweisen, indem er das Schwert aus dem Stein zieht, bevor er Uther Pendragon als König über Britannien ersetzen kann. Moses muss seinen Adoptiv-Vater, den Pharao, verlassen, um sich seinem wahren Vater, Jehova, zuzuwenden und König der Hebräer zu werden. Im modernen Mythos Star Wars muss sich Luke Skywalker seinem bösen Vater, Darth Vader, stellen, um der Galaxie den Frieden wiederzubringen und dem Titel des Jedi-Ritters ein rechtmäßiger Erbe zu sein.

In jeder dieser Geschichten wird einem Charakter sein oder ihr rechtmäßiger Titel vorenthalten und er oder sie muss ihn sich wiederholen, indem er oder sie den „Thronräuber" verdrängt. Kinder haben manchmal solche Ängste, vor allem, wenn die Familie ein weiteres Kind bekommt. Ein Kind fragt sich dann manchmal: Ob mich meine Eltern wohl noch lieben werden, wenn das Baby erst einmal da ist? Ob sie sich noch um mich kümmern werden? Jüngere Geschwisterkinder streiten sich um Spielzeuge, um ihren Platz im Haus, um die Aufmerksamkeit von Eltern, Großeltern und Freunden; ältere Geschwister wetteifern miteinander um romantische Aufmerksamkeit oder auch um Ressourcen (Essen, Freunde, das Auto, der Fernsehkanal). In jedem dieser Fälle sind die Kinder der Ansicht, sie hätten etwas verdient, was der andere ihm weggenommen hat.

Im mythischen Sinne muss die Heldin zunächst mit dem Schicksal kämpfen, ehe sie zurückbekommt, was rechtmäßig ihr gehört. Dieses Gefühl ist uns allen sehr vertraut. Du kannst jeden beliebigen Buchhalter oder jede Anwaltsgehilfin fragen und er oder sie wird dir erzählen, dass er oder sie ja eigentlich zum Astronauten, zum Rockstar oder zum Rennfahrer geboren ist. Und selbst Astronauten, Rockstars und Rennfahrer haben mit den „Fallstricken des Schicksals" zu kämpfen. Krankheit, Schicksalsschläge und Kriege lassen auch den erfolgreichsten Menschen nicht unberührt. Über derlei Dinge scheinen wir einfach keine Kontrolle zu haben. Denken wir nur an Lance Armstrongs Kampf gegen den Krebs oder noch ein bisschen weiter zurück an das oft grauenhafte Leben des Charles Lindbergh, dem „Rockstar" aller Abenteurer, dessen Kind man entführt und umgebracht hat. Wir haben Hochachtung vor dem Helden, der auch über die mächtigsten Gesteinsbrocken noch hinweg steigt, die das Schicksal ihm in den Weg gelegt hat. Und darum feuern wir auch Aschenputtel an, denn wir wissen, dass auch uns jederzeit ein solches Schicksal treffen kann.

Erbsen und Linsen

Schauen wir uns an, womit Aschenputtel Tag für Tag zu kämpfen hat. Wir erfahren, dass sie in der Asche neben dem Herd schlafen muss und daher hat sie auch ihren Namen: Da wir ihren eigentlichen Namen nicht kennen, benennen wir Aschenputtel nach dem Beweis ihrer Demütigung. Im weiteren Verlauf der Geschichte erfahren wir mehr über die Misshandlungen, die sie tagtäglich erdulden muss: Immer ist sie staubig und schmutzig, weil man sie zwingt, in der Asche zu schlafen, und immer, wenn sie am Familienleben teilhaben möchte, sagt man ihr, das sei ausgeschlossen, weil sie ja so staubig und schmutzig sei.

Eine Verhöhnung, mit der sie scheinbar von allen Mitgliedern ihrer neuen Familie bedacht wird, ist das Ausschütten ihrer Erbsen und Linsen, beides essbare Samen. Spannend ist, wie die Grimmsche Version dieses Märchens den Leser immer wieder auf die Linsen aufmerksam macht. Schon am Anfang der Geschichte heißt es: „Dabei taten ihm die Schwestern alles Herzeleid an, spotteten es und schütteten ihm die Erbsen und Linsen in die Asche, so dass es sitzen und sie wieder auslesen musste." An späterer Stelle muss sie auch die Stiefmutter besänftigen, indem sie Linsen aus der Asche liest: „Als es noch weiter bat, sprach sie endlich: ‚Ich will dir eine Schüssel Linsen in die Asche schütten und wenn du die in zwei Stunden wieder ausgelesen hast, so sollst du mitgehen.'" Diese Szene wiederholt sich, als die Stiefmutter Aschenputtel ihre Bitte, mit zum Fest gehen zu dürfen, erneut abschlägt.

Den Grund für diese seltsame Szene erfahren wir zu einem relativ frühen Zeitpunkt in der Erzählung, als der Vater zur Messe fährt. Er fragt jedes Kind, was er ihm mitbringen soll. Die Stiefschwestern wollen Kleider und Schmuck, doch Aschenputtel sagt nur: „Vater, das erste Reis, das euch auf eurem Heimweg an den Hut stößt." Merkwürdig, um so etwas zu bitten, oder? Allerdings erfahren wir gleich darauf, dass das erste Reis, das dem Vater an den Hut stößt, ein Haselzweig ist. Den bringt er der vernachlässigten Tochter und diese pflanzt ihn auf das Grab ihrer Mutter und begießt ihn mit ihren Tränen.

... und Haselzweige

Der europäischen Folklore zufolge ist die Haselnuss ein äußerst mächtiger Baum, der für Prophetie und weisen Rat zurate gezogen wird. In einer Legende heißt es: Wenn man sich etwas wünscht und dabei ein „Nusskäppchen" aus Haselnusszweigen auf dem Kopf trägt, wird der Wunsch sich erfüllen. Zum Wünschelrutengehen, einer sehr erfolgreichen Methode, um unterirdische Wasserquellen aufzuspüren, benutzt man ebenfalls Haselnusszweige. In England lautet eine andere Bezeichnung für Halloween „Nutcrack Night". An diesem Abend benutzt man Haselnüsse für einen Zauber, der einem den künftigen Ehegatten enthüllt (ganz ähnlich dem Zauber, den das Mädchen in Keats' „Sankt Agnes-Abend" anwendet).

Die Hasel bietet auch mächtigen Schutz vor Feen. In einem irischen Märchen wird eine junge Frau von Feen entführt. Die Wechselbalg-Frau instruiert ihren Mann, einen Haselzweig mitzubringen und damit auf das Pferd zu schlagen, auf dem sie während des wilden Ritts der Feen über einen Fluss reitet. Daraufhin fällt sie vom Pferd und ist frei von der Macht, die die Feen über sie haben.

In den Überlieferungen der Druiden wird die Hasel *coll* genannt, der Baum der Weisheit. Einem irischen Mythos zufolge verspeiste einmal ein Lachs, der in einem See lebte, neun Haselnüsse, die von einem Baum, der am Ufer stand, ins Wasser gefallen waren. Jede Nuss wurde zu einem Punkt an den Seiten des Lachses. Um sich die Weisheit des Baumes einzuverleiben, wollte ein Eremit den Lachs verspeisen und befahl dem Jungen Finn McCool, den Lachs für ihn zu kochen. Doch Finn verbrannte sich beim Kochen des Lachses versehentlich den Finger an dem Tier und steckte sich den Finger instinktiv in den Mund. Und so erlangte er und nicht der Eremit die Weisheit des Lachses (wieder ein Mythos, in dem ein Kind einen falschen Erben, nämlich den Eremiten, besiegt, um seinen rechtmäßigen Anspruch durchzusetzen und die Weisheit des Haselbaumes zu erlangen). Vielleicht ist das auch der Grund für Finns Nachnamen McCool oder Mac (Sohn) des Coll (der Hasel).

Da zu Zeiten der Gebrüder Grimm die meisten Geschichtenerzähler in Deutschland Christen waren, wurden im Laufe der Zeit die heidnischen Elemente zur Zauberkraft der Hasel durch christliche Elemente ersetzt. Hier ein Märchen über den Haselbaum, das die Grimms selbst in den deutschen Wäldern gesammelt haben:

> Eines Nachmittags hatte sich das Christkind in sein Wiegenbett gelegt und war eingeschlafen, da trat seine Mutter heran, sah es voll Freude an und sprach „Hast du dich schlafen gelegt, mein Kind? Schlaf sanft, ich will derweil in den Wald gehen und eine Handvoll Erdbeeren für dich holen; ich weiß wohl, du freust dich darüber, wenn du aufgewacht bist." Draußen im Wald fand sie einen Platz mit den schönsten Erdbeeren, als sie sich aber herab bückt, um eine zu brechen, so springt aus dem Gras eine Natter in die Höhe. Sie erschrickt, lässt die Beere stehen und eilt hinweg. Die

> Natter schießt ihr nach, aber die Mutter Gottes, das könnt ihr denken, weiß guten Rat, sie versteckt sich hinter eine Haselstaude und bleibt da stehen, bis die Natter sich wieder verkrochen hat. Sie sammelt dann die Beeren, und als sie sich auf den Heimweg macht, spricht sie „Wie die Haselstaude diesmal mein Schutz gewesen ist, so soll sie es auch in Zukunft andern Menschen sein." Darum ist seit den ältesten Zeiten ein grüner Haselzweig gegen Nattern, Schlangen, und was sonst auf der Erde kriecht, der sicherste Schutz.[15]

Eine weitere Haselbaumgeschichte mit biblischem Hintergrund erzählt, dass Adam nach dem Sündenfall gesagt wurde, er könne jedes beliebige Tier erschaffen, indem er mit einer Haselrute das Meer berühre. Adam erschuf ein Schaf. Danach war Eva dran und sie erschuf einen Wolf, der Adams Schaf verschlang. Daraufhin erschuf Adam einen Hund, der den Wolf im Zaum hielt, so dass die Ordnung wieder hergestellt war. Auch in dieser Geschichte begegnet uns das Thema des falschen Erbens und der Rechtmäßigkeit: Adam möchte Tiere erschaffen, die in Harmonie mit dem Menschen leben können. Doch um das zu bewerkstelligen, muss er Evas Versuche, Tiere zu erschaffen, die domestizierte Tiere fressen würden, zunichtemachen. Mit dem Hund erobert sich Adam seinen Platz als Gebieter des Viehbestandes zurück. In Anlehnung an diese Geschichte wird bis heute der Hirtenstab traditionell aus Haselnussholz gefertigt.

Aschenputtel nun weiß irgendwoher, dass ihr Vater ihr ein Haselreis heimbringen wird und ebenso weiß sie, dass sie es auf das Grab ihrer Mutter pflanzen muss. Die Nüsse des Haselbaumes werden ihr Weisheit verleihen; das spiegelt sich auch in den anderen Samen, die sie auflesen muss, Erbsen und Linsen. Sie alle sind Symbole für Aschenputtels Potenzial, sich von ihrem schlimmen Schicksal zu befreien und in einem Leben zu „erblühen", für das sie geboren wurde. In seinem Buch *Die weiße Göttin* schreibt Robert von Ranke-Graves: „Die Nuss ist in der keltischen Sage stets ein Symbol für konzentrierte Weisheit: etwas Süßes, Festes und Nährendes, eingeschlossen in eine kleine harte Schale."[16] Eben diese Bedeutung hat die Nuss auch in den Volkserzählungen ganz Europas inne.

Alle drei Samen – Erbsen, Linsen und Haselnüsse – deuten auf das Potenzial Aschenputtels hin bzw. auf den Kern (Samen) ihres Wesens, das in den rechtmäßigen Platz in ihrem Leben hineinwachsen muss. Samen ruhen unter der Erde, in der Unterwelt, und wachsen durch das Erdreich hinaus in unsere Welt: Jedes Jahr werden wir erneut Zeuge dessen, wie die Welt nach dem Winter (Tod) wiedergeboren wird und die Pflanzen zu sprießen und Leben hervorzubringen beginnen. Das Bild der Linsen in der Asche lässt vermuten, dass Aschenputtels Leiden sie nur noch entschlossener, noch kompetenter werden lässt. Auch entspricht es dem Bild des Phönix, der aus der Asche seines eigenen Feuers wieder aufsteigt.

Nun zu den Vögeln

Sobald das Haselreis auf das Grab der Mutter gepflanzt ist, lassen sich Vögel darin nieder und beginnen, Aschenputtels Wünsche zu erfüllen. Die Anzahl der Vögel im Baum scheint sich ständig zu verändern; zunächst ist es nur ein einzelner Vogel: „... und allemal kam ein Vögelein auf den Baum und gab ihm, was es sich wünschte." Später dann helfen ein paar Tauben dem Aschenputtel, die Linsen aus der Asche zu lesen. Als Aschenputtel jedoch den ihm bestimmten Platz einnimmt und zum Schloss des Prinzen reitet, heißt es: „Als sie an dem Haselbäumchen vorbei kamen, riefen die zwei weißen Täubchen ... Und als sie das gerufen, kamen sie beide hergeflogen und setzten sich dem Aschenputtel auf die Schultern, eine rechts, die andere links, und blieben da sitzen." Wir fragen uns also weiterhin, wie viele Vögel denn nun eigentlich in diesem Baum sitzen.

Der Grund dafür, weshalb die Zahl der Vögel ständig variiert, liegt an der Art der Vögel, die jeweils am Werke sind. Wir haben es nicht mit gewöhnlichen Vögeln zu tun, sondern mit verzauberten.

Verzauberte Vögel begegnen uns immer wieder in der europäischen Folklore. In „Hänsel und Gretel" haben wir einen gesehen. In russischen Märchen ist oft die Rede von einem verzauberten Vogel namens Sirin. In diesen Märchen heißt es, dass nur Heilige das Lied der Sirin verstehen könnten: Jeder andere würde davon in den Wahnsinn getrieben und auf der Stelle sterben. Hier spiegelt sich die Fähigkeit unseres frommen Aschenputtels wider, mit Vögeln zu sprechen. In dem französischen Märchen vom „Yann Rotkehlchen", geht ein Mädchen namens Weißdörnchen eines schönen Morgens im Mai völlig nackt in einem Feld spazieren und tritt dabei auf eine bestimmte Pflanze (was uns an Aschenputtels Haselbaum erinnert). Von diesem Augenblick an kann sie die Sprache eines verzauberten Vogels verstehen, der ihr hilft, das Vermögen zurückzuerlangen, das ihrer Familie vorenthalten wurde (also ganz ähnliche Umstände wie in unserer Geschichte).

Wie Eden oder Avalon hat sich Aschenputtel am Grab ihrer Mutter einen sicheren Hafen im Schatten der Hasel geschaffen, die ihr Weisheit verleiht, und wird beschützt von dem Vogel, der ihre Wünsche erfüllt. Wir erfahren, dass sie diesen kleinen Garten Eden drei Mal am Tage aufsucht, um dort zu beten (ein Hinweis auf ihre Frömmigkeit). Es ist ein Rückzugsort für Aschenputtel, aber er steht auch für die Unterwelt. An diesem verwunschenen Platz ist das Mädchen alles andere als ein „kleines, garstiges Aschenputtel". Hier wird sie von den Vögeln, ihrer Mutter, dem Baum und von ihrem Gott als die wahre Erbin der Stellung ihrer Mutter in der Welt erkannt. Hier kann sie mit der Unterwelt (symbolisiert durch die Haselnüsse und die Erbsen und Linsen) in Kontakt treten, wo sie die Unterstützung bekommt, die sie braucht, um ihren rechtmäßigen Platz wieder einzunehmen.

Gleich im nächsten Absatz erfahren wir, dass der König einen Ball gibt. Wir wissen, dass dies die Möglichkeit für Aschenputtel ist, ihren rechtmäßigen Platz zurückzuerobern. Die Stiefschwestern bekommen eine Einladung, doch wie wir erst an späterer Stelle erfahren, weiß der Prinz noch gar nichts von Aschenputtels Existenz, weshalb sie auch keine Einladung erhält. Unerschrocken bittet sie dennoch um Erlaubnis, mitgehen zu dürfen, was ihr Schelte seitens der Stiefmutter einbringt: „‚Du Aschenputtel', sprach sie, ‚bist voll Staub und Schmutz und willst zur Hochzeit? Du hast keine Kleider und Schuhe und willst tanzen!'" Hier haben wir ein Beispiel für die verdrehte Logik des Unterdrückers: Aschenputtel ist nur deshalb staubig und schmutzig, weil ihre Stiefmutter und Stiefschwestern sie dazu gezwungen haben, um sie von ihrem rechtmäßigen Platz zu drängen; jetzt benutzen sie ihre Misere, die sie selbst verschuldet haben, als überaus logische Rechtfertigung dafür, sie auszuschließen.

Doch wie die Linsen in der Asche ist auch Aschenputtel abgehärtet. Das wird deutlich durch die Aufgabe, welche ihr von der Stiefmutter gestellt wird: Wenn sie es schafft, in einer bestimmten Zeit die Linsen aus der Asche zu lesen, die die Stiefmutter dort hineingeschüttet hat, darf sie die Schwestern zum Ball begleiten.

Nun erleben wir eine Szene, wie sie sich zwischen einem Heiligen und einer Sirin abgespielt haben könnte: Aschenputtel ruft die verzauberten Vögel zu Hilfe und diese picken im Handumdrehen die Linsen aus der Asche. Die eigentliche Feenhaftigkeit der Vögel wird noch weiter verdeutlicht durch die Tatsache, dass die Vögel die Linsen nicht essen, wie es jeder normale Vogel tun würde. Sie haben eine Aufgabe zu erfüllen und wissen genau, dass die Linsen zu Aschenputtels Erlösung beitragen.

Aber auf Stiefmutti kann man sich leider nicht verlassen, sie bricht ihr Versprechen, wie wir bereits geahnt haben. Das rechtschaffene Aschenputtel hat sein Können unter Beweis gestellt, doch wieder wird ihm sein angemessener Lohn verwehrt.

Das Verhalten der Stiefmutter könnte eine verschleierte Anspielung auf die biblische Geschichte des Petrus sein, der in Johannes 13 von Christus gewarnt wird, dass er seinen Erlöser dreimal verleugnen wird. Petrus versichert Jesus, dass er das nicht tun wird, doch als ihn die römischen Wachen umzingelt haben, verhält er sich genauso, wie Jesus es vorhergesagt hatte. Als Petrus Jesus zum dritten Mal verleugnet, kräht ein Hahn, wodurch die prophetische Natur der Vögel betont wird, deren Zeuge wir auch in unserer Geschichte werden. Die Stiefmutter verleugnet den Gott der Bibel, indem sie dem frommen Aschenputtel eine Belohnung verspricht und ihre Versprechen dann, genau wie Petrus, bricht. Und wie der Hahn in der Bibel sind hier die Tauben Zeugen des Verrats durch die Stiefmutter.

Als die Stiefmutter ihr Versprechen gegenüber Aschenputtel schließlich mehrfach gebrochen hat (wir wollen uns vorstellen, dass es in der ursprünglichen Version des Märchens drei Male waren), geht das unglückselige Mädchen in ihren kleinen Garten Eden. Dies ist eine ganz andere Szene als die aus der Disney-Version, die wir alle so gut kennen: Im Zeichentrickfilm gibt Aschenputtel einfach auf, setzt sich hin und weint. Ihre Tränen rufen eine Fee herbei, eine Patin, die dem Mädchen ihre Hilfe anbietet. Die Moral daraus scheint zu sein: Wenn du etwas nicht schaffst, setz dich hin und heule, dann wird dir schon jemand helfen.

Auf zum Ball: Tauben und Birnen

Unsere wahre Heldin jedoch ist kein solcher Waschlappen. Getreulich hat sie das Grab ihrer Mutter gepflegt und dort ihren Haselgarten gepflanzt. Jetzt nimmt sie die Dinge selbst in die Hand, denn sie weiß, dass die verzauberten Vögel ihre Verbündeten sind:

„Als nun niemand mehr daheim war, ging Aschenputtel zu seiner Mutter Grab unter den Haselbaum und rief: ‚Bäumchen rüttel dich und schüttel dich! Wirf Gold und Silber über mich!' Da warf ihm der Vogel ein golden und silbern Kleid herunter und mit Seide und Silber ausgestickte Pantoffeln."

Bemerkenswert ist, dass sie sich nicht direkt an den Vogel wendet, sondern an den Baum. In Fabeln werden wir oft davor gewarnt, uns Dinge aus einer Laune heraus zu wünschen. Aschenputtels Wünsche müssen durch Weisheit gemäßigt werden, darum bittet sie auch den weisen Haselbaum um „Gold und Silber" und erhält von ihrem Verbündeten, dem verzauberten Vogel, ein prächtiges Kleid und Pantoffeln, von denen jedes das Gold und Silber enthält, um das sie gebeten hat. Wir haben hier ein äußerst komplexes Zusammenspiel zwischen Aschenputtel, dem Baum und dem Vogel, alles überwacht von der Mutter.

In unserer Geschichte wird der Ball auch als Hochzeit bezeichnet und die Feierlichkeiten erstrecken sich über mehrere Tage (drei, um genau zu sein, die magische Zahl, die uns in Mythen und Fabeln nur allzu oft begegnet). Aschenputtel muss seine wahre Identität geheim halten, bis der weise Haselbaum ihr erlaubt, sich zu offenbaren: Am ersten Abend tanzt sie mit dem Prinzen und verschwindet dann in einem Taubenhäuschen, wobei sie wiederum ihre Vogelfreunde um Hilfe bittet, sie zu verstecken, damit der Prinz nichts über ihren niederen Stand erfährt. In Geschichten dieser Art ist es immer von größter Bedeutung dass die Heldin zunächst ihre Vorzüge unter Beweis stellt, ehe sie auch ihre Misere offenbart. Auf diese Weise vermeidet sie, aus Mitleid geliebt zu werden, sondern aus Stolz und aus Dankbarkeit heraus. Zuerst muss Aschenputtel die wahre Liebe des Prinzen gewinnen, ehe sie sich ihm gänzlich offenbaren kann. Gewissermaßen muss sie ihre Keuschheit bewahren, bis er ihr das Eheversprechen gibt; erst dann darf sie sich ihm voll und ganz hingeben, auch sexuell.

Wie wir bereits wissen, sind die Vögel Aschenputtels Verbündete. Die Tauben verbergen Aschenputtel vor dem Prinzen und ermöglichen ihr so das Entkommen. Vögel stehen auch für die Flucht und da Aschenputtel sich dem Prinzen bislang noch nicht versprochen hat, darf sie getrost aus seiner Gesellschaft fliehen, um ihre Keuschheit zu bewahren.

Am folgenden Abend wiederholt sich die ganze Szene. Der Vogel schenkt Aschenputtel ein noch schöneres Kleid als am vorigen Abend und wiederum tanzt sie mit dem Prinz. Als es Zeit zum Abschied ist, entkommt sie ihm, indem sie sich in einem Birnbaum versteckt.

Die Birne ist eine weiche, nachgiebige Frucht und ihre Form erinnert ein wenig an einen Frauenkörper. Oft bezeichnen wir einen bestimmten Typ Frau als „birnenförmig", ein Ausdruck, der meist in den Medien und in der Modewelt Verwendung findet. Obschon diese Beschreibung heutzutage einen (unverdientermaßen) negativen Beigeschmack hat, so galt sie doch in Europa zu gewissen Zeiten als durchaus schön. Halten wir uns nur Ingres' *La Grande Odalisque* vor Augen oder Hugo van der Goes Darstellung der Eva aus dem Jahr 1482, Tizians *Venus von Urbino* und sämtliche Modelle von Renoir. Jede dieser Frauen war von erlesener Schönheit und lässt sich mit ihren weichen Kurven und den üppigen Hüften jener köstlichen Frucht des Birnbaums vergleichen.

Die Birnen im „Aschenputtel" werden uns sogar ausdrücklich als „herrliches Obst" beschrieben. Es gibt gar keinen Zweifel daran, dass diese herrlichen Früchte nur eine Anspielung auf die Schönheit von Aschenputtels geschmeidiger Gestalt sein können. Während Aschenputtel dem Prinzen am ersten Abend noch durch ein Versteck im Taubenhäuschen entwischte, was für Flucht und Entkommen steht, lässt sie ihn heute schon wissen, dass sie sich wünscht, er möge die ganze lange Nacht hindurch von ihren Kurven träumen und von jenem Versprechen, das unter dem prachtvollen Kleid verborgen liegt. Der Beschreibung zufolge ist sie „behände" den Baum hinaufgeklettert, wie ein Eichhörnchen also. Wir können uns Aschenputtels sanfte Schönheit nur vorstellen, ihre geschmeidige Gestalt und die behutsamen Bewegungen, als sie in ihrem glitzernden Kleid den Birnbaum erklimmt.

Doch nun geschieht etwas sehr Ungewöhnliches: Aschenputtels Vater taucht auf und, was sehr merkwürdig ist, der Prinz scheint zu wissen, dass es sich bei ihm um ihren Vater handelt: „Er wartete aber, bis der Vater kam und sprach zu ihm: ‚Das fremde Mädchen ist mir entwischt und ich glaube, dass es auf den Birnbaum gesprungen ist.' Der Vater dachte, sollte es Aschenputtel sein! und ließ sich die Axt holen und hieb den Baum um, aber es war niemand darauf." Bis zu diesem Augenblick war Papi praktisch überhaupt nicht vorhanden im Leben des Mädchens und hat zugelassen, dass man sie quälte und verhöhnte. Jetzt schlägt er den Baum um, in dem sie sich versteckt hatte. Das könnte man so deuten, dass er alle Bande zerschlägt, die sie an ihn binden, so dass sie frei ist zu heiraten. Oder er versucht, ihre sexuellen Reize, dargestellt durch die Birnen, zu unterdrücken; allerdings gelingt ihm das nicht, denn sie ist ihm entwischt und längst vom Baum gesprungen.

Bemerkenswert ist, dass an beiden Abenden das Versteck, in dem Aschenputtel sich verbirgt, zerstört wird; das Taubenhäuschen wird mit einer Axt „entzwei geschlagen" und auch der Birnbaum wird umgehauen. Damit wird verdeutlicht, dass Aschenputtels Leben als Bedienstete ein Ende findet und sie, sofern sie ihre Karten richtig ausspielt, ein neues Leben beginnen wird.

Die Schwesternschaft des wandernden Schuhs

Auch am dritten Abend wiederholt sich das Szenario, doch dieses Mal ist der Prinz vorbereitet:

„Der Königssohn hatte aber eine List gebraucht und hatte die ganze Treppe mit Pech bestreichen lassen: Da war, als es hinabsprang, der linke Pantoffel des Mädchens hängengeblieben. Der Königssohn hob ihn auf und er war klein und zierlich und ganz golden. Am nächsten Morgen ging er damit zu dem Mann und sagte zu ihm: ‚Keine andere soll meine Gemahlin werden als die, an deren Fuß dieser goldene Schuh passt.' Da freuten sich die beiden Schwestern, denn sie hatten schöne Füße."

Wiederum scheint der Prinz ganz genau zu wissen, wessen Tochter Aschenputtel ist, während ihre eigene Familie keinen blassen Schimmer hat. Erinnern wir uns, dass in der Grimmschen Fassung der Ball als Hochzeit bezeichnet wird; die Wahrscheinlichkeit ist groß, dass der Prinz einer bereits bestimmten Braut abgeschworen hat, als er Aschenputtel erblickte, und nun keine andere will als sie. Das wäre ein weiteres Beispiel dafür, wie Aschenputtel ihren rechtmäßigen Platz von den Thronräubern einfordert.

An diesem Punkt der Geschichte verschiebt sich der ganze Fokus und wir begegnen vielleicht sogar einer Art sexuellem Fetisch.

Was die Verschiebung des Fokus anbelangt: Wie alt ist Aschenputtel eigentlich? Wie bei vielen Charakteren der Brüder Grimm scheint auch Aschenputtels Alter ein Rätsel zu sein. Zu Beginn der Geschichte erfahren wir nur, dass Aschenputtel ein Kind ist. Im Laufe der Geschichte erleben wir das Mädchen und ihre Stiefschwestern als abhängig von der Mutter und dem abwesenden Vater. Wir wissen von keinem der Mädchen, wie alt es ist. Doch mit einem Mal wird die Geschichte ungeheuer romantisch und jedes der Mädchen wetteifert mit den anderen um die Gunst des Prinzen. Und wie gestaltet sich dieses Wetteifern? Nicht etwa heischen sie mit ihren Gesichtern oder ihren Figuren um Aufmerksamkeit, auch nicht mit ihrem weiblichen Charme: Die Sexualität der Mädchen wird durch ihre Füße verkörpert!

Füße sind wirklich sexy, da sollten wir uns nichts vormachen. Ein ganzes Feld der Erotik ist diesen wohlgeformten Extremitäten gewidmet und dieses Feld besteht schon sein Anbeginn der Zeit. Bei einem Fuß handelt es sich um ein wohlgeformtes Körperteil einer Frau, das öffentlich gezeigt, sinnlich geschmückt, hervorgehoben und anmutig gebogen werden darf, ohne dass dadurch irgendwelche gesellschaftlichen oder moralischen Tabus gebrochen werden.

Füße können eine große Rolle spielen, wenn eine junge Frau ihre erblühende Sexualität zur Schau tragen will. Bei der Quinceañera zieht der Vater seiner Tochter die flachen Schuhe aus und ersetzt sie durch Absatzschuhe, wodurch er kundtut, dass er seine Tochter als geschlechtliches Wesen anerkennt, das alt genug ist, einen Mann zu verführen, den sie dereinst heiraten möchte. Diese öffentliche Zurschaustellung einer Verehrung der Füße ist in spanischen Gemeinden vieler Länder ein Ritual des Erwachsenwerdens. In westlichen Kulturen legen viele postpubertäre Mädchen ihre Kinderschuhe ab und beginnen stattdessen, Seidenstrümpfe und Highheels zu tragen, um ihre neu entdeckte Weiblichkeit zu erforschen. Auch das Ritual des Zehennägel-Lackierens ist in vielen Kulturen ein Ritual der Frauwerdung.

Die fetischistische Neigung im Märchen vom Aschenputtel begegnet uns zum ersten Mal mit dem Birnbaum: Behände muss Aschenputtel in ihren goldenen Pantoffeln den Birnbaum hinauf klettern. Der Erzähler lässt unsere Gedanken nur um Aschenputtels zierliche, wohlgeformte Füße in den hauchzarten Pantoffeln kreisen und wie ihre weiblichen Rundungen leichtfüßig zwischen den Birnen verschwinden. Als ihr Vater den Baum fällt, löst er damit vielleicht seinen Anspruch auf die Tochter, indem er den Platz zerstört, an dem eben noch ihre Füße waren (ähnlich einem Quinceañera-Ritual): Er macht deutlich, dass ihre Sexualität nicht ihm gehört, sondern ihrem Geliebten, dem Prinzen.

Am nächsten Abend nun lässt der Prinz, der nur noch an Aschenputtel denken kann, wie es behände von Ast zu Ast sprang, die Treppe mit Pech bestreichen, einem klebrigen, teerartigen Harz. Als Aschenputtel ihm geziert davonlaufen will, bleibt ihr Schuh kleben und sie muss barfuß über die Pfade und Wiesen nach Hause laufen. Der Prinz nimmt den Schuh an sich, der uns als „klein und zierlich und ganz golden" beschrieben wird, der Traum eines jeden Fetischisten. Er begibt sich auf direktem Wege zu Aschenputtels Haus und bittet darum, dass jedes Mädchen den Schuh anprobieren soll. Die Schwestern freuen sich, denn „sie hatten schöne Füße". Auch dies ist eine völlig andere Version als der Disney-Zeichentrickfilm, den wir alle kennen: Dort sind die Schwestern ein wenig grotesk dargestellt und man weiß von Anfang an, dass kein Prinz sie würde haben wollen. Doch in unserem Märchen hier wird deutlich, dass auch sie über eine gewisse Schönheit verfügen, ausgedrückt durch ihre schönen Füße. Wüssten wir nicht um ihr Geheimnis, nämlich dass sie ihre Schwester misshandeln, würden wir in ihnen einfach nur zwei schöne Mädchen sehen. Der Prinz jedenfalls sieht sie genau so und ist überzeugt davon, im Haus seiner künftigen Braut zu sein.

Nun probiert jede der Schwestern den Schuh an, doch jede von ihnen muss sich ein Stück von ihrem Fuß abschneiden, damit der Schuh ihr passt. Wie es schon das alte Sprichwort „sich ins eigene Fleisch schneiden" sagt, müssen die Mädchen ihre eigene Schönheit (die schönen Füße nämlich) ruinieren, um des Prinzen Liebe zu gewinnen. Dadurch, dass sie ihre Schönheit ruinieren, zeigen die Schwestern uns, den Lesern, dass sie nicht liebenswert sind. Allein Aschenputtel, deren hübsches Gesicht unter der Asche verborgen ist, hat die wahrlich schönen Füße, die wirklich in diesen Schuh passen.

Wie ich bereits erwähnte, gibt sich der Prinz jedoch mit jeder der Schwestern zufrieden, nachdem diese den Schuh anprobiert haben. Im Gegensatz zum Disney-Film sind diese Mädchen doch ganz ansehnlich und der Prinz glaubt ihnen, dass der Schuh passt. Erst der verzauberte Vogel im Haselbaum weist den Prinzen auf seinen Fehler hin. Der Prinz und seine falsche Braut müssen am Grab vorbei, an dem Aschenputtels Mutter sie von der Unterwelt aus beschützen kann. Ihr Bote, der Sirin-Vogel, lenkt die Aufmerksamkeit des Prinzen auf den Fuß seiner Gefährtin, dem Hort ihrer Schönheit, und dort muss er erkennen, dass sie ganz und gar nicht schön ist, sondern verunstaltet. Beide Male kehrt er zum Haus zurück und bittet ein anderes Mädchen, den Schuh anzuprobieren.

Beim dritten Versuch fragt der Prinz, ob es nicht noch eine weitere Tochter gäbe. Nun zeigt der Vater deutlich, wie sehr er Aschenputtel im Stich gelassen hat, indem er sie als „ein kleines, garstiges Aschenputtel" bezeichnet. Der Prinz aber ahnt schon, dass das verwaiste Mädchen genau die ist, die er sucht, und dass sie unter dem oberflächlichen Schmutz eine Schönheit ist. Er lässt sie rufen, damit auch sie den Schuh anprobiert, doch die Stiefmutter beklagt erneut ihre Erscheinung, indem sie sagt: „Ach nein, das ist viel zu schmutzig, das darf sich nicht sehen lassen." Doch der Prinz besteht darauf und so wird Aschenputtel herbeigeholt.

Nun ist auch der Prinz bereit, sich zu binden. Aschenputtel hat sich Gesicht und Hände gewaschen und ihre Schönheit ist fast vollständig enthüllt. Der letzte Schritt besteht in der äußerst ritualisierten Anprobe des Schuhs: „Dann setzte es sich auf einen Schemel, zog den Fuß aus dem schweren Holzschuh und steckte ihn in den Pantoffel, der war wie angegossen."

Hast du bemerkt, dass die beiden Schwestern den Schuh in einem abgegrenzten Zimmer anprobiert haben, so dass der Prinz es nicht sehen konnte? Das ist, als hätten sie sich in einem privaten Kämmerlein ausgezogen und sich dann nur vollständig bekleidet der Öffentlichkeit gezeigt, so dass der Prinz nur das zu sehen bekam, was sie ihn auch sehen lassen wollten. Aschenputtel dagegen sitzt direkt vor dem Prinzen; sie fürchtet sich nicht davor, sich dem Prinzen sozusagen „nackt" zu zeigen. Sie zieht den Holzschuh aus, der ihren hübschen Fuß vor der Welt verborgen hielt. Sie streckt ihren nackten Fuß und offenbart ihre Schönheit. Der schwere Holzschuh ist ein Symbol ihrer Unterdrückung auf ganz pragmatische Weise, denn es handelt sich dabei um einen Arbeitsschuh, nicht um den Schuh einer reichen Erbin, zudem verbarg er auch noch die Schönheit ihres Fußes. Doch er steht auch für ihre geheim gehaltene Schönheit, die niemand außer dem Vogel und der Mutter bislang erkannt hat, denn der Schuh schützte diese Schönheit vor der Asche und dem Feuer. Nun offenbart sich durch den zierlichen, wie angegossen sitzenden Pantoffel Aschenputtels wahre Schönheit und das Versprechen ihrer Sexualität. Indem sie ihren Fuß vor dem Prinzen und nicht in einer abgeschiedenen Kammer entblößt, bringt sie zum Ausdruck, dass sie bereit ist, sich ihm sexuell hinzugeben.

Als sie den Holzschuh auszieht, ihren anmutigen, zierlichen Fuß offen zeigt und den Pantoffel darüber streift, ist es um den Prinzen geschehen: „Und als es sich in die Höhe richtete und der König ihm ins Gesicht sah, so erkannte er das schöne Mädchen, das mit ihm getanzt hatte, und sprach: ‚Das ist die rechte Braut!' Die Stiefmutter und die beiden Schwestern erschraken und wurden bleich vor Ärger. Er aber nahm Aschenputtel aufs Pferd und ritt mit ihm fort."

Es ist doch beachtlich, dass der Prinz Aschenputtel, obwohl es sein Gesicht gewaschen hatte, erst erkannte, als es seinen Fuß entblößte und den Schuh anprobierte. Jetzt ist das Bild vollständig: Diese ist die rechtmäßige Erbin der Liebe des Prinzen (und des eigentümlichen Erzählstils der Brüder Grimm).

Ein glückliches Ende ... zumindest für manche

Die Rechtmäßigkeit von Aschenputtels Stellung im Leben wird bestätigt, als der Prinz zum dritten Mal an der Mutter Grab vorüber reitet – ein Akt, der uns jedes Mal verdeutlicht hat, dass die Mutter ihre Tochter aus dem Grabe heraus beschützt: „Als sie an dem Haselbäumchen vorbeikamen, riefen die zwei weißen Täubchen: ‚Rucke di guck, rucke di guck, kein Blut im Schuck; der Schuck ist nicht zu klein, die rechte Braut, die führt er heim.' Und als sie das gerufen hatten, kamen sie beide herab geflogen und setzten sich dem Aschenputtel auf die Schultern, eine rechts, die andere links, und blieben da sitzen."

Hast du gemerkt, dass es jetzt zwei Vögel sind? Das könnte darauf hindeuten, dass der Vogel, den Aschenputtels Mutter geschickt hatte, nun nicht mehr über die Tochter wachen muss und nunmehr zwei Vögel, je einer für Aschenputtel und den Prinzen, den Haselbaum und das Grab hinter sich lassen und die Ehe segnen können.

Doch bei diesen beiden handelt es sich keineswegs um zwei süße kleine Vögelchen: Sie picken den Stiefschwestern die Augen aus, das eine, als sie gerade kommen, das andere, als sie wieder gehen. Man könnte ja meinen, dass man, wenn man einmal den Weg zur Kirche hinaufgegangen ist und einem dabei das eine Auge ausgepickt wurde, dem Drang widerstehen würde, denselben Weg zurück zu nehmen, doch die Schwestern scheinen da weniger umsichtig, als sie vielleicht hätten sein sollen, und sind am Ende blind. Ihre Blindheit ist ein Zeichen für ihre Weigerung, Aschenputtels wahren Platz im Leben anzuerkennen, nämlich als Erbin des Vermögens ihres Vaters und der Liebe ihrer Mutter. Gewissermaßen sind die Schwestern also immer schon blind gewesen für die wahre Gestalt Aschenputtels. Anstatt ihr Sehvermögen zu nutzen, um Aschenputtels königliches Geburtsrecht zu erfassen, haben sie versucht, es ihr abspenstig zu machen. Die Strafe, die sie dafür erhalten, entspricht ihrem Verbrechen.

In dieser Erzählung geht die Stiefmutter ohne Strafe aus, in anderen Versionen dagegen wird sie lebendig verbrannt oder von Vögeln gefressen. Papi dagegen ist überhaupt nicht mehr vorhanden. Seine Rolle scheint eine ziemlich heikle Rolle zu sein: Er tritt nur in Erscheinung, um Aschenputtel eine grauenhafte neue Familie zu schenken und ihr das magische Werkzeug mitzubringen, das sie benötigt, das Haselreis. Ach ja, und dann zerhackt er noch ein paar Sachen.

Eine Waise, der ihr rechtmäßiger Anspruch verwehrt wird, eine böse Stiefmutter, ein die Richtung weisender Prophet, ein Baum der Weisheit, ein Fußfetisch und ein Vater, der ein absoluter Versager ist: Aschenputtel hat ziemlich viel Ähnlichkeit mit einem äußerst komplexen Mythos. Tatsächlich ist die Geschichte selbst ein solcher Mythos, schließlich stammt sie von uralten Feengeschichten und heiligen Erzählungen ab. Wie viele der Grimmschen Märchen trägt auch diese Geschichte die Haselnuss des Mythos, der Magie und der Weisheit mit sich, gut verborgen hinter ihrer disneyhaften Nettigkeit.

Das Aschenputtel-Ritual

Mit diesem Ritual wollen wir eine Veränderung in der physischen Welt bewirken – das heißt, wir wollen den Ist-Zustand verändern. Innerer Wandel vollzieht sich dann, wenn du dein Verhalten und dein Handeln änderst. Wir wollen unseren Platz in der Welt, in der wir leben, verändern. Ob du dir nun einen neuen Job, ein Haus, eine Beförderung, eine Geliebte oder einen Ehegatten wünscht – dieses Ritual wird bewirken, dass die Welt dich mit anderen Augen sieht und auf ganz neue Weise für dich arbeitet.

Viele Menschen behaupten, dass man das auch durch Gebete erreichen kann. Technisch gesehen, entspricht das jedoch nicht der Wahrheit. Wahre Gebete, wie etwa eine katholischen Messe oder das Aufsagen des Rosenkranzes, protestantische Gebetskreise, Wicca-Rituale, heidnische Zirkel oder jüdische Zeremonien sind immer auch ein Gottesdienst. Durch Gebet, wie auch immer das für dich persönlich aussehen mag, wollen wir uns immer nur mit dem Göttlichen verbinden, ganz gleich ob das für dich nun Götter oder Gott, Jesus, Allah, das Universum, die Macht, eine höhere Macht oder das Gemeinwohl sind. Egal, was davon für dich persönlich das Göttliche ist, im Gebet wollen wir die Gegenwart des Göttlichen in unserem Leben spüren.

Wenn du das Göttliche spüren kannst und es dann bittest, dir beim Erreichen eines Ziels zu helfen, dann nennt man das ein Bittgebet (oder einfacher ausgedrückt: einen Wunsch). Du bittest darum, dass eine Macht, die größer ist als du selbst, dir dabei hilft, eine neue Realität zu erschaffen. Das heißt, dass andere Elemente dieser Welt sich verändern müssen, damit du das gewünschte Ergebnis bekommst. Wünschst du dir zum Beispiel, befördert zu werden, dann muss eine Person, die in der Unternehmensstruktur über dir steht, dich als würdig empfinden. Oft bedeutet das auch, dass jemand seinen Posten aufgeben muss, damit die

Stelle frei wird. Viele Dinge müssen sich ändern, damit du dein Ziel erreichen kannst. Aus diesem Grund ist ein Bittgebet eine äußerst komplexe Angelegenheit und sollte nur mit großer Hochachtung und Vorsicht in Anspruch genommen werden.

Den Zweig der Magie, bei dem durch magische Rituale Veränderungen herbeigeführt werden, nennt man Zeremonialmagie. Zeremonialmagier (unter Heiden auch kurz ZMs) können Heiden, Christen, Juden oder Anhänger anderer spiritueller Richtungen sein, doch sie alle führen Rituale durch, um eine Veränderung in der Welt zu bewirken. Ein Zeremonialmagier glaubt, dass er oder sie durch die universelle, magische Energie wirkt und nur das tut, was bei den ZMs als „Das Große Werk" bezeichnet wird, ein Begriff, der ausdrücken will, dass man mit Hilfe eines alleine oder in einer Gruppe durchgeführten Rituals für das universelle Wohl arbeitet. Zu den angesehensten Gruppen, die heutzutage noch mit Zeremonialmagie arbeiten, gehört der Order of the Golden Dawn. In ihren Reihen finden sich viele der größten Ritualmagier des vergangenen Jahrhunderts und es gibt jede Menge guter Bücher, in den die Magie und die Rituale beschrieben werden, mit denen dieser Orden arbeitet.

Es gibt ein altes Sprichwort: Bedenke, was du dir wünscht, denn es könnte dir gewährt werden! Jeder Zeremonialmagier wird dir sagen: Wenn du um etwas bittest, dann sei dir auch absolut sicher, dass du wirklich willst, was du dir da wünschst. Im Märchen vom „Aschenputtel" steht der Haselbaum Aschenputtel mit seiner Weisheit hilfreich zur Seite und der Vogel steht für die göttliche Kraft, die Aschenputtel darin unterstützt, die Welt zu verändern. Aschenputtel muss zudem darauf achten, auch wirklich zum Ball zu gehen und immer wieder zu entwischen, bis der richtige Zeitpunkt gekommen ist, ihre Identität zu enthüllen. Genau wie Aschenputtel musst auch du damit rechnen, diesen Aufwand zu betreiben. Wenn dein Wunsch in Erfüllung gehen soll, musst du darauf vorbereitet sein, die Verantwortung dafür zu tragen und auch die schwierigeren Arbeitsschritte zu tun; wenn du bessere Noten haben möchtest, musst du auch die Hausaufgaben machen; wenn du dir mehr Freunde wünschst oder einen treuen Liebsten, musst du auch deinen Beitrag zu der Beziehung leisten und eine gute Freundin oder treue Geliebte sein. Wenn du irgendwann feststellst, dass du das eigentlich gar nicht leisten willst, dann hast du dir vermutlich nicht gut genug überlegt, was du dir wünschst!

Aus diesem Grunde solltest du dir auch viel Zeit nehmen für die Vorbereitung zu diesem Ritual. Du solltest gründlich darüber nachdenken, was du wirklich willst. Führe mindestens drei Monate lang (oder länger) ein Tagebuch. Darin schreibst du jeden Tag über die Sache, die du dir wünschst, und zwar so detailliert wie möglich. Wie wirst du reagieren, wenn dein Wunsch sich tatsächlich erfüllt? Wie wird sich dein Alltag dadurch verändern? Aschenputtel zum Beispiel führte als Frau des Prinzen gewiss ein gänzlich anderes Leben denn als Dienerin ihrer Schwestern. War sie wohl auf die Verantwortung vorbereitet, die sie als Ehefrau und Herrin eines so großen Haushalts erwartet? Als solche hätte sie über eine ganze Reihe von Dienern zu gebieten. Ob sie mit ihrer eigenen Erfahrung als Dienerin wohl darauf vorbereitet war? Um es auf den Punkt zu bringen: Magie zu wirken, ist eine ernste Angelegenheit und sollte auch entsprechend ernst genommen werden. Wenn du dein Leben ändern willst, dann sei auch auf die Folgen gefasst.

Im Märchen erfährt Aschenputtel Unterstützung durch die Weisheit des Haselbaums, der für die göttliche Führung steht. Wir werden Haselnüsse verwenden, die für den Baum und dessen Weisheit stehen sollen. Außerdem werden wir die göttliche Weisheit durch die Tarot-Karte Nummer III repräsentieren, die Herrscherin.

In der Geschichte wandte sich Aschenputtel an den verzauberten Vogel, wenn sie magische Unterstützung brauchte. Der Vogel war, ebenso wie der Magier, imstande, die natürlichen Energien, von denen Aschenputtel umgeben war, in Dinge zu verwandeln, die sie benötigte – in ihrem Falle also schöne Kleider. Um diese unterstützende Kraft zu repräsentieren, werden wir die Tarot-Karte Nummer I, den Magier, verwenden. Der Magier vermag durch seinen Willen, in Übereinstimmung mit den göttlichen, universellen Mächten (in der Karte durch Rosen dargestellt), die Welt zu verändern. Genau das wollen auch wir mit diesem Ritual bewirken. Während des Rituals werden wir die göttliche Kraft als die Götter oder als den Herrn und die Herrin bezeichnen. Du kannst diese Begriffe jedoch durch andere ersetzen, mit denen du dich vielleicht wohler fühlst; wenn du weder ein Heide noch ein Wicca bist, würdest du sie vielleicht an den Stellen, wo im Ritual die Rede von den Göttern oder vom Herrn und der Herrin die Rede ist, als Gott, Jesus, Allah, das Universum, die Macht, die höhere Macht oder das Große Werk bezeichnen. Wenn du nicht ganz sicher bist, woran du glaubst, sage: „Das, was größer ist, als ich selbst."

Dieses Ritual ist für den Vollmond gedacht. Wir benötigen unseren Altar mit einer Kerze, neun Haselnüssen, der Tarot-Karte Nummer III, der Herrscherin, und der Tarot-Karte Nummer I, dem Magier. Weiterhin sollte ein Teller auf dem Altar stehen und ein Becher oder ein Kelch für Wein oder Fruchtsaft. Das Tagebuch, in dem du darüber geschrieben hast, was du dir wünschst, sollte ebenfalls griffbereit sein, vielleicht legst du es unter dem Altar bereit. Dieses Ritual ist sehr mächtig, aber auch sehr freudvoll. Du kannst es alleine oder zusammen mit anderen durchführen. Wenn du mit anderen Menschen arbeitest, kann dadurch die Energie gesteigert werden, mit der du die Welt verändern willst, wodurch das Ritual noch machtvoller wird. (Ebenso gut kannst du aber auch allein arbeiten. Je ernster du an die Zeremonie herangehst, desto stärker wirst du auch ihre Macht empfinden.)

Entzünde die Kerze und schließe deine Augen. Stelle dir die Sache vor, die du dir wünschst, und zwar so lebhaft du kannst. Wenn es sich beispielsweise um eine Beförderung handelt, dann stelle dir lebhaft vor, wie du an einem neuen Schreibtisch sitzt und die Aufgaben verrichtest, die diese neue Position mit sich bringt; wenn du dir bessere Freunde wünschst, dann sieh dich selbst, wie du jeden Tag mit diesen Menschen etwas unternimmst. (Du darfst jedoch niemals und auf keinen Fall bestimmte Personen nennen, wenn du magisch arbeitest! Du kannst gern sagen: „Menschen mit den Eigenschaften von so-und-so.") Wenn du dir ein besseres Zuhause wünschst, visualisiere, wie du bereits in diesem neuen Zuhause lebst.

Mache dir nun die Macht des Haselbaums bewusst und denke daran, wie er Aschenputtel geholfen hat. Sieh dir die Haselnüsse an, die auf deinem Altar liegen und sei dir gewahr, dass die fruchtbare Kraft des Haselbaums in diesen Nüssen enthalten ist. Nimm dir dafür soviel Zeit wie du benötigst.

Hole dein Tagebuch hervor und lies ein oder zwei Abschnitte von dem, was du über deinen Wunsch geschrieben hast. Je detaillierter, leidenschaftlicher und anschaulicher deine Worte sind, desto kraftvoller wird auch dein Ritual sein. Wenn du zusammen mit Freunden arbeitest, kann jeder von euch ein Stückchen aus deinem Wunschtagebuch vorlesen (wenn es nicht zu persönlich ist und sie deine Schrift lesen können).

Jetzt erkläre aus dem Stegreif, warum du dir gerade diese Sache wünschst. Sage mit eigenen Worten, was du willst, warum du es willst und was du dafür zu tun bereit bist. Wenn andere zugegen sind, lasse jeden von ihnen sagen, warum er sich wünscht, dass dein Wunsch sich erfüllt, und erbitte ihren Segen für deine Hoffnung auf Erfolg.

Nun nimm eine Haselnuss und halte sie an dein Herz. Versenke dich tief in einen Aspekt deines Wunsches und sprich spontan die Mächte an, die deiner Meinung und deines Wissens diesen Aspekt unterstützen können oder symbolisch repräsentieren. Lege die Nuss danach auf dem Teller ab, den du auf deinem Altar bereitstehen hast. Nimm nun eine Nuss nach der anderen und verfahre weiter so. Dringe in immer tiefere Schichten deines Wunsches ein, werde dir bewusst, was genau du dir wünschst und sprich es aus. Wenn du magst, jeweils mit der Bitte um Unterstützung von genannten Kräften und Mächten. Binde die Elemente der Natur ein, bitte sie um Unterstützung bei der Verwirklichung deines Wunsches. Mach dies mit allen neun Haselnüssen und dringe dabei tief in das Herz deines Wunsches vor.

Wenn du die letzte Nuss mit einem Aspekt deines Wunsches versehen und auf dem Teller abgelegt hast, bedanke dich bei den Elementen, den Geistwesen, den Göttern und bei all deinen anwesenden Freunden und Weggefährten. Wenn du dieses Ritual alleine machst, bedanke dich bei allen unsichtbaren Kräften, die dich umgeben.

Denke daran, wie Aschenputtels Herzenswunsch in Erfüllung ging und vertraue darauf, dass es auch der deine tun wird.

Jetzt entspanne dich, iss etwas und spüre, wie die Magie in deinem Innern zu wirken beginnt. Bringe die Haselnüsse am nächsten Tag zu einem schönen Platz in der Natur und vergrabe sie dort. Wenn du es für nötig befindest, wiederhole dieses Ritual über drei Vollmonde hinweg.

Kapitel 7

Rotkäppchen - Ein Zauber zur Abwendung ungewollter Aufmerksamkeit

Oberflächlich betrachtet, ist dieses Märchen als abschreckendes Beispiel dafür gedacht, was Kindern passiert, die vom Wege abkommen. Wir wollen uns jedoch auch die unterschwellige Botschaft dieser Geschichte ansehen. Wir werden auf Rotkäppchens Erfahrung mit dem Wolf zurückgreifen, um einen Zauber zu ersinnen, der zur Vermeidung ungewollter Aufmerksamkeit dient. Sofern nicht anders angegeben, entstammen die Zitate den „Kinder- und Hausmärchen der Brüder Grimm".

Sie ist der Rockstar der Märchenwelt. Obwohl Disney es bislang versäumt hat, einen abendfüllenden Film über sie zu machen, wie sie es bei Schneewittchen, Aschenputtel und die Schöne und das Biest getan haben, ist Rotkäppchen dennoch der Rockstar vieler Geschichten und Bücher (wie unter vielen anderen Angela Carters „The Company of Wolves" und Jane Yolens *Touch Magic*), Cartoons (*Red Hot Riding Hood* von Tex Avery, dem Schöpfer von Drops, in dem ein von Betty Grable inspiriertes Rotkäppchen zu sehen ist) und Lieder: „How Could Red Riding Hood (Have Been So Good)?" von A.P. Randolph war das allererste Lied, das 1925 je im Radio verboten worden war; Julie London erzielte einen Hit mit ihrem Lied „Daddy", das auch in Tex Averys Cartoon zu hören war; und mit „L'il Red Riding Hood" gelang Sam Sham and the Pharaohs im Jahre 1966 ein Top Ten Hit.

Bei Bruno Bettelheim wurde Rotkäppchen zum Gegenstand der Psychoanalyse und die feministischen Autorinnen Catherine Orenstein und Susan Brownmiller betrachteten sie als Ikone des Feminismus, die eine wegen ihrem Mut und ihrer Schläue, die andere wegen ihres Leidens. Auch das Herz des vielleicht größten Dichters des 19. Jahrhunderts, Charles Dickens, hat sie erobert. Verführerisch in ihrer Naivität (oder trügerischen Schläue ... oder beidem), makellos gekleidet, eine Verfechterin von Solarenergie und Flower Power und genaue Beobachterin der physischen Welt (speziell von Augen, Ohren und Zähnen), ist Rotkäppchen eine Frau voller Leidenschaft, Rätselhaftigkeit und Inspiration.

Während ihres langen Daseins hat sie viele Namen getragen. Die Brüder Grimm und Charles Perrault nannten es Rotkäppchen, in Andrew Langs *The Red Fairy Book* (1891) heißt sie Little Golden-Cap (*Goldkäppchen*) und ihr eigentlicher Name soll Blanchette (Weißchen) lauten. Künstler haben sie als Kobold mit Pullip-Kopf, als engelsblondes Kind, als unabsichtlichen Drachen und als üppigen Vamp dargestellt. Während der vielen Jahrhunderte ihrer Berühmtheit hat sie gegen Werwölfe gekämpft, gegen Oger und Verführer aus dem Feenreich und sich auf diese Weise den eigenen Ängsten und sexuellen Trieben gestellt. Rotkäppchen ist ein wirklich bemerkenswertes Mädchen.

Ihre Geschichte erzählt man sich auf der ganzen Welt. Versionen dieses Märchens gibt es im Französischen, im Italienischen, im Polnischen, im Deutschen und sogar im Chinesischen! Rotkäppchen ist die universelle Heldin, ein Mädchen für alle Eventualitäten. Doch was ist es eigentlich, das Rotkäppchen so überaus anziehend macht?

Sämtliche Versionen, die in den letzten beiden Jahrhunderten gesammelt wurden, stimmen in ihren Hauptmerkmalen miteinander überein: Ein reizendes kleines Mädchen mit auffällig rotem Käppchen macht sich auf den Weg zur Großmutter; ein Wolf hält sie an und verwickelt sie in ein Gespräch; naiv, wie sie ist, erzählt sie ihm haarklein, wohin ihr Weg sie führt; der Wolf rennt dem Mädchen voraus, verschlingt die Großmutter und setzt sich an ihrer Stelle in das Bett. Als das Mädchen im Haus der Großmutter ankommt, bemerkt sie die hervorstechenden körperlichen Merkmale des Wolfes und beginnt das berühmte Frage-Antwort-Spiel („Was hast du für große Augen ..."). In den bekanntesten Versionen der Geschichte frisst der Wolf das Mädchen, doch ein Jägersmann kommt vorbei und rettet Kind und Großmutter, der Wolf wird getötet.

So, wie die Grimms die Geschichte aufgeschrieben haben, ist es ein Märchen mit einer moralischen Botschaft. Ein Mädchen wird mit Kuchen und Wein zum Haus ihrer Großmutter geschickt. Nehmen wir einmal an, dass der Wein so rot ist, wie das Käppchen des Mädchens, die Farbe Rot steht sowohl für Neugierde und Leidenschaft als auch für Schüchternheit und Verlegenheit. Das Mädchen verspricht, brav zu sein, dann aber macht es zwei fatale Fehler: Zunächst einmal spricht es mit einem Fremden, dem Wolf. Eigentlich sollten ihre Instinkte sie warnen, dass man diesem speziellen Fremden nicht über den Weg trauen sollte, stattdessen verrät sie ihm jedes einzelne Detail ihres Vorhabens: wie weit es noch bis zur Großmutter ist, was sie in ihrem Körbchen hat und sogar was für Bäume an ihrem Haus stehen. Dann gelingt es dem Wolf, Rotkäppchen abzulenken, indem er sie auf die hübschen, leuchtenden Blumen und die goldenen Sonnenstrahlen hinweist. Man erwartet beinahe, dass das dumme Rotkäppchen jeden Moment ausruft: „Was, du meine Güte! Da stehen ja Blumen!“

Nun, da Rotkäppchen eine Weile beschäftigt ist, läuft der Wolf zum Haus der Großmutter, zu dem er sich Zutritt verschafft, indem er vorgibt, Rotkäppchen zu sein. Dann verschlingt er in aller Eile die Großmutter und steigt in deren Bett. Er setzt sich die Haube der Großmutter auf und wartet auf Rotkäppchen.

Als Rotkäppchen ankommt, gehen die Grimms sofort in den altbekannten Dialog über. Und das ist Rotkäppchens zweiter großer Fehler: Obwohl sie zu erkennen scheint, dass die Kreatur in Omas Bett nicht ihre Großmutter ist, hängt sie weiter dort herum und bahnt dem Unheil seinen Weg. Sie ruft „Ei Großmutter, was hast du für große Augen!“ und zählt auch alle anderen Merkmale des Wolfes auf. Schließlich springt der Wolf aus dem Bett und verschlingt das Mädchen.

In dieser Version kommt zufällig ein Jäger vorbei und hört das laute Schnarchen im Inneren des Hauses, nachdem der Wolf auch Rotkäppchen gefressen hat. Argwöhnisch geht er hinein und findet den Wolf im Bett der Großmutter. Schon will er den Wolf erschießen, da geht ihm auf, dass die Großmutter in seinem Bauch stecken könnte. Er schneidet den Wolf auf und befreit Rotkäppchen und Oma. Jetzt folg etwas Merkwürdiges: Anstatt den Wolf einfach zu töten, füllen der Jäger und Rotkäppchen den Bauch des Wolfes mit lauter Steinen. Der Wolf wacht auf, kann sich nicht mehr bewegen und stirbt. Der Jäger zieht dem Wolf das Fell ab, während Oma erst mal den Kuchen isst und den Wein trinkt, den Rotkäppchen mitgebracht hat, und Rotkäppchen schwört, sich nie wieder so dumm anzustellen.

Bei den Brüdern Grimm ist das Märchen auch jetzt noch nicht zu Ende. Sie erwähnen noch eine weitere Version, in dem das Mädchen den Wolf mit Würsten dazu verlockt, sich in einen Trog zu stürzen, wo er dann ertrinkt. Tatsächlich haben die Brüder Grimm zwei Erzählungen der Geschichte gesammelt und sie dann in dieser einen Version zusammengefasst.

Noch vor den Brüdern Grimm hat Charles Perrault im Jahre 1697 die Geschichte vom Rotkäppchen in Frankreich gesammelt. Perrault hat am Ende seiner Geschichte noch eine „Moral“ hinzugefügt:

Hier sieht man, dass kleine Kinder, zumal junge Mädchen, wenn sie hübsch sind, fein und nett, sehr schlecht daran tun, jedwedem Gehör zu schenken, denn dann nimmt es nicht wunder, dass der Wolf so viele von ihnen frisst. Ich sage der Wolf, *weil nicht alle Wölfe von der gleichen Art sind. Da gibt es solche, die kein Aufsehen erregen und sich zuvorkommend, liebenswürdig und brav zeigen. Ganz zahm und gefällig folgen sie den jungen Damen in ihre Häuser und in ihre Gemächer – doch ach! wer weiß es nicht, dass die sanften Wölfe unter den Wölfen die allergefährlichsten sind.*[17]

Perrault scheint das Märchen als Warnung vor der Verführungskunst der „Wölfe“ gelesen zu haben – und tatsächlich gab es zur damaligen Zeit, wenn ein Mädchen ihre Jungfräulichkeit verlor, das geflügelte Wort *elle avoit vû le loup* – sie hatte Besuch vom Wolf.[18]

Die Brüder Grimm äußern sich nicht genau über Rotkäppchens Verhalten, nachdem sie das Haus betreten hat: „Es rief ‚Guten Morgen‘, bekam aber keine Antwort. Darauf ging es zum Bett und zog die Vorgänge zurück; da lag die Großmutter und hatte die Haube tief ins Gesicht gesetzt und sah so wunderlich aus.“

Andere gedruckte Versionen gehen da schon mehr ins Detail. So lesen wir in Charles Perraults *Sämtlichen Märchen*:

„Als der Wolf es eintreten sah, zog er sich die Decke über den Kopf und sprach: ‚Stell den Kuchen und das Töpfchen Butter auf den Brotkasten und leg dich zu mir.‘ Rotkäppchen zieht sich aus und legt sich ins Bett. Da war sie sehr erstaunt, wie ihre Großmutter ohne Kleider aussah und sie sprach: ‚Großmutter, was habt Ihr für große Arme!‘“[19]

In dieser wie auch in vielen anderen Versionen zieht sich Rotkäppchen erst aus, ehe sie zum Wolf ins Bett steigt. Das ist äußerst interessant, vor allem vor dem Hintergrund, dass ihr sofort die physischen Merkmale ins Auge fallen, dass dies hier nicht ihre Großmutter sein kann. Weiß Rotkäppchen etwa, dass es der Wolf ist, der hier im Bett liegt? Ist ihr Handeln wirklich naiv oder lässt sie sich ganz bewusst auf diese Verführung ein?

Um diese Frage zu beantworten, wollen wir uns für eine Weile von Rotkäppchen abwenden und stattdessen einen langen, analytischen Blick auf den Wolf werfen.

Hungrig wie ein Wolf

Der Wolf ist ein Charakter, der uns in unzähligen Märchen, Volksüberlieferungen, Geschichten und Liedern begegnet. Als Kinder haben wir uns stets gefürchtet, wenn der Wolf die Häuser der drei kleinen Schweinchen weg „hustete und pustete.“ Für viele von uns war dies die erste Begegnung mit einem Bösewicht, den wir als moderne Menschen nie zuvor in freier Wildbahn zu Gesicht bekommen haben. Unsere Vorfahren dagegen kannten sich mit Wölfen sehr gut aus. Die Europäer und die ersten Siedler auf dem amerikanischen Kontinent kämpften einen an Rassenmord grenzenden Krieg gegen Wölfe, Berglöwen und Adler, kurz: gegen jedes Tier, das die gleiche Nahrung frisst wie wir. Dem Wolf wurde dabei eine Persönlichkeit des puren Bösen angedichtet, er ist ein Fleischfresser und Angreifer (obwohl in den meisten Fällen eher wir zu den Angreifern zählten).

In England wurden Wölfe gejagt und für ein Wolfsfell bekam man eine hohe Belohnung. Aus diesem Grund wurden auch gesuchte Verbrecher als „Wolfskopf" bezeichnet. Unter der Herrschaft des englischen Königs Athelstan im 10. Jahrhundert konnten sich Kriminelle ihre Freiheit erkaufen, indem sie eine bestimmte Anzahl von Wölfen im Jahr erlegten. Mehrere europäische Herrscher gründeten elitäre Jägertruppen, um die Wölfe auszurotten, und im 20. Jahrhundert gab es in Europa keinen einzigen Wolf mehr.

Doch bevor das geschah, galt der Wolf nicht *nur* als schlecht. Da von ihm auch die Hunde abstammen, betrachtete man den Wolf dereinst als Verbündeten und als mythisches Wesen, als Gott des Todes und der Wiedergeburt. Herne der Jäger, Odin und die Göttin Hekate – sie alle herrschten über den Wolf. Odins Sohn wurde Hildólfr, Kriegswolf genannt. Mehrere türkische Stämme behaupten von sich, dass sie von einer Wolfsmutter abstammten, die sich mit einem Menschen gepaart habe, und die Römer glaubten, dass die Gründer Roms als Waisen von einer Wölfin gesäugt und so vor dem Tode bewahrt wurden.

Doch als die alten Götter allmählich aus den Überlieferungen verschwanden und stattdessen zu den Teufeln der Christenheit wurden, wurde auch der Wolf zu einem teuflischen Wesen abgestempelt. In der Geschichte gefürchtet und gehasst, fand der Wolf den Weg in die Literatur. Dracula herrschte über Wölfe und nahm bei seinem Angriff auf Lucy Westenra und ihre Mutter die Gestalt eines Wolfes an. Und viele von uns kennen aus ihrer Kindheit noch den Film, in dem Lon Chaney einen Mann darstellt, der von einem Wolf gebissen wird und sich fortan bei Vollmond selbst in einen Wolf verwandelt.

Auch aus der modernen Kultur ist der Wolf nicht wegzudenken. Grateful Dead sangen 1970 vom Dire Wolf, einem Banditen, der hungrige Bergleute terrorisierte, und in modernen Vampirfilmen wie *Underworld* werden Werwölfe als Menschen- und Vampirjäger dargestellt. Und dann ist da auch noch *Twilight – Bis(s) zum Morgengrauen*. Ja, ich weiß, wir können ihn nicht vergessen, selbst wenn wir wollten.

Im Tarot begegnen wir dem Wolf auf der Karte Nummer XVIII, Der Mond. Dort steht er am Ufer eines in Mondschein getauchten Flusses, an dessen anderem Ufer ein Hund zu sehen ist. Diese äußerst komplexe Karte verdeutlicht durch die Nebeneinanderstellung von Wolf und Hund die Neigungen des Menschen sowohl zum Guten wie auch zum Bösen. Der Hund entspricht dem kultivierten Menschen, moralisch und rechtschaffen erzogen und wohl wissend, was ihm geschieht, sollte er einmal vom Wege abkommen. Der Wolf entspricht dem unmoralischen, gewissenlosen Menschen. Eine Person, die ihren Trieben und bösartigen Neigungen nachgibt. Ein Soziopath, der sich in seinem Handeln nicht um das Wohl seiner Mitmenschen schert. Der Wolf stellt uns die Frage: Was würdest du tun, wenn du mit allem ungeschoren davonkommen würdest? Welche Wünsche würdest du dir erfüllen, wenn du über unbegrenzte Macht verfügtest und keine Konsequenzen zu fürchten hättest?

Diese Frage macht auch den Wolf in unserer Geschichte aus, den Verführer und Verschlinger. Er begegnet uns auch in vielen anderen Märchen. In Britannien heißt er Reynardine (Fuchsmann oder Mr. Fox) und ist eine werwolfartige Gestalt, die junge Frauen verführt und sich dann an ihrem Fleisch gütlich tut. Ähnliches begegnet uns in den Werwolf-Legenden aus Osteuropa. Der zugrundeliegende Gedanke lautet, dass jeder normale Mensch zum Wolf, zum Raubtier, zum Verschlinger werden kann, wenn er ohne Rücksicht auf Moral seinen Trieben folgt. Ein solcher Wolf hat kein Interesse an Rotkäppchen, auch nicht an ihrer Sicherheit oder Keuschheit. Er ist nur daran interessiert, sich an ihr zu sättigen, sich an ihrem reifen Körper zu ergötzen (reif wie ein roter Apfel, die Farbe ihres Käppchens) und sich dann an ihrem zarten Fleisch gütlich zu tun.

Dir sind sicher auch ein paar Eigenschaften an unserem Wolf aufgefallen, die seiner Natur eigentlich fremd sind. Zum Beispiel die Tatsache, dass er sprechen kann. In der älteren französischen Fassung wird der Wolf als *Bzou*, als Werwolf bezeichnet; auch die chinesische Geschichte bezeichnet den Verführer als Werwolf.

Für uns sind Werwölfe nur etwas, das wir in den Filmwiederholungen am Samstagnachmittag sehen. Doch das war nicht immer so. Im 17. und 18. Jahrhundert waren Werwölfe in Frankreich eine ernste Sache und in ländlichen Gegenden wurde immer wieder von Werwolf-Angriffen berichtet. 1693 sollen in der französischen Stadt Benais einhundert Menschen von einem großen Bzou getötet worden sein. Zwischen 1765 und 1767 musste das französische Dorf Gévaudan eine Reihe von Angriffen über sich ergehen lassen, die mindestens einhundert Opfer forderten. Die Überlebenden der Angriffe beschrieben übereinstimmend einen Werwolf. Man nahm diese Angriffe so ernst, dass König Ludwig XV. seine Soldaten aussandte, das Untier zu jagen, das man inzwischen *La Bête du Gévaudan* nannte. Ach ja, und auch im 19. Jahrhundert gab es ein paar französische Werwölfe: Zwischen 1875 und 1879 gab es weitere Angriffe in der Stadt L'Indre. Unter den Opfern befanden sich fast ausschließlich Kinder und Frauen und es ist gut möglich, dass das Märchen vom Rotkäppchen und dem Wolf von diesen Ereignissen beeinflusst wurde.

Der Wolf würde auch als Hund durchgehen. Soll heißen, er könnte in vornehmer Gesellschaft durchaus als Gentleman angesehen werden. Sobald er jedoch mit dem Mädchen allein ist, gewinnt wieder seine wölfisch animalische Grausamkeit die Oberhand. Dann wird er zum Wolf aus dem Tarot, frei von Moral und jederzeit zu Verführung und Zerstörung bereit.

Warum also frisst unser Wolf das Rotkäppchen nicht einfach schon auf dem Weg?

Es könnte sein, dass der Wolf Rotkäppchen im Haus der Großmutter abfangen will, um zu vermeiden, dass andere Gentleman ihn bei seinem Versuch, sie zu verführen, beobachten. Perrault erzählt uns: „Als es durch den Wald kam, begegnete es Gevatter Wolf, der rechte Lust hatte, es zu fressen; doch er traute sich nicht, da ein paar Holzfäller im Wald arbeiteten."[20] Bruno Bettelheim vertritt die Theorie, dass es sich bei Wölfchen um einen älteren, höflichen Verführer handelt, der unter seinesgleichen den Eindruck aufrecht erhält, er sei ein wohl situierter Herr, den es aber insgeheim nach naiven jungen Frauen gelüstet, die ihm dann auch zum Opfer fallen. Das muss sich natürlich hinter geschlossenen Türen abspielen, einerseits, um zu vermeiden, dass er erwischt wird, und andererseits, weil er fürchtet, dass sich andere einmischen und die jungen Frauen vor seinen Verführungskünsten bewahren könnten. Seiner Meinung nach gibt er diesen Mädchen nur, was sie sich insgeheim selber wünschen, um das zu bitten sie aber zu schüchtern oder zu unerfahren sind (Rot ist ja die Farbe der Schüchternheit und der Verlegenheit). Schließlich gibt es keinen vernünftigen Grund, denkt sich der Verführer, dass Rotkäppchen ihm den Weg zu Omas Haus beschreibt, wenn es nicht selbst gern mit ihm ein bisschen anbändeln würde.

Was geht denn nun vor in Rotkäppchens Kopf?

Es ist durchaus möglich, dass Rotkäppchen ganz genau weiß, dass der Wolf im Bett der Großmutter liegt. Immerhin hat sie ihm ja auch verraten, wie man dorthin kommt! Ist es deshalb nicht ebenfalls möglich, dass sie sich sehr wohl darüber im Klaren ist, dass sie gerade nackt mit einem Verführer ins Bett steigt, der sie bis jetzt umgarnt hat und nun nur darauf wartet, mit dem armen, unschuldigen Rotkäppchen seine Triebe zu befriedigen?

Bitte was? Das süße, unschuldige Rotkäppchen? Nie im Leben! Das denkst du doch gerade, stimmt's? Wenden wir uns also wieder dem süßen Rotkäppchen zu und sehen zu, dass wir dieses Rätsel entschlüsseln.

Von den Brüdern Grimm erfahren wir nie den richtigen Namen von Rotkäppchen. Unsere kleine Schönheit wird nach ihrer Kopfbedeckung benannt: Rotkäppchen. Das rote Käppchen ist ein ziemlich interessantes Kleidungsstück: Der Name ist Programm. Es bedeckt beim Reiten den Kopf und die Schultern[21]. Damit ist es zugleich verführerisch (Rot, die Farbe der Leidenschaft und der Lust) als auch sittsam (es bedeckt Brust, Haare und Hals, vielleicht sogar einen Teil des Gesichts). Man kann sich bildlich vorstellen, wie ein Auge und vielleicht eine kleine Locke dunklen Haars verführerisch unter dem verhüllenden Kleidungsstück hervor lugt. Rot wie ein saftiger, fleischiger Apfel, die biblische Frucht der Verführung. Wir erinnern uns, dass Rotkäppchen in einer Version der Geschichte Goldkäppchen heißt. Gold ist die Farbe der Sonne und von süßem, würzigem Honig. Unter der honigfarbenen Kappe müssen die roten Lippen und errötenden Wangen des Mädchens sehr verführerisch ausgesehen haben. In der Grimmschen Geschichte wird das Mädchen verschlungen. Es musste ja so kommen. Schließlich ist sie dem Wolf in die Falle gegangen; das wäre einem anständigen Mädchen dieser Zeit nicht passiert. Catherine Orenstein weist darauf hin, dass zu Zeiten der Gebrüder Grimm „Keuschheit als das weibliche Ideal galt, wie es von der allgemeinen Verpflichtung zur Ehe gefordert wurde." Heutige Hörer der Geschichte wären vielleicht eher der Ansicht, dass Rotkäppchen von ihren eigenen Gelüsten verschlungen wurde.

Doch ist das wirklich so? Einige Autoren waren der Meinung, dass es sich dabei um keinen echten Tod handelt, sondern um ein Initiationserlebnis. Eine echte Initiation beinhaltet immer auch eine Todeserfahrung; es gibt Andeutungen, dass das Anerkennen der eigenen Sexualität ein Zeichen dafür ist, dass Rotkäppchen die Geschlechtsreife erreicht hat, und sie, nachdem sie vom Wolf gefressen und aus seinem Bauch herausgeschnitten wurde, als Frau wiedergeboren wird. Erinnern wir uns, dass der Wolf dereinst als Gottheit verehrt wurde. Rotkäppchen ist ein bisschen wie Persephone, die in der Unterwelt bei Hades liegt und dann in die Oberwelt zurückkehrt, damit der Frühling wiederkehren kann.

Allerdings wird das Märchen nicht immer auf diese Weise erzählt. In älteren Versionen passieren ziemlich seltsame Dinge. Dinge, von denen wir nichts ahnen, wenn wir uns die Grimmschen Versionen gemütlich vorm Kaminfeuer zu Gemüte führen.

Nehmen wir zum Beispiel die italienische Version. Darin heißt Rotkäppchen Rothütchen und wird nicht von einem Wolf, sondern von einem Menschenfresser, dem Orco, verführt. Zunächst aber führt sie ein äußerst merkwürdiges Gespräch mit dem Verführer, das wie folgt beginnt:

„Rothütchen wollte die Thüre aufmachen; aber als es merkte, dass es an etwas Weichem ziehe, rief es: ‚Ei, wie weich ist das Ding da, Großmütterchen!'

‚Zieh nur und schweig, es sind ja die Gedärme deiner Großmutter!'

‚Was sagst du da?'

‚Zieh nur und schweige!'"

Von jetzt an wird alles immer schlimmer.

„Rothütchen zog die Thüre auf, trat ein und sagte: ‚Großmütterchen, mich hungert.'

Der Orco erwiderte: ‚Geh' nur hinaus zum Küchenschrank, da wird noch ein wenig Reis sein.'

Rothütchen ging und nahm die Zähne heraus. ‚Ei, wie hart ist das Ding da, Großmütterchen!'

‚Iss und schweig, es sind ja die Zähne deiner Großmutter.'

‚Was sagst du da?'

‚Iss und schweige!'"[22]

Der Orco lässt Rothütchen weiter seine Oma aufessen, serviert ihm noch die Kiefer und lässt es von ihrem Blut trinken. Schließlich lässt er es sich ausziehen, wie wir bereits wissen, und zu sich ins Bett steigen, ehe er es verschlingt. Das ist eine sehr interessante Version unserer Geschichte: Der Orco zwingt Rothütchen zunächst, seine Oma zu fressen, bevor er es „verschlingt" (schändet). Gewissermaßen zwingt dieser Unmensch das Rotkäppchen, sich seinen Sünden der Völlerei und der Lust ebenfalls hinzugeben. Hier wird Rotkäppchens Naivität zur Schau gestellt, die den Eindruck erweckt, als ginge sie freiwillig mit dem Orco mit. In dieser Version ist Rotkäppchen völlig blind für das, was sie erwartet, bis es zu spät ist und sie gefressen wird, sowohl im übertragenen wie auch im wörtlichen Sinne.

Doch nicht immer wird Rotkäppchen gefressen. In älteren Erzählungen gelingt es ihr oft, zu entkommen und den Wolf zu besiegen. In einer französischen Version dieses Märchens liegt Rotkäppchen nackt bei einem Bzou, doch nach dem berühmten Frage-Antwort-Spiel sagt sie dem Bzou, sie müsse „es draußen tun". Der Bzou sagt ihr jedoch, sie solle es im Bett machen, sie aber hält dagegen, dass das doch stinken würde. Mit „es" ist natürlich die Darmentleerung gemeint: Sie sagt dem Wolf, sie müsse mal aufs Klo, worauf dieser vorschlägt, sie solle das doch im Bett erledigen, womit er versucht, Rotkäppchen gänzlich den Fängen der Zivilisation zu entziehen und sie auf eine von wollüstigen Trieben beherrschte Kreatur zu reduzieren, wie er selbst eine ist. Sie jedoch ist ein anständiges Mädchen und besteht darauf, hinauszugehen. Der Bzou bindet ihr ein Seil um das Fußgelenk, damit sie nicht abhaut, und zieht alle paar Sekunden daran, um zu sehen, ob sie noch da ist. Das schlaue Rotkäppchen aber befreit sich von dem Seil und befestigt es an einem Pflaumenbaum.

Rotkäppchen hat also nackt bei dem Bzou gelegen; ob nun aus Begierde oder aus Naivität, sie hat sich dem Tier hingegeben. Möglicherweise fesselt er ihren Fuß, um damit seine sexuelle Herrschaft über sie zu verdeutlichen. Sie jedoch befreit sich von ihm und befestigt das Seil an einem Baum, um klarzustellen, dass er nicht sexuell über sie verfügen kann. Sie bindet das Seil an einen Pflaumenbaum und legt den Wolf herein. Rotkäppchen ist abgehauen, sie ist nicht der Besitz des Bzou. Rein allegorisch gesprochen, hat sie nur ihre Exkremente dort gelassen.

Meist erleben wir Rotkäppchen als unschuldiges Opfer, dieses Rotkäppchen allerdings könnte ihre Triebe und ihre Sexualität sehr wohl unter Kontrolle gehabt haben. Sie entscheidet sich, sich verführen zu lassen, doch als es Zeit wird, sich davon zu machen, tut sie es einfach, und zwar zu einem Zeitpunkt, den sie selbst wählt. Sie zeigt dem Wolf, dass er nicht über sie verfügen kann und sie nur sich selbst gehört. Dieses Rotkäppchen wird ganz gewiss nicht gefressen! Was aber das Rotkäppchen betrifft, das sehr wohl vom Wolf gefressen wird – ist sie nun ein Opfer oder handelt es sich lediglich um ihre Initiation? Jeder von uns lebt sein Leben so gut es geht; wir sind uns bewusst (ob wir nun gern darüber nachdenken oder nicht), dass das Leben sehr kostbar ist und an allen Ecken Gefahren lauern. Das Rotkäppchen, das gefressen wird, ist völlig frei von Ängsten und verrät dem Wolf alles: Woher sie kommt, wohin sie geht und wen sie besucht. Rückblickend war das natürlich ein großer Fehler. Aber machen wir nicht alle solche großen Fehler? Und wissen wir nicht alle, dass einer dieser Fehler sehr wohl unser Verderben sein könnte? Doch selbst das Rotkäppchen, das gefressen wird, kommt heil aus der Geschichte raus und wird vom Jäger (der im Tarot dem Hund entsprechen würde) aus dem Bauch des Wolfes geschnitten. Wir haben die Hoffnung, dass sie aus ihrem Fehler gelernt hat und daran gewachsen ist.

Vielleicht ist Rotkäppchen gerade deshalb in aller Welt so beliebt. Sie zeigt uns, dass wir alle manchmal große Fehler begehen. Doch gleichzeitig zeigt sie uns, dass wir auch heil wieder herausfinden aus dem Unglück, dass wir überleben und fortan wachsam sind, damit wir nicht wieder einem Wolf auf den Leim gehen.

Rotkäppchen-Zauber

Wenn du, genau wie Rotkäppchen, Gegenstand unerwünschter Aufmerksamkeit bist, solltest du als allererstes in der realen Welt tätig werden. Sage Nein, erzähle nahestehenden Personen davon, dass jemand dich belästigt, wenn nötig, mache eine Anzeige bei der Polizei.

Nun, da das gesagt ist, wollen wir uns ein paar Zaubersprüche ansehen, die du anwenden kannst, wenn dir jemand auf den Wecker fällt.

Zuerst solltest du dir ganz darüber im Klaren sein, was du willst und was du nicht willst. Fühlst du dich im Zwiespalt? Erwiderst du die Aufmerksamkeit, hast aber das Gefühl, dass du das besser nicht tun solltest? Oder handelt es sich bei der Person um jemanden, mit dem du einmal zu tun hattest, zu dem du aber den Kontakt abgebrochen hast, vielleicht ein ehemaliger Freund oder Partner? Oder ist es jemand, der an dir interessiert ist, an dem du aber kein Interesse hast? Ist es jemand, der dein Interesse wecken will, es aber nicht schafft? In jedem dieser Fälle wird es kein Zurück mehr geben, sobald du erst einmal Magie eingesetzt hast. Du wirst diese Sache nicht in ein paar Monaten einfach rückgängig machen können, weil du plötzlich gemerkt hast, dass du das Interesse dieser Person eigentlich genießt. Wenn du dir vorstellen kannst, dass eine gesunde Beziehung zu diesem Menschen irgendwie doch möglich ist, gleich ob romantischer oder einfach nur freundschaftlicher Natur, dann solltest du keine Magie anwenden, um diese Person loszuwerden. Wenn du allerdings überzeugt bist, dass die Aufmerksamkeit, die dieser Menschen dir angedeihen lässt, wirklich unerwünscht, ungerechtfertigt oder sogar arglistig ist, dann bekommst du jetzt ein paar Vorschläge, was du dagegen unternehmen kannst:

Eis-am-Stiel-Zauber

Wenn du willst, dass sich die Gefühle einer Person dir gegenüber „abkühlen", dann kannst du ein wenig mitfühlende Magie wirken.

Um eine Person „abzukühlen", werden wir sie symbolisch einfrieren! Dazu brauchst du eine Form für Eiswürfel oder Eis am Stiel. Schreibe mit Tusche den Namen der Person auf ein kleines Stück Papier. Während des Schreibens stelle dir diese Person vor deinem geistigen Auge klar und deutlich vor. Visualisiere, wie diese Person von dir weggeht, dich ignoriert oder dich auf sonstige Weise einfach in Ruhe lässt.

Als nächstes füllst du die Eiswürfelform mit Wasser und legst das Stück Papier hinein. Stelle die Form in die hinterste Ecke deines Tiefkühlschranks und lasse sie dort stehen. Das Wasser wird gefrieren und auch das Interesse der Person für dich wird erstarren. Lasse die Form so lange dort stehen, wie du willst, und vergiss ganz einfach, dass es sie gibt.

Der Post-Zauber

Wenn du jemanden wirklich loswerden willst, versuche Folgendes: Schreibe seinen oder ihren Namen auf einen Zettel. Visualisiere diese Person klar und deutlich, während du schreibst. Du kannst den Namen der Person auch mehrmals aufschreiben, ihn während des Schreibens laut sagen und dabei visualisieren, wie die Person sich von dir wegbewegt und sich in absehbarer Zukunft nicht mehr in deinem Dunstkreis aufhalten wird. Auch wenn es normalerweise nicht gut ist, einen Menschen bei einem Zauberspruch tatsächlich bei seinem Namen zu nennen: Wenn jemand dich wirklich belästigt, ist es ein eindeutiger Fall von Selbstverteidigung. Der Zauberspruch fügt der Person ja kein Leid zu, er sorgt nur dafür, dass sie dir nicht mehr auf den Wecker geht. Du kannst dir aber für jeden Zauber das eine merken: „Schade niemandem!“

Lege den Zettel in einen gewöhnlichen Briefumschlag. Erkundige dich nach der Postleitzahl irgendeiner weit entfernten Stadt und sende den Brief postlagernd an die Person, deren Aufmerksamkeit du dich entledigen willst.

Zum Beispiel

Der Wolf
POSTLAGERND
12345 Musterstadt
Musterland

Schicke den Brief ab und warte. Wenn du den Zauber mit der richtigen Energie und Absicht anreicherst, wird die betreffende Person plötzlich dringende Angelegenheiten in Musterstadt zu regeln haben, die keinen Aufschub dulden! Und schon ist sie weg.

Du solltest allerdings deinen Brief nicht nach Musterstadt schicken, sondern in eine real bestehende Stadt mit einer realen Postleitzahl[23] wählen. Die betreffende Person muss schließlich aus geschäftlichen oder persönlichen Gründen in diese spezielle Stadt reisen oder umziehen müssen und das ist bei einem fiktiven Ort schlecht möglich. (Wie bitte? Es gibt gar keine Musterstadt?)

Der Rotkäppchen-Seil-Zauber

In einigen Versionen entkommt Rotkäppchen dem Wolf. Der Wolf bindet ein Seil um Rotkäppchens Fußgelenk, sie aber befestigt dieses an einem Baum und macht sich aus dem Staub.

Es gibt einen einfachen Zauber, der auf dieser Geschichte beruht. Wähle einen Gegenstand, der dich an die Person erinnert, die du loswerden möchtest. Das kann alles Mögliche sein, das dich an diese Person denken lässt: Ein Foto von ihr, etwas, das sie dir gegeben hat, ihre Lieblingsblume, ein Kleidungsstück, das sie ständig trägt. Nimm den Gegenstand mit nach draußen an einen Ort, wo du ungestört sein kannst und an dem sich Bäume befinden (auch Büsche, Stauden oder Kakteen sind möglich). Jetzt binde das eine Ende eines langen Seils oder Stricks an den Gegenstand. Das andere Ende des Seils bindest du an dein Fußgelenk. Visualisiere dabei die betreffende Person und betrachte das Seil als die unerwünschte Verbindung zwischen euch beiden.

Jetzt entferne dich ein Stück, vielleicht drei Meter weit, und löse das Seil von deinem Fuß. Binde das Seil um einen Baum. Lasse den Gegenstand samt Seil drei Tage lang dort liegen. Dann kehre an den Platz zurück, nimm das Seil und den Gegenstand und wirf beides einfach in den Müll. Währenddessen stelle dir lebhaft vor, dass diese Person sich von nun an aus deinem Leben fernhalten wird. Du bist ganz frei von dieser Person und wirst es immer sein! (Ob du die symbolische Gabe hinterlässt, die auch Rotkäppchen hinterlassen hat, liegt ganz bei dir.)

Der Rotkäppchen-Wiedergeburtszauber

Wie ich bereits erwähnte, betrachten einige Autoren Rotkäppchens Aufenthalt im Bauch des Wolfes als ihre Initiation. Als der Jäger sie herausschneidet, wird sie wiedergeboren, sie ist gereift und bereit, ein neues Leben zu beginnen.

Auch dies lässt sich durch einen Zauber simulieren.

Zuerst brauchst du ein neues Kleidungsstück, das du noch nie zuvor getragen hast. Dabei ist es völlig gleich, was das für ein Kleidungsstück ist: ein Kleid, eine Hose, ein Hemd oder eine Bluse, Schuhe, sogar ein Tuch oder Schal würde gehen. Es muss nichts neu Gekauftes sein, nur für dich muss es neu sein.

Diesen Zauber solltest du an einem Neumond wirken. Du brauchst entweder einen Wandschrank, ein sehr kleines Zimmer oder irgendeinen anderen engen, abgeschlossenen Raum, der sich sehr gut abdunkeln lässt (ein Badezimmer oder eine Waschküche oder, wenn du im Freien arbeiten willst, eine Höhle oder ein Dickicht in einer sehr abgeschiedenen Gegend). Während des Zaubers solltest du nackt (im Himmelskleid) sein. Da du den Zauber ganz allein wirken wirst, gibt es keinen Grund, verlegen zu sein.

Zuerst meditiere über die Person oder die Situation, derer du dich entledigen willst. Denke ausschließlich und sehr genau an diese Person. Wenn du schon sehr lange über diese Person meditiert hast, meditiere noch ein Weilchen weiter.

Jetzt lege deine Kleider ab und betritt den dunklen Raum. Schließe die Tür und mache den Platz so eng und dunkel wie möglich. Wenn du willst, kannst du dich in eine Decke oder ein anderes Stück Stoff wickeln, um einen wirklich engen, dunklen, gebärmutterartigen Raum zu simulieren.

Warte eine sehr, sehr lange Zeit. Wenn du das Gefühl hast, es ist eine Menge Zeit verstrichen, warte noch etwas länger.

Dann springe von diesem dunklen Raum in einen hell erleuchteten Raum oder ins Freie, ins Tageslicht. Spüre die freie, kühle Luft um dich her. Du bist wiedergeboren, erlöst, bereit für ein neues Leben!

Sobald du dich dafür bereit fühlst, ziehe das neue Kleidungsstück an. Dabei sagst du:

„Dieses neue ______ (Hemd, Schuhe, Kleid, Tuch, Augenklappe) gehört mir allein und immer, wenn ich es trage, werde ich mich daran erinnern, dass ich wiedergeboren wurde und mich selbst befreit habe!"

Trage dein neues Kleidungsstück so oft du willst (wenn es sich um Unterwäsche handelt, solltest du sie auch ab und zu mal waschen). Denke immer an das Ritual, wenn du es trägst, und an den Zauber, den du gewirkt hast.

Kapitel 8

Der Froschkönig oder der eiserne Heinrich – Ein Ritual für wahre und loyale Freundschaften

In dem Märchen „Der Froschkönig", auch bekannt unter dem Namen „Der Froschprinz" und erst kürzlich unter dem Titel „Küss den Frosch" von Disney verfilmt, gibt ein Mädchen einem sprechenden Frosch gegenüber ein Versprechen ab. Sie bricht das Versprechen, zerschmettert den Frosch und heiratet einen Prinzen, der, wie sich herausstellt, einen sehr treuen Diener besitzt. Des Dieners Herz war von Metallbändern umschlungen, doch als das frisch vermählte Paar in den Sonnenuntergang reitet, springen diese Bänder auf. Wir werden die Beziehung zwischen diesem getreuen Diener und seinem amphibischen Herrn als Rollenmodell für wahre und loyale Freundschaften untersuchen.

Auch hier entstammen die Zitate wieder den „Kinder- und Hausmärchen der Brüder Grimm".

„Tja also, Daddy, ich hab da so am Wasser gespielt, weißt du? Naja und irgendwie hab ich da so meine Kugel fallen lassen und da hat so ein Frosch mit mir gesprochen! Ist das normal?"

Den Grimms werden vermutlich nicht besonders viele California-Valley-Girls begegnet sein, aber es muss doch ein deutsches Äquivalent dafür gegeben haben, das sich in unserer zögerlichen Heldin in dieser herzerwärmenden Geschichte um ein Mädchen und seinen Frosch widerspiegelt.

Viele von uns sind mit diesem Märchen aufgewachsen und kennen es vielleicht unter einem seiner anderen Namen: „Der Froschprinz", „Der eiserne Heinrich", „Das Märchen vom Wicht am Ende der Welt" oder „Der Brunnen am Ende der

Welt". Das Märchen nimmt einen so festen Platz in unserer Denkstruktur ein, dass Menschen oft den geflügelten Satz benutzen „man muss schon eine Menge Frösche küssen, wenn man einen Prinzen finden will", wenn sie frustriert sind über ihre Beziehungssituation. Betrachten wir einmal das Märchen genauer, das die Brüder Grimm damals gesammelt haben.

Schon zu Beginn der Geschichte, als der Erzähler uns den Schauplatz vorstellt, erhalten wir eine gewaltige Menge an Informationen. Die Geschichte beginnt mit der Aussage: „In den alten Zeiten, wo das Wünschen noch geholfen hat..." Für heutige Leser mögen die Lebzeiten der Brüder Grimm vielleicht für „die alten Zeiten" halten, doch die Grimms sammelten diese Geschichte von jemandem, der eine Szene längst vergessener Zeiten heraufbeschwor, die sich von der damaligen Zeit doch erheblich unterscheiden musste, da dort das Wünschen ganz offensichtlich nicht besonders hilfreich war.

Nun zieht die Geschichte den Zuhörer tiefer in ihren Bann: „... lebte ein König, dessen Töchter waren alle schön, aber die jüngste war so schön, dass die Sonne selber, die doch so vieles gesehen hat, sich verwunderte, sooft sie ihr ins Gesicht schien." Wir erfahren hier, dass dieses Mädchen, die die jüngste von mehreren Töchtern ist, so schön anzuschauen sei, dass sie sogar die Aufmerksamkeit der Himmelskörper auf sich zieht. Gewissermaßen wird dadurch das Mädchen mit dem Himmel und mit Wärme und Behaglichkeit gleichgesetzt (Eigenschaften der Sonne). Zudem wird sie auch mit der goldenen Farbe der Sonne gleichgesetzt und tatsächlich soll es auch das Gold sein, welches die Schwierigkeiten herbeiführt, in die sie geraten soll.

Zu guter Letzt berichtet uns die Eröffnung der Geschichte noch: „Nahe bei dem Schlosse des Königs lag ein großer dunkler Wald, und in dem Walde unter einer alten Linde war ein Brunnen. Wenn nun der Tag recht heiß war, so ging das Königskind hinaus in den Wald und setzte sich an den Rand des kühlen Brunnens. Und wenn sie Langeweile hatte, so nahm sie eine goldene Kugel, warf sie in die Höhe und fing sie wieder; und das war ihr liebstes Spielwerk."

Den großen dunklen Wald kennen wir bereits. Er ist ein Platz der Wildnis, wo die Gesetze und die Moral unserer zivilisierten Höfe und Schlösser nicht existieren. Er ist ein Ort, wo die Tiere sprechen können und wo uralte Magie von jedem Aste tropft und auf jedem Blatte glitzert. Die Dunkelheit dieses Waldes erinnert an die ewige Dunkelheit der Unterwelt. Dieses unsagbar schöne Mädchen betritt jeden Tag mit ihrer goldenen Kugel – ein Bild der goldenen Sonne – diesen chaotischen Raum.

Jahrhunderte vor dem „Eisernen Heinrich" erzählten sich die Griechen den Mythos von Persephone. Darin badet Persephone, ebenfalls eine unvergleichliche Schönheit, in einem Fluss mitten in einem dunklen Wald. Dort erspäht sie Hades, der sich augenblicklich in sie verliebt. Hades ist der Herrscher der Unterwelt und er nimmt Persephone mit in dieses dunkle Totenreich. Dort lebt sie eine Zeitlang an seiner Seite, bis ihre Mutter Demeter sich allmählich Sorgen macht und sich auf die Suche nach ihr begibt. Nach langem Suchen entdeckt sie Persephone im Reich des Hades und bittet ihn, dass ihre Tochter in die Welt der Lebenden zurückkehren darf. Zunächst lehnt Hades ab: Zu sehr liebt er ihre Schönheit. Da greifen die Götter ein und Hades muss schließlich nachgeben. Doch er macht zur Bedingung, dass Persephone, sollte sie von den Früchten seiner Welt gegessen haben, bei ihm bleiben muss. Persephone gibt zu, dass sie sechs Granatapfelkerne gegessen hat. Damit scheint ihr Schicksal besiegelt. Demeter aber droht Zeus, dass sie alles Leben auf Erden zerstören wird, sollte ihr Mädchen ihr nicht wiedergegeben werden. Zuletzt einigt man sich auf Folgendes: Persephone darf sechs Monate des Jahres bei ihrer Mutter leben und das Leben wird in dieser Zeit erblühen; doch wegen der sechs Granatapfelkerne, die sie gegessen hat, muss sie für sechs Monate in die finstere Welt des Hades zurückkehren und alles Leben auf Erden muss dann sterben.

Der Mythos erklärt den Wandel der Jahreszeiten vom Winter zum Sommer und tatsächlich steht auch der Granatapfel unter anderem für die Sonne: ein kaltes Licht im eiskalten Winter und hell und warm während des Sommers.

Gleich im ersten Satz des Grimmschen Märchens erkennen wir die Parallele. Die schöne Königstochter, ein Geschöpf voller Leben und Licht, betritt den „großen, dunklen Wald", eine kalte, schaurige Welt, ganz ähnlich dem Reich des Hades. Sie geht zu einem Brunnen, einer Wasserquelle und Quelle der Verjüngung, wie auch Persephone an ihre Badestelle ging. Der Brunnen befindet sich unter einer Linde, ein Baum, der verdeutlicht, dass dieser Brunnen ein Quell grünen Lebens ist (und dem Granatapfel in Persephones Geschichte entspricht). Und sie hat eine goldene Kugel bei sich: ein Abbild der Sonne, eine Anomalie an diesem grauen Ort, doch ein Sinnbild der Sommermonate, wenn das Leben auch den Wald begrünt.

Gleich der sich wandelnden Sonne bleibt auch die goldene Kugel nicht am Himmel, wohin sie von dem Mädchen geworfen wurde. Sie fällt in den Brunnen und verdeutlicht damit, dass die Tage im Winter immer dunkler und kälter werden (und genau wie die endlos scheinenden Wintermonate ist auch der Brunnen „so tief, dass man keinen Grund" sieht).

Schon nach den ersten wenigen Sätzen der Geschichte ist also klar, dass dieses Märchen auf einen alten Mythos über die Unterwelt, auf eine schöne Göttin und die Jahreszeiten zurückzuführen ist.

In dem Moment erspäht – genau wie Hades die liebreizende Persephone erspähte – ein Frosch das Mädchen, das um seine verlorene Kugel weint.

Bei unserer Diskussion zu „Dornröschen" ging es ebenfalls um einen Frosch und wir haben festgestellt, dass er ein Symbol des Lebens und der Verjüngung darstellt. Dieser Frosch hier ist jedoch ein bisschen anders. Ehe das Leben seinen Lauf nehmen kann, muss der Weg durch den Tod bereinigt werden. Der Tod ist der erste Schritt zur Wiedergeburt und genau so einem Frosch sind wir gerade begegnet.

Die ersten Worte, die er an das Mädchen richtet, sind interessant: „Was hast du vor, Königstochter, du schreist ja, dass sich ein Stein erbarmen möchte." Der Herrscher der Unterwelt muss hart und kalt sein, ein finsterer Gott an einem finsteren Ort. Es ist schwer vorstellbar, dass es in der Welt des Todes auch Lachen und Erbarmen geben soll. Doch das Mädchen ist so anrührend, dass er von ihr ganz bewegt ist. „... dass sich ein Stein erbarmen möchte": vergleicht er hier sein Herz vielleicht mit einem Stein?

Sie erzählt ihm, dass sie ihre goldene Kugel verloren hat (dass die Sonne verschwunden und die Welt nun dunkel und winterlich ist). Der Frosch sagt darauf, er wolle ihr die Kugel schon wiederbringen, doch im Gegenzug müsse das Mädchen ihm etwas versprechen. Sie sagt ihm, sie würde ihm ihre Kleider, ihren Schmuck, selbst ihre Krone geben. In zahlreichen Versionen des Mythos der Persephone muss sich die Göttin vollständig entkleiden, um den Hades zu betreten; das Mädchen bietet dem Frosch quasi ebenfalls an, sich zu entblößen und sich vor dem Gott der Unterwelt ihrer Kleider, ihrer Juwelen und ihrer Krone zu entledigen. Der Frosch allerdings hat anderes im Sinn. Das Mädchen muss ihm erlauben, mit ihr zu leben, mit ihr zu speisen und in ihrem „Bettlein" zu schlafen. Wenn sie dazu bereit ist, wird er gern in die Tiefen des Brunnens hinabsteigen: Genauso ist auch Hades imstande, der kalten, düsteren Unterwelt zu trotzen, solange nur Persephone bereit ist, mit ihm dort unten zu leben und sein Bett zu teilen.

Freudig willigt das Mädchen ein, denkt aber bei sich: „ ... was der einfältige Frosch schwätzt, der sitzt im Wasser bei seinesgleichen und quakt und kann keines Menschen Geselle sein." Dieser Gedanke wird uns auch in der Parallele zu Persephone wieder begegnen, behalte ihn also einen Augenblick lang im Gedächtnis.

Entzückt von ihrer Zustimmung, holt der Frosch die Kugel (die Sonne) zurück und überreicht sie der Prinzessin. Die rennt davon und lässt den armen Frosch zurück, womit sie gleichzeitig das gegebene Versprechen bricht. Der Frosch ist allerdings hartnäckig. Er kommt, plitsch-platsch, ins Schloss gehüpft und verlangt, das Mädchen zu sprechen.

An dieser Stelle begegnen wir einer neuen Figur der Geschichte: Papa König. Das Mädchen berichtet ihrem königlichen Vater von ihrer misslichen Lage und sagt ihm, sie habe nie im Leben damit gerechnet, dass dieser niedere Frosch sie beim Wort nehmen könnte. Der König aber gibt ihr unmissverständlich zu verstehen, dass sie ihr Versprechen gegenüber dem Frosch einlösen muss: „Was du versprochen hast, das musst du auch halten; geh nur und mach ihm auf." Das ist zwar moralisch korrekt und wahrlich königlich gesprochen, doch erinnern wir uns, dass auch Zeus, der König der Götter, zum Eingreifen gezwungen war, als Demeter Hades darum bat, Persephone der Oberwelt zurückzugeben. Eben diese Rolle spielt der König hier in unserem Märchen: Er sorgt dafür, dass die helle Welt der goldenen Sonne ihre Schuld bei der dunklen Unterwelt begleicht.

„Die Königstochter fing an zu weinen und fürchtete sich vor dem kalten Frosch, den sie sich nicht anzurühren getraute und der nun in ihrem schönen reinen Bettlein schlafen sollte." Der Frosch ist kalt, genau wie die Unterwelt, und eine Leben spendende Göttin fände vermutlich keinen großen Gefallen an der Berührung durch ein Geschöpf der Unterwelt. Doch wiederum besteht der König darauf, dass seine Tochter ihr Versprechen hält. Nachdem der Frosch von ihrem goldenen Tellerchen gegessen und aus ihrem Becherchen getrunken hat, gehen sie beide ins Schlafgemach der Prinzessin, wo das Mädchen den Frosch in eine kalte Ecke setzt (ein dunkler, unterweltlicher Platz in diesem goldenen Schloss der Sonne).

Wie wir bereits festgestellt haben, teilen in vielen Grimmschen Märchen die Mädchen sehr bereitwillig, manchmal sogar begierig das Bett mit grausigem Getier. Rosenrot mit ihrem Bärengeliebten, Rotkäppchen mit ihrem Wolf und Nettchen mit ihrem Biest sind ganz zufrieden, sich der Umarmung eines Unterweltschurken hinzugeben. Unsere Prinzessin hier will davon jedoch überhaupt nichts wissen. Als der Frosch darauf besteht, ihre Beziehung zu besiegeln, und zu ihr sagt: „Ich bin müde, ich will schlafen so gut wie du; heb mich herauf, oder ich sag's deinem Vater" platzt ihr endgültig der Kragen. „Da ward sie bitterböse, holte ihn herauf und warf ihn aus allen Kräften wieder die Wand, ‚Nun wirst du Ruhe haben, du garstiger Frosch.'" Wow. Wie reizend, oder? Und gar nicht der Kuss, den wir alle doch so gut in Erinnerung haben.

Doch dieser unziemliche Gewaltausbruch ist vielleicht gar nicht so boshaft, wie es scheint. Tatsächlich verhält es sich in Volksüberlieferungen oftmals so, dass ein Zauber, der einen Menschen in eine andere Gestalt zwingt, nur durch Tod oder Gewalt gebrochen werden kann. Und gegen eine Wand geworfen zu werden, ist nicht ganz so grausam, wie das, was mit anderen Gestaltwandlern geschieht. In der ganz ähnlichen schottischen Geschichte „Das Märchen vom Wicht am Ende der Welt“ muss das Mädchen dem Frosch den Kopf abschlagen. Pfui! Im norwegischen Märchen „Die Puppe im Gras“ fällt eine winzig kleine Braut, die in einem Silberlöffel fährt, der von zwei Mäusen gezogen wird (vielleicht war das das Vorbild für die Kürbiskutsche in Disneys „Cinderella“), in einen See (der für das Ertrinken steht) und kommt als hochgewachsene Frau wieder heraus.

Mythische Bande

Der Göttin in unsere Welt zu folgen, ist für den Unterweltgott eine Form der Wiedergeburt. Eine solche Wiedergeburt kann oftmals nur nach einem gewaltsamen Tod erfolgen. In den Legenden von John Barleycorn oder dem Grünen Mann werden wir oft Zeugen eines grausamen Todes, bevor der Grüne Mann wieder auferstehen kann. In einem britischen Volkslied hören wir:

They hired men with crabtree sticks
To cut him skin from bone
And the miller he has served him worse than that
For he ground him between two stones

Sie heuerten Männer an mit Holzapfelstöcken
ihm die Haut von den Knochen zu reißen
Doch der Müller spielte ihm noch übler mit
denn er legte ihn zwischen zwei Steine

Doch trotz all dieser Pein ersteht der Grüne Mann wieder auf:

But Little Sir John in the nut brown bowl
He's brandy in the glass
Little Sir John in the nut brown bowl
Proved the strongest man at last
For the hunter he can't hunt the fox
Or loudly blow his horn
And the tinker cannot mend his kettles or his pots
Without John Barleycorn

Doch der kleine Sir John in seiner Nussschale
Er ist der Brandy im Glas
Der kleine Sir John in seiner Nussschale
War am Ende doch der stärkere Mann
Denn der Jäger kann weder jagen den Fuchs
Noch blasen in sein Horn
Und der Kesselflicker flickt keinen Kessel und keinen Topf
Ohne John Barleycorn

Um wiedergeboren zu werden, muss der Gott jedoch meist einen sehr viel grausameren Tod sterben. Llew Llaw Gyffes, der Sonnengott, muss dem Wintergott Gronw gestatten, einen Speer nach ihm zu werfen. Er wird zwar von dem Speer aufgespießt, erhebt sich aber als Adler in die Lüfte und kehrt im Sommer mit der wiedergeborenen Sonne zurück. Auch dies ist ein Jahreszeiten-Märchen: Llew Llaw Gyffes ist die Sonne, die im Sommer scheint, und Gronw ist der Tod im Winter.

Ein weiterer Mythos über Gewalt und den Wandel der Jahreszeiten ist der Mythos um Dionysos, der seine Mänaden, wunderschöne Mädchen, zu einer solchen Ekstase verleitet, dass sie ihn zerreißen. In verschiedenen Mythen zerreißen die Mänaden auch den Gott Orpheus und König Pentheus von Theben. Wie Llew wird auch Dionysos nur zerrissen, um wiedergeboren zu werden, so wie man Trauben zerquetscht, um Wein herzustellen.

Wie all diese mythischen Figuren muss auch der Frosch sein Leben lassen, um wiedergeboren zu werden. Hier im goldenen Schloss der Sonne wird er von einer schönen, mänadischen Göttin, der Prinzessin nämlich, gegen die Wand geworfen. Er wird zerquetscht, doch er erhebt sich als schöner Prinz, als Inkarnation des Gottes der grünen Natur. Jetzt kann auch die Prinzessin ihn lieben und die beiden einigen sich, einander zu heiraten. Die Prinzessin erfährt, er sei „von einer bösen Hexe verwünscht worden, und niemand hätte ihn aus dem Brunnen erlösen können als sie allein, und morgen wollten sie zusammen in sein Reich gehen." Auffällig ist, dass er nicht von irgendeinem heißen Feger von seiner Unterweltgestalt befreit werden konnte, sondern ausschließlich von dieser einen Prinzessin. Mit anderen Worten: Nur Persephone konnte Hades verwandeln.

Der getreue Diener

Jetzt gelangen wir an einen merkwürdigen Punkt in der Geschichte. In der Grimmschen Fassung unserer Geschichte wird die goldene Prinzessin im Titel noch nicht einmal erwähnt. Die Figur, die im Titel Erwähnung findet, spielt auch bis dahin überhaupt keine Rolle in der Geschichte: der eiserne Heinrich. Der eiserne Heinrich ist der getreue Diener des Prinzen, der so traurig darüber war, dass dieser in einen Frosch verwandelt wurde, dass er drei eiserne Bänder um sein Herz geschlungen hatte, damit es nicht zerbreche.

Wie bitte?

Als sie auf dem Weg ins Reich des Prinzen sind, hören sie ein Krachen. Der Prinz glaubt, der Wagen breche, doch es sind nur die metallenen Bänder, die vom Herzen des eisernen Heinrich springen. Also kein Grund zur Sorge, Leute.

Was ist denn das für ein bizarrer Teil der Geschichte, hm? Was hat der hier verloren?

Gut, dass du fragst. Ein Aspekt dieser Geschichte ist das Einhalten von Versprechen. Das zentrale Thema ist das Versprechen, dass die Sonne (die goldene Kugel), obwohl sie im Winter ganz kalt wird, im Frühling doch immer wieder zurückkehrt. Dieses Versprechen wird vom König sehr ernst genommen, denn er besteht darauf, dass seine Tochter ihr Wort hält. Nur indem sie dem Frosch gegenüber ihr Wort hält, kann der Sommer in das goldene Schloss zurückkehren. Nun wurde der Frosch als Sommergott wiedergeboren und hat die Göttin der Fruchtbarkeit geheiratet. Sie können sich auf den Weg in ihr Reich machen, die grüne Erde.

In „John Barleycorn" hören wir in einer Strophe:

They plowed they sowed they harrowed him in
Threw clods upon his head
And these three men made a solemn vow
That John Barleycorn was dead

Sie pflügten und säten und eggten ihn ein
und warfen Erde ihm aufs Haupt
und diese drei Männer leisteten einen Eid
John Barleycorn sei tot.

Der eiserne Heinrich ist das Korn und die eisernen Bande um sein Herz sind die Furchen in der Erde, in denen er während des langen, kalten Winters, schläft, da sein Herr, die Sonne, als Frosch in der Unterwelt weilt. Jetzt, da sein Herr wieder der schöne Sonnengott ist, dürfen die Bande wieder brechen und der eiserne Heinrich als grüne Vegetation wieder auferstehen:

They let him lie for a very long time
Till the rains from heaven did fall
And little Sir John sprang up his head
And he did amaze them all

Sehr lange ließen sie ihn dort liegen
Bis Regen herab vom Himmel fiel
Da schoss Sir John aus dem Boden hervor
Und versetzte sie allesamt in Staunen

Auf einer anderen Ebene (Mythen verfügen über viele Ebenen) hebt Eisen Verwünschungen auf. Feen hassen das Zeug und werden davon im Zaum gehalten. In ganz Europa heißt es in Volksüberlieferungen immer wieder, man solle zum Schutz gegen Feenzauber Eisenwerkzeuge bei sich tragen. Der Brauch, sich ein Hufeisen über die Eingangstür zu hängen, ist auf diesen Glauben zurückzuführen. Und wir wissen ja bereits, dass die Grimms Feen ganz gern durch Hexen ersetzten. Das könnte auch hier geschehen sein.

Heinrich, der ja ein getreuer Diener ist (ganz im Gegensatz zu der Prinzessin, die überhaupt nicht treu ist und ihr Versprechen allzu leichtfertig bricht), will also die Verwünschung, die seinen Herrn gefangen hält, aufheben. Die eisernen Bande um sein Herz sollen den Zauber aufheben. Als der Prinz von seinem Fluch erlöst ist, zerspringen die Bande um sein Herz und die Magie verklingt.

Der eiserne Heinrich steht in beiden Mythen für Treue und eingehaltene Versprechen: Das Versprechen der Götter, dass wir jedes Jahr wieder Korn und Nahrung haben sollen, und das Versprechen eines getreuen Dieners und Freundes an seinen Herrn, ihm auch während seiner Abwesenheit, wenn er in düsterer Verzauberung gefangen ist, treu zu sein.

Der König und der eiserne Heinrich sind gleichermaßen treu. Für den König ist es eine allgemeine Tugend: Er sagt zu seiner Tochter, dass man ein Versprechen nicht brechen darf. Für Heinrich ist es ein ganz spezifisches Versprechen: nämlich dass er sein Herz an seinen Herrn, den Prinzen, binden will. Sein Glaube an seinen Herrn wird belohnt durch die Rückkehr des Prinzen, die erst durch die wankelmütige Prinzessin ermöglicht wurde. Die beiden sind zwei Seiten einer Medaille: Treue und Unehre oder Tag und Nacht, Licht und Dunkel, Sonne und Nacht. Doch jetzt will die wankelmütige Prinzessin ein neues Versprechen abgeben und verpflichtet sich mit Leib und Seele dem Prinzen. Dieser Wandel ihrer Rolle repräsentiert den Wandel der Jahreszeiten im Laufe eines Jahres.

Es ist aber schon ein bisschen traurig, dass die Prinzessin, nachdem sie über das Fortgehen der Sonne verzweifelte, sie durch einen Besuch in der garstigen Unterwelt zurückgebracht, den Unterweltsfroschkönig wieder in einen Sommergott verwandelt und eine hilflose Amphibie zerquetscht hat, noch nicht einmal im Titel des Märchens erwähnt wird.

Das Froschkönig-Ritual

Im Märchen vom Froschkönig geht es um Treue und Redlichkeit. Leider sind beides Tugenden, die heutzutage in vielen Freundschaften und Beziehungen keine Selbstverständlichkeit mehr sind. Nur allzu leichtfertig scheinen die Menschen Versprechungen zu machen, ohne je vorzuhaben, sie einzuhalten. Und ebenso leicht gehen sie Freundschaften und Beziehungen ein, nur um gleich wieder zu verschwinden, wenn ihnen gerade danach ist.

Dieses Ritual dient dazu, Freunde oder auch einen Partner zu finden, der vertrauenswürdig und aufrichtig ist und seine Versprechen auch zu halten weiß.

Bevor du dich zur Durchführung dieses Rituals entschließt, mache dir deutlich bewusst, dass du, um respektvoll behandelt zu werden, auch selbst anderen mit Respekt begegnen musst: Willst du, dass die dir gegebenen Versprechen eingehalten werden, musst auch du zu deinem Wort stehen. Das heißt, dass du deine Versprechen äußerst ernst nehmen solltest und niemals ein Versprechen abgibst, das du dann nicht einhalten kannst oder willst. Jeden Tag erleben wir Menschen, die einander versprechen, sich den Rest ihres Lebens zu „lieben und zu ehren", nur um dieses Versprechen baldmöglichst zu brechen und sich scheiden zu lassen. Oft ist es genau das, was wir als Kinder als Vorbild vorgesetzt bekamen: Du bist unzufrieden mit deiner Beziehung? Dann trenn dich halt und such dir jemand Neues! Auch wenn es sicherlich richtig ist, sich aus einer missbräuchlichen Beziehung zu lösen, so würden doch die meisten Menschen eine durchaus tragfähige Partnerschaft eher in die Tonne treten, als sich die Mühe zu machen, daran zu arbeiten. Für viele Menschen heutzutage ist Untreue völlig normal. Sie finden Entschuldigungen für ihr Verhalten oder machen leere Versprechungen, es komme nicht wieder vor.

Bei Freundschaften ist es nicht anders. Wir alle kennen aus den Medien eine gewisse Erbin, die ihre „besten Freundinnen" verschleißt wie ihre Haute Couture Klamotten. Es gab sogar eine Fernsehshow für sie, in der sie eine „beste Freundin" finden wollte.

Und wie es scheint, leben wir auch in einem politischen Zeitalter, da unsere politischen Führer uns immer genau das Versprechen, von dem sie glauben, dass wir es hören wollen. Wer erinnert sich nicht an einen gewissen Politiker, der uns nahelegte, wir sollten es von seinen Lippen ablesen.[24]

Der Punkt ist doch, dass es in unserer modernen Welt kaum ein Rollenmodell gibt, das uns etwas über vertrauenswürdige, loyale Freundschaften zu lehren hätte. Wenn du selbst kein vertrauenswürdiger Freund bist – wenn du lügst, deine Versprechen brichst und dich von einer Freundschaft in die nächste flüchtest –, solltest du gründlich darüber nachdenken, ehe du dieses Ritual durchführst. Wenn du mit Hilfe dieses Rituals einen echten Freund findest und dieser Freundschaft dann keine Ehre machst, dann brichst du damit ein Herz und ebenso auch einen magischen Schwur, den du geleistet hast.

Wenn du allerdings wirklich bereit bist für eine dauerhafte Freundschaft mit einer Person, die nicht illoyal ist, findest du auf den folgenden Seiten ein Ritual, das dir hilft, einen solchen Menschen zu finden. Das Ritual sollte zu Vollmond durchgeführt werden und es ist gut möglich, dass du es viele Male durchführen musst, bevor sich tatsächliche Resultate abzeichnen. Doch wie bei jedem Zauber gilt auch hier: Lasse dich nicht entmutigen. Beharrlichkeit und Wiederholung zahlen sich in der Magie ebenso aus wie im „richtigen" Leben. Du benötigst deinen Altar mit zwei Kerzen und eine goldene Kugel (falls du zufällig gerade keine Kugel aus purem Gold zur Hand hast, tut es auch ein golden angemalter Springball; in Spielzeugläden findet man auch manchmal goldfarbene Spielbälle). Später brauchst du noch einen kleinen Spaten, denn du wirst gebeten werden, die Kugel irgendwo zu vergraben: in einem Garten, einem Stückchen Erde, einem Wald oder Park – jeder Platz mit ein wenig Erde ist völlig ausreichend, also überlege dir, wo ein solcher Platz für dich sein könnte.

Am besten führst du dieses Ritual an einem ruhigen, dunklen Ort durch. Idealerweise im Freien, aber auch ein ruhiger, dunkler Raum wäre in Ordnung. Du solltest bequeme Kleidung tragen oder im Himmelskleid arbeiten.

Entzünde die zwei Kerzen auf deinem Altar: Eine steht symbolisch für den Sommer, die andere für den Winter. Mache dir den Wandel der Jahreszeiten bewusst und stell dir vor, wie jemand dich durch alle Zeiten des Jahres begleitet, wie jemand sowohl in sonnigen Zeiten als auch in kalten Tagen bei dir ist..

Nimm dann die goldene Kugel in deine Hände und halte sie an dein Herz. Betrachte ausgiebig die Kerze, die den Sommer symbolisiert und mache dir bewusst, dass du jemanden in dein Leben einladen möchtest, der die sonnigen Zeiten mit dir teilt. Visualisiere das Grün und die Wärme des Sommers, das Lachen und das Vergnügen, das du mit jemandem zusammen erlebst. Spüre, wie dein Herz mit jemandem verbunden sein möchte, wie auch das Herz des eisernen Heinrich verbunden war.

Dann lösche die Sommerkerze und konzentriere dich auf die Kerze, die für den Winter steht. Verinnerliche dir, wie du mit jemandem die kalten und dunklen Tage teilst, wie jemand bei dir ist, wenn du traurig bist und dich tröstet. Spüre die innere Wärme, die so ein Mensch dir an grauen und dusteren Tagen schenken könnte. Denke auch wieder an das Herz des eisernen Heinrich und an die Verbundenheit und Treue, die du dir von jemandem wünschst und die du deinerseits jemandem schenken möchtest. Lösche nun auch die Winterkerze und betrachte die Kugel, die nun zu einem aufgeladenen Symbol echter Freundschaft geworden ist.

Die Kugel, die du nun bald in der Erde vergraben wirst, damit sie träumt wie die Wintersonne, wird einen Freund (Geliebten/Partner) für dich und deine Sehnsucht finden. Wenn die Kugel wieder aus der Erde treten wird, wird dein Freund an deiner Seite sein. Visualisiere diesen Vorgang ganz klar vor deinem inneren Auge und bekräftige ihn mit den Worten: „So sei es!" Schließe jetzt den Kreis gegen den Uhrzeigersinn und bringe die goldene Kugel der Sonne an die Stelle, wo du sie begraben willst.

Schlage sie in Plastik ein oder lege sie in einen kleinen Karton und vergrabe sie an einem Platz, den du gut wiederfinden kannst.

Nachbereitung

Beim nächsten Vollmond gehe an die Stelle, wo du die Kugel vergraben hast. Grabe sie wieder aus, betrachte sie und mache dir bewusst, dass die Sommersonne wieder scheint und dass die Bande deines Herzens aufspringen. Wenn du magst, kannst du laut sagen: „Komm, Sonne, und bringe wahre Freundschaft in mein Leben! So sei es!"

Lege die Kugel unter dein Bett oder auf deinen Nachttisch und betrachte sie jeden Abend, ehe du dich schlafen legst. Vielleicht magst du auch noch einmal deinen Kreis ziehen und mit der Kugel in der Hand dreimal den Kreis abschreiten. Wenn du das tust, sprich dabei etwa folgendes:

„Ich trage die goldene Sonne, die meine Gebete einer echten und dauerhaften Freundschaft spricht!" Wiederhole diese Worte bei jedem Gang um deinen Ritualplatz.

Vielleicht musst du dieses Ritual zwei oder drei Male wiederholen, doch dein aufrichtiger, treuer Freund oder Partner wird kommen. Freue dich auf ihn!

Kapitel 9

Rapunzel - Ein Erwachsenenwerden-Ritual für junge Frauen

In diesem bekannten Märchen wird ein Mädchen gegen das Leben ihres Vaters eingetauscht, als eine Zauberin den Mann dabei erwischt, wie er aus ihrem Garten Rapunzeln, eine Art Kohl, stiehlt. Das Mädchen wächst in völliger Abgeschiedenheit auf und kennt als mütterlichen Vormund nur die Zauberin. Als sie aber einem äußerst entschlossenen jungen Mann begegnet, verliebt sie sich in ihn, doch bevor die Geschichte ein glückliches Ende nehmen kann, müssen die beiden Liebenden zunächst den Kampf gegen das Schicksal und gegen die Zauberin aufnehmen. Wir wollen dieses Märchen als Grundlage für ein Erwachsenenwerden-Ritual für junge Frauen verwenden, einen Übergangsritus, wie man ihn in vielen alten Kulturen antrifft.

Auch hier wieder entstammen die Zitate den „Kinder- und Hausmärchen der Brüder Grimm".

Eine Halle aus Marmor, wie Milch so weiß,
Überzogen mit Haut, ganz seidenweich,
und in einem Brunnen so klar wie Kristall,
tanzt ein goldener Apfel wie beim Ball,
Nicht Tor und Tür diese Festung versperren,
Und doch kommen Diebe, das Gold raus zu zerren.

(volkstümlich)

Nicht nur dieser Sechszeiler, sondern auch das vorliegende Märchen gibt uns Rätsel auf: Mitten im Wald steht ein Turm, umgeben von Dornenhecken. Es gibt weder Türen noch Treppen noch Tor. Und doch sitzt in diesem Turm ein Schatz: ein wunderschönes Mädchen mit Haaren von goldener Farbe, das nach einer Pflanze benannt ist und gegen das Leben ihres Vaters eingetauscht wurde. Sie spinnt den lieben langen Tag und singt dabei ein einsames, sehr verlockendes Lied. Wie ist sie dorthin geraten und wer kann dieses Gefängnis betreten, das doch keine Wachen und kein Schloss besitzt?

Die Lösung des sechszeiligen Rätsels lautet Ei und die Antwort auf unser Rätsel lautet natürlich Rapunzel.

Das Eröffnungsmotiv in „Rapunzel" weist große Ähnlichkeiten zu zwei anderen Märchen der Gebrüder Grimm auf. In „Die Schöne und das Biest" tauscht ein Mann seine jüngste Tochter gegen das eigene Leben ein, nachdem er verbotenerweise in einem verschlossenen Garten eine Rose gepflückt hat; in „Rumpelstilzchen" verspricht eine Frau einem Wicht ihr Kind, damit dieser ihr Stroh zu Gold spinnen möge; und in diesem Märchen verschachert ein Mann sein Neugeborenes gegen sein eigenes Leben, nachdem er in einen ummauerten Garten eingestiegen ist und dort eine Art Kohl namens Rapunzel stehlen wollte.

Rapunzels Geschichte beginnt mit einem Ehepaar, das sich ein Kind wünscht. Die Frau wird schwanger und verzehrt sich nach Rapunzeln, einem Kohl, der in einem Garten wächst, den sie von ihrem Fenster aus einsehen kann. Das Dumme ist nur, dass dieser Garten von einer Mauer umgeben ist und von einer mächtigen Zauberin bewacht wird.

Im Mittelalter hielt man es für äußerst wichtig, einer Schwangeren, wenn es sie nach einer bestimmten Speise gelüstete, diese Speise auch zu bringen. Das ist eine gesunde medizinische Philosophie. Ihr Verlangen könnte schließlich darauf zurückzuführen sein, dass sie einen bestimmten Nährstoff braucht, der in dieser Speise enthalten ist. Der Mann entschließt sich also, der Bedrohung durch die Zauberin zu trotzen und überwindet die Mauer zu ihrem Garten.

Zunächst verläuft alles nach Plan. Er kehrt mit einer Handvoll Rapunzeln zu seiner Frau zurück. Doch wie es bei Speisen aus der Unterwelt (denn genau dort kommt dieser spezielle Kohl her) so üblich ist, führt der Verzehr nur zu einem noch größeren Verlangen, und so startet Papi am folgenden Abend eine weitere geheime Rapunzel-Beschaffungs-Aktion.

Geheime Aktionen scheinen aber nicht gerade Papis Stärke zu sein: Dieses Mal erwischt ihn die Zauberin. Sie droht, ihn zu töten, er aber fleht um Gnade und erklärt ihr sein Benehmen. Da hat die Zauberin Mitleid mit ihm. Jedenfalls genug Mitleid, um sein Leben zu schonen, wenn er ihr dafür sein ungeborenes Kind verspricht. Nicht wirklich gnädig, wenn du mich fragst. Unser Held geht auf den Handel ein und macht sich schleunigst aus dem Staub.

Derartige Fallen begegnen uns immer wieder in Volksüberlieferungen. Im *Mabinogion* erspäht ein menschlicher Jäger namens Pwyll einen weißen Hirsch und beschließt, ihn zu jagen. Das Dumme ist nur, dass er bereits von ein paar weißen Hunden mit roten Ohren gejagt wird. Nun ist Pwyll nicht unbedingt der Hellste und setzt seine Hunde auf die weißen Hunde an. Diese verjagen die Hunde und Pwyll erlegt den weißen Hirsch. Gleich darauf erscheint der gehörnte Unterweltsgott Arawn. Er erklärt Pwyll, dass dieser, da er einen Hirsch gejagt habe, der eigentlich bereits ihm gehörte, nun sein Leben schulde. Der Gott erklärt sich jedoch einverstanden, Pwylls Leben zu schonen, wenn dieser seinen Platz in der Unterwelt einnehmen und gegen seinen Feind kämpfen wolle. Pwyll stimmt dem Handel zu und verbringt ein Jahr im Lande Arawns, das in einem erbitterten Duell gipfelt.

In beiden Fällen ist die Situation natürlich gestellt. Die Zauberin will ein Kind und wir können wohl davon ausgehen, dass sie ihre Rapunzeln irgendwie verzaubert hat, um die schwangere Frau und deren Ehemann hinter die Mauern ihres Unterweltgartens zu locken. Die List ist erfolgreich und der Mann ist bereit, das Leben seiner Tochter für sein eigenes herzugeben.

Die Frau entbindet das Kind und sofort erscheint die Zauberin in ihrer Kammer und nimmt das Neugeborene mit. Sie nennt es Rapunzel, nach dem Kohl, gegen den sie es eingetauscht hat, und zieht sie in völliger Abgeschiedenheit und vor aller Welt geschützt groß.

Hier haben wir eines der äußerst seltenen Grimmschen Märchen, in denen tatsächlich eine gewisse Zeit vergeht, denn wir werden Zeuge, wie das Mädchen, das am Anfang ein Neugeborenes ist, irgendwann alt genug ist, dass man ihr den Hof macht: „Rapunzel ward das schönste Kind unter der Sonne. Als es zwölf Jahre alt war, schloss es die Zauberin in einen Turm, der in einem Walde lag und weder Treppe noch Türe hatte, nur ganz oben war ein ganz kleines Fensterchen." Im mittelalterlichen Europa war ein Mädchen mit zwölf Jahren heiratsfähig und die Zauberin, die fürchtet, man könnte dem Mädchen den Hof machen, sperrt sie in einen abgelegenen Turm. Der einzige Zugang zum Turm ist ein hoch gelegenes Fenster, das man nur erreichen kann, wenn man an dem langen Zopf des Mädchens hinaufklettert.

Ein Königssohn kommt vorbei und hört das Mädchen in seinem Turm singen. Er ist verzückt von ihrer lieblichen Stimme, doch er findet keinen Eingang zu dem Gebäude: Das Rätsel um Rapunzel vereitelt seinen Plan. Allerdings nur für kurze Zeit. Er legt sich auf die Lauer, bis er die Zauberin kommen und den vertrauten Gruß ausrufen sieht: „Rapunzel, Rapunzel, lass mir dein Haar herunter!" – ein Satz, den wir seit unserer Kindheit schon oft gehört und wiederholt haben.

Der Prinz probiert diesen Gruß nun selbst aus und wird mit einem Besuch in der Festung belohnt, wo er das Mädchen zu Gesicht bekommt. In einer Szene, die sehr an die Balkonszene aus *Romeo und Julia* erinnert, erklimmt er den Turm und schwört der jungen Frau, die er gerade zum ersten Mal sieht, seine Liebe und die beiden beginnen eine Romanze.

Rapunzel hat vor, mit ihrem hübschen Liebhaber zu entfliehen, doch ehe es soweit ist, verrät sie den schönen Plan versehentlich an die Frau, die sie mit „Frau Gotel" anspricht, was soviel wie Patin bedeutet. Die Zauberin gerät in Wut angesichts Rapunzels Romanze und bringt sie in eine Wüstenei. Dann stellt sie dem Prinzen eine Falle (dass sie darin sehr geschickt ist, wissen wir ja bereits). Sie verstellt sich und erlaubt dem Prinzen, den Turm zu erklimmen, und verspottet ihn. Als er erfährt, dass seine Liebste fort ist, springt er vom Turm herab, was uns einmal mehr an Romeo erinnert. Doch im Gegensatz zum Shakespeare-Helden lässt der Prinz nicht gleich sein Leben, sondern ist nur geblendet von den Dornen der Rosenhecke.

Nun irrt er durch die Welt und isst „nichts als Wurzeln und Beeren" und beklagt den Verlust seiner Liebsten. Doch nach einiger Zeit führen ihn seine Wanderungen schließlich in eben jene Wüstenei, in der Rapunzel sich befindet. Sie hat inzwischen seine Zwillinge geboren und singt gerade ihren Kindern ein Lied vor. Er hört das Lied und erkennt ihre liebliche Stimme. Da fallen sich die beiden in die Arme. Sie weint vor Freude über das Wiedersehen mit ihrem Liebsten und ihre Tränen heilen seine Augen. Darauf bringt er sie in sein Königreich, wo die beiden heiraten und „noch lange glücklich und vergnügt" leben.

Wie viele der Grimmschen Märchen ist Rapunzel eine sehr komplexe Geschichte mit vielen Bedeutungsebenen und voll magischer Elemente.

Das Kind aus dem Kohlbeet

Das Märchen von Rapunzel beginnt mit einem Wunsch: „Es war einmal ein Mann und eine Frau, die wünschten sich schon lang vergeblich ein Kind, endlich machte sich die Frau Hoffnung, ihr Wunsch werde in Erfüllung gehen." Der Wunsch des Paares, sich über den normalen Lauf des Lebens zu erheben und ein Kind zu bekommen, wann sie es wollen und nicht, wann die Natur sie damit segnet, führt zu erheblichen Schwierigkeiten. In unserer modernen Welt werden Schwangerschaften meistens geplant und entweder vermieden oder erwünscht (manchmal hilft man auch mit künstlicher Befruchtung ein bisschen nach). Im mittelalterlichen Europa dagegen war man überzeugt, dass nur Gott oder die Natur allein darüber verfügten, wann ein Kind entstehen durfte, und der Wunsch des Ehepaars wäre als Einmischung in die Natur betrachtet worden. Diese Sünde wird durch die Gier der Frau noch unterstrichen: „Die Leute hatten in ihrem Hinterhaus ein kleines Fenster, daraus konnte man in einen prächtigen Garten sehen, der voll der schönsten Blumen und Kräuter stand. Er war aber von einer hohen Mauer umgeben, und niemand wagte hineinzugehen, weil er einer Zauberin gehörte, die große Macht hatte und von aller Welt gefürchtet ward." Die Frau aber begehrte zwei Dinge, die sie eigentlich nicht haben sollte: ein Kind und die Blumen und Pflanzen aus dem Garten der Zauberin.

Die Frau wird schwanger und ist bald völlig besessen von den herrlichen Rapunzeln hinter der Mauer der Nachbarin. Ihr Mann fürchtet, sie könne krank werden, also klettert er über die Mauer hinweg, um den Kohl zu stehlen. Einmal gelingt es ihm, doch die Frau macht sich der Habgier und nun auch noch der Völlerei schuldig: Sie will mehr.

Hier haben wir eines der ersten zugrunde liegenden Motive, und zwar eines, das uns im Laufe der Geschichte immer wieder begegnen wird: Kohl.

Vielleicht hast du auch eine Schwäche für Kohl, vielleicht auch nicht, aber in der Folklore ist Kohl ein ziemlich potentes kleines Gemüse. Es steht auf derselben mythischen Stufe wie die Rose, die wir bereits im Zusammenhang mit Rosenrot und Dornröschen betrachtet haben. Bei jeder dieser Pflanzen besteht die Blüte aus zahlreichen üppigen Falten, weshalb sie in Volksüberlieferungen ein Symbol für die Vagina und die weibliche Sexualität darstellt. Auch kennen wir die Rose aus dem Märchen „Von dem Sommer- und dem Wintergarten" („Die Schöne und das Biest"), wo sie für die Sexualität der Schönen steht. Das Biest will diese Sexualität in Besitz nehmen, ebenso wie die zerbrechliche Rose, muss aber warten, bis die Blume ihre volle Reife erlangt hat. Auch in diesem Märchen taucht der Kohl auf: Die Schöne bricht zu einem Besuch bei ihrem Vater auf, verspricht aber, zum Schloss des Biestes zurückzukehren; das Biest grämt sich sehr über die Abwesenheit der Schönen und liegt bald sterbend in einem Kohlbeet. Die Schöne kehrt zurück und holt das Biest mit einem Kuss ins Leben zurück: Anstelle der floralen Vagina setzt sie ihre eigentliche Sexualität, was dem Biest wieder Leben einhaucht: Frauen hüten die Macht der Wiedergeburt und des Nährens, eine Tatsache, die sich bildlich Ausdruck verschafft durch ihre Vagina, das Tor zum Leben. Die Rose und der Kohl sind vegetative Symbole dieser Macht. Dies ist ganz gewiss einer der Gründe dafür, warum Liebende einander Rosen schenken.

Ein solcher Austausch einer jungen Frau gegen eine sexuelle Blume begegnet uns immer wieder in der englischen Folklore, wie zum Beispiel in Liedern wie „Tam Lin". Ich habe dieses Lied bereits erwähnt, in dem Janet, eine liebreizende junge Erbin, in eine sexuelle Beziehung mit einem Feenmann gezwungen wird, nachdem sie eine seiner Rosen gepflückt hat.

Hier haben wir nun den Kohl, die vaginale Blume der Volksüberlieferungen, hinter der Mauer zum Garten der Zauberin. Die werdende Mutter will einen davon haben. Der Kohl steht für ihren Sexualtrieb und ihren unglaublich heftigen Wunsch, ein Kind zur Welt zu bringen. Doch auch das Wesen der Zauberin wird hier deutlich. Sie schließt die Pflanzen in ihrem Garten ein, sperrt sie weg vor der Welt. Ihre Sexualität schlummert also im Verborgenen und wird streng bewacht. Sie wird sie gegen ein ungeborenes Mädchen eintauschen, denn sie ist der Meinung, dass man Mädchen vor ihrer eigenen Reife beschützen muss. Das Mädchen wird sie dann ebenso wegsperren wie die Gartenpflanzen.

Die Unersättlichkeit der Mutter zwingt den Ehemann, sich in den Garten zu schleichen und den Kohl zu stehlen (so wie sich später in der Geschichte der Prinz hineinschleichen und Rapunzels Jungfräulichkeit stehlen wird). Der Mann wird ertappt und, genau wie der Vater der Schönen, dazu gezwungen, das Leben seines Kindes für das Gemüse herzugeben. Weil die Frau sich versündigt hat (sich entgegen dem Lauf der Natur ein Kind gewünscht und die Schuld der Habgier und der Völlerei auf sich geladen hat), muss sie nun das Kind, das sie im Leibe trägt, wieder verlieren. Ihre Sünde der Völlerei wird symbolisch durch den Austausch ihrer Tochter gegen den Kohl bestraft, nach dem sie sich verzehrt hatte.

Genau wie in „Die Schöne und das Biest" zeichnet der Vater verantwortlich für den Leidensweg des Kindes. In beiden Märchen ist es Papi, der die Pflanze aus einem ummauerten Garten stiehlt und dann das Leben seiner Tochter hergibt, um die eigene Haut zu retten. Die Zauberin erscheint just im Augenblick der Geburt des Mädchens und erhebt Anspruch auf sie. Sie benennt sie nach dem fruchtbaren Kohl, um dessentwillen sie eingetauscht wurde.

Frau Gotel, die „Patin", schirmt das Mädchen vor der Welt ab und als es zwölf Jahre alt ist, sperrt sie es in einen Turm mitten im Wald.

Auf einer Ebene stellt der Wald, wie wir bereits wissen, die Unterwelt dar. Allem Anschein nach befindet sich das Mädchen genau wie Rosenrot und Dornröschen im Winterschlaf, einer Art Stase, ehe sie voll und ganz zur Frau wird. Der Turm steht für ihre Jungfräulichkeit, die sorgsam vor der Welt beschützt wird. Die Tatsache, dass der Turm keine Türen besitzt, ist ein Zeichen für die Jungfernschaft. Die Welt darf zwar sehen, dass da eine junge Frau die geschlechtliche Reife erlangt, aber noch darf niemand sie in Besitz nehmen. Sie wartet auf den Prinzen, den Mann, der in ihr genau zur rechten Zeit das Verlangen wecken wird.

Hairway to Heaven oder Die Haarige Himmelsleiter

Zu Beginn dieses Kapitels stand ein Rätsel. Dieses Rätsel weist viele Parallelen auf zu Rapunzels Gefangenschaft im Turm ihrer Keuschheit. Das Rätsel beschreibt einen „goldenen Schatz", der in einem unzugänglichen Schloss verborgen liegt. Das Gold ist das Eigelb, der Teil des Eis also, dem das Leben entspringt. Rapunzel ist ebenfalls ein Schatz, der in einem unzugänglichen Turm gefangen gehalten wird. Ihre Gefangenschaft ist zugleich eine Analogie zu Rapunzels neu entdeckter Fruchtbarkeit, die Eier in ihrem Innern, die beschützt werden müssen, solange sie noch jung und zerbrechlich ist. Doch wie jedes andere Mädchen auch und wie das Küken, das aus seinem Ei ausbrechen will, will auch Rapunzel mehr von der Welt sehen als nur diesen einsamen Turm und die alternde Stiefmutter. Auf einer gewissen Ebene entspricht Rapunzel der jungfräulichen Göttin, der Saat im Frühling, die in der Unterwelt nur auf den rechten Moment wartet, um zu wachsen und zu erblühen, um nach dem trostlosen Winter wieder Leben in die Welt zu bringen (wie das Eigelb, das unter der Schale verborgen ist).

Doch Rapunzel wohnt nicht allein in diesem Unterweltsturm. Der Turm ist auch Frau Gotels Zufluchtsort. Sie scheint selbst ein Thema mit ihrer Sexualität zu haben und hat sie hinter einem ummauerten Garten weggesperrt, in den keinesfalls ein Mann eindringen darf. Als doch ein Mann hierher vordringt, will sie ihn am liebsten töten, doch sie begreift, dass sein Eindringen (Sex) die einzige Möglichkeit für sie ist, ein Kind zu bekommen. Also lässt sie es zu, doch nur unter der Bedingung, dass ihr dafür ein Baby geschenkt wird. Ihr Misstrauen gegenüber Männern und ihr Unbehagen mit der eigenen Sexualität halten auch weiterhin vor. Als ihr Kind nun alt genug für eigene sexuelle Triebe ist, sperrt die Frau es weg in dem Versuch, sie vor den Dingen zu schützen, vor denen die Zauberin selbst sich fürchtet.

Die Zauberin hat große Ähnlichkeit mit Demeter, der Mutter der Persephone, die versucht, eine sexuelle Beziehung zwischen ihrer Tochter und Hades zu verhindern und Persephone auf immer bei sich zu behalten, womit sie die Unschuld und Kindlichkeit ihrer Tochter zu erhalten sucht.

Natürlich funktioniert das so nicht. Demeter kann Persephone nicht aufhalten, denn die junge Göttin muss geschwängert werden, damit der Frühling zurückkehren kann. Die Zauberin und Rapunzel entsprechen denselben mythischen Rollen: Die Zauberin will Rapunzels ganz natürliches Bedürfnis danach, selbst Liebe, Sex und Zeugung zu erleben, unterbinden. Doch der völlig natürliche Zyklus des Mädchens gewinnt schließlich die Oberhand.

Einerseits ist Rapunzel ein Symbol für die Frühlingsgöttin, doch sie weist auch viele Merkmale eines Wechselbalgs auf, also eines Menschen, der ein Feenleben führt (oder umgekehrt). Sie, das Menschenkind, wird gegen den Kohl aus dem Unterweltsgarten eingetauscht und von einem Zauberwesen großgezogen.

Als Wechselbalg und Frühlingsgöttin ist Rapunzel gebunden an die Jahreszeiten und an die Erde. Durch sie wird der Frühling beflügelt und das Leben gezeugt. Aus ihrem Turm heraus singt Rapunzel ihr eindringliches Lied und ein junger Mann fühlt sich magisch davon angezogen.

Es gibt zahlreiche Feengeschichten, in denen junge Männer vom zauberhaften Gesang der Feen angelockt werden. In der *Odyssee* begegnet Odysseus den Sirenen, deren Lied die Seeleute zu der Felseninsel lockt, auf der sie sitzen. Dort gehen die Seeleute unter und sterben, doch ihre einzigen Gedanken gelten jener Schönheit, die sie doch nie besitzen können. Auch Meerjungfrauen singen, um Seeleute in die Tiefen zu locken, ebenso wie die Loreley am Rheinufer, die ihre Freier ertränkt.

In der Geschichte des Ossian, des Sohnes des Finn McCool (dem wir bereits im Kapitel über „Aschenputtel" begegnet sind) vernimmt der Held an einem Berghang den Gesang einer Frau. Ihre Stimme ist so schön, dass es keine Worte dafür gibt. Es handelt sich um Niamh (Neve) mit dem Goldenen Haar, die gekommen ist, um Ossian mit in ihr Land, Tir N'an Og (Insel der Jugend), zu nehmen.

Wie die Feen singt auch Rapunzel (die von einer Zauberin aufgezogen wurde und durch Magie, nämlich durch ihre feenhafte Stimme, Männer verzaubert), um Männer in ihren Turm zu locken. Wie alle Männer in den Mythen wird auch über ihren Freier dadurch ein großes Unheil hereinbrechen. Wart's nur ab!

Zunächst beobachtet der Prinz einfach nur und versucht herauszufinden, wie man zu dem Mädchen gelangen kann. Die Zauberin selbst weist ihm den Weg, indem sie Rapunzel zuruft, ihr Haar herabzulassen.

Haare sind etwas Erstaunliches. Zunächst einmal gehören Haare zu den wenigen Teilen unseres Körpers, die wir verlieren können und die wieder nachwachsen. Wenn man dir die Hände oder die Ohren abschneidet, hast du einfach mal Pech gehabt. Aber von deinen Haaren kannst du so viel wegschneiden, wie du willst. Wie ein Eidechsenschwanz werden sie immer wieder nachwachsen. Aus genau diesem Grund stehen Haare auch für Regeneration und Wiedergeburt. In ihnen liegt unsere Kraft, unsere Macht, die Welt um uns her zu erneuern und über unsere Welt zu herrschen. Als der biblische Samson sein Haar einbüßte, blieb ihm keine Kraft mehr, sein Leben unter Kontrolle zu halten. Als es nachwuchs, kehrte mit ihm auch seine Macht zurück.

Mehrere Religionen verbieten aus eben diesem Grund das Schneiden der Haare. Im orthodoxen Judentum und einigen Formen des Islams ist es den Männern verboten, sich den Bart zu stutzen. Jüdisch orthodoxe Männer dürfen sich zudem die Haare um die Ohren herum nicht abschneiden. Das Haar verleiht diesen Männern Stärke und spirituelle Macht zur Kommunikation mit dem Göttlichen.

Darüber hinaus sind Haare auch extrem sinnlich, sie versinnbildlichen die Macht der Frauen zur Verführung und zum Vergnügen. Als Kinder wurde uns beigebracht „Jungs haben kurze Haare und Mädchen haben lange Haare." Diese Ansage mag vielleicht ein Horror sein für Feministinnen, doch uns allen wird diese Botschaft in einem Alter, in dem wir leicht zu beeindrucken sind, eingetrichtert und noch heute, als Erwachsene, neigen wir dazu, wenn wir einen kleinen Jungen mit langem Haar oder ein Mädchen mit Igelschnitt sehen, das Kind mit dem gegenteiligen Geschlecht anzusprechen. Wir werden mit dieser Botschaft groß, die uns lehrt, dass Haare ein deutliches Zeichen für Weiblichkeit und Schönheit darstellen. Obwohl wir als Erwachsene auch schon langhaarige Jungen und Punkrock-Mädels gesehen haben, sind wir darauf geprägt, dass lange Haare weiblich sind.

Haare sind sexy.

In Rapunzels Fall stecken in ihrem Haar sowohl Sexualität als auch Macht. Eingesperrt in einen Turm, unfähig, ihre Sexualität anderweitig gesellschaftlich zum Ausdruck zu bringen, darf sie immerhin ihr wunderschönes Haar lang wachsen lassen. Wie ihr Name ist auch das Haar ein Ausdruck ihrer Weiblichkeit und ihrer Reize. Die Zauberin jedoch benutzt das Haar, um das keusche Mädchen zu erreichen, um sie vor den Männern zu beschützen, die sich durch ihr Haar angezogen fühlen könnten. Das Haar des Mädchens besitzt die Macht, ihre Isolierung zu beenden, denn es ist der einzige Weg, auf dem ein Liebhaber sich Zugang zu ihrem einsamen Dachkämmerlein verschaffen kann. Wenn wir auf das Rätsel zurückschauen, das unserem Märchen so ähnlich ist, dann ist ihr Haar die Möglichkeit für den „Dieb" einzubrechen und „das Gold raus zu zerren". Doch paradoxerweise ist es zugleich auch für ihre Peinigerin der Zugang zu ihrem Gefängnis.

Der Prinz durchschaut die List mit dem Haar, als er beobachtet, wie Rapunzels Peinigerin das Haar des Mädchens benutzt. Jetzt kann er mit diesem luxuriösen Haar machen, wozu es eigentlich bestimmt ist: Er ruft nach Rapunzel und klettert die Locken hinauf, um das Mädchen zu umarmen. Zuerst ist Rapunzel erschrocken, denn sie hat noch nie zuvor einen Mann gesehen; doch dann gewinnen ihre natürlichen Triebe die Oberhand und die beiden planen ihre Flucht. Den Prinzen wieder aus dem Turm zu bringen, ist kein Problem; Rapunzel muss nun einen Weg ersinnen, wie sie selbst den Turm verlassen kann. Sie bittet den Prinzen, einen Strang Seide mitzubringen, aus dem sie sich eine Leiter flechten will. Dasselbe Haar, das ihrem Geliebten ermöglicht, in Rapunzels Nähe zu gelangen, hält sie selbst in ihrem Turm gefangen. Rapunzel wird nun erwachsen und die Sexualität, die männliche Gesellschaft anzieht, hält sie selbst gefangen in einem Kreislauf aus Liebe und Zeugung – so wie es den meisten von uns auch ergangen ist.

Heute Haar, morgen fort

Rapunzel aber, die ganz allein aufgewachsen ist und zur Gesellschaft nur ihre Kerkermeisterin hat, hatte keine Gelegenheit, besondere Durchtriebenheit zu entwickeln. In einem achtlosen Moment plappert sie ihr Geheimnis an die Alte aus, die daraufhin in Raserei gerät. Die Zauberin sperrt Rapunzel in ein neues Gefängnis in der Wüstenei, wo es kein Leben gibt. Nachdem Rapunzel heimlich ihrem natürlichen Bedürfnis danach, sich zu paaren und fortzupflanzen, nachgegeben hat, sperrt sie die Zauberin an einem Ort ein, wo das Leben nicht wachsen kann und wo Rapunzel weder Sex haben noch Babys machen kann.

Jetzt sinnt die Alte auf eine Falle für den Prinzen und wendet eine List an, auf die weder Rapunzel noch ihr Liebster gekommen wären: Sie schneidet Rapunzels Haare ab und verwendet sie als Leiter. Wären die jungen Liebenden selbst darauf gekommen, hätten sie unversehrt entkommen können. Doch hätte Rapunzel ihr eigenes Haar abgeschnitten, hätte sie ja ihre eigene Schönheit zerstört, genau wie die Stiefschwestern in „Aschenputtel", die ihre Füße beschnitten. Darum schneidet es die Alte ab und beraubt Rapunzel damit ihrer Schönheit und ihrer Sexualität. Jetzt gibt sie sich selbst als Mädchen aus und lässt dem Prinzen das Haar herunter.

Wie der Wolf in „Rotkäppchen" verkleidet sich die Zauberin als Freund bzw. Freundin, indem sie vorgibt, Rapunzel zu sein. Doch in Wirklichkeit ist sie ein Feind, der sich Rapunzels Haar zunutze macht, um den Prinzen in die Falle zu locken, so wie der Wolf sich Omis Kleider angezogen und sich in ihr Bett gelegt hat, um das Rotkäppchen zu ködern. Der Prinz erreicht die Kammer, doch er erblickt nur die Alte. Sie berichtet ihm, was sich zugetragen hat, und in seiner Verzweiflung springt er vom Turm und die Dornen unten stechen ihm die Augen aus.

Jahrelang irrt er nun umher, blind und verzweifelt. Wir wissen inzwischen ganz genau, dass im Märchen eine Wanderung durch den Wald zugleich auch eine Reise in die Unterwelt ist. Der Prinz lebt nun in der tiefen Unterwelt des Waldes, für unsere Welt ist er blind. In vielerlei Hinsicht ist er jetzt wie Orpheus: Orpheus' Frau, die Nymphe Eurydike, wurde durch einen Schlangenbiss getötet. Und wie der Prinz reiste auch Orpheus in die Unterwelt in der Hoffnung, Eurydike den Armen des Todes zu entreißen.

Orpheus ist ein Sonnengott, der Sohn des Apollo und der Muse Kalliope. Seine Gegenwart in der düsteren, trostlosen Unterwelt ist äußerst befremdlich. Gleichsam steht auch der Prinz für die Liebe und das Leben, während Rapunzel Zeit ihres Lebens in dem dunklen Turm im Wald leben musste und noch niemals neues Leben hervorbringen durfte. Nun muss der Prinz genau wie Rapunzel auch diese düstere, leblose Unterwelt kennenlernen, ehe er wiedergeboren wird und wie jeder andere Gott auch seiner Göttin zurück in unsere Welt folgen kann, auf dass das Leben sich erneuern möge:

„Da irrte er blind im Walde umher, aß nichts als Wurzeln und Beeren und tat nichts als jammern und weinen über den Verlust seiner liebsten Frau. So wanderte er einige Jahre im Elend umher und geriet endlich in die Wüstenei, wo Rapunzel mit den Zwillingen, die sie geboren hatte, einem Knaben und Mädchen, kümmerlich lebte."

Die Tatsache, dass der Prinz sich von Wurzeln und Beeren ernährt, die beide in der Erde wachsen, ist ein weiterer Hinweis auf die Unterweltfahrt. Dennoch zieht es ihn zu seiner Liebsten, auch wenn er das nicht bewusst geplant hat: Das lange Verweilen in der Unterwelt, blind und ganz und gar auf die inneren Sinne angewiesen, haben ihm eine übersinnliche Gabe geschenkt, sich mit Träumen und innerem Drängen in Verbindung zu setzen. Seine Visionen und Instinkte führen ihn schließlich zu Rapunzel in ihrer Wüstenei. Dort findet er sie und die Zwillinge, die sie ihm geboren hat: Mit dem Instinkt einer jungen Frau ist es ihr gelungen, selbst an diesem düsteren, leblosen Ort die tödlichen Energien zu überwinden und neues Leben in die Welt zu bringen.

Hier haben wir eine weitere Parallele zum Orpheus-Mythos: „Er vernahm eine Stimme, und sie deuchte ihm so bekannt; da ging er darauf zu, und wie er herankam, erkannte ihn Rapunzel und fiel ihm um den Hals und weinte." Orpheus war ein Sänger und schaffte es mit seinem Gesang, Hades und Persephone davon zu überzeugen, dass er Eurydike wieder mit aus der Unterwelt zurücknehmen dürfe. Auch hier ist es ein Lied, das den beiden Liebenden ihre Wiedervereinigung ermöglicht.

Dieses Element der Geschichte könnte auch auf einen historischen Zusammenhang zurückzuführen sein, der irgendwie in die Erzählung gelangt ist. Im Jahre 1192 wurde König Richard von England (Richard Löwenherz, der auch in der Legende um Robin Hood eine Rolle spielt) von Herzog Leopold V. von Österreich gefangen genommen und gegen Lösegeld festgehalten. Es geht die Sage, dass Richards Lieblings-Troubadour, Blondel, durch ganz Österreich von Burg zu Burg zog und Richards Lieblingslied sang. Blondel fand Richard, als dieser von hoch oben in einem Turm den Refrain erwiderte. Diese folkloristische Geschichte hat womöglich ihren Weg in das Märchen von Rapunzel gefunden und der bereits bestehenden Geschichte ein vertrautes und romantisches Motiv hinzugefügt.

Wieder vereint

Nun ist Rapunzel endlich aus ihrem Unterweltsgefängnis befreit. Ihr Geliebter, der Vater ihrer beiden Kinder, ist gekommen, um sie mit zurück zu nehmen in unsere Welt, wie Orpheus dereinst seine Eurydike wieder mitnahm. Doch der Prinz ist nicht ganz unversehrt. Er ist blind, er ist so tief verhaftet mit der Unterwelt, dass er in unserer Welt, wo das Leben gedeihen kann, das Augenlicht verloren hat. Rapunzel ist so ergriffen, als der Prinz sie in die Arme schließt, dass sie zu weinen beginnt: „Zwei von ihren Tränen aber benetzten seine Augen, da wurden sie wieder klar und er konnte damit sehen wie sonst." Hier haben wir den letzten Beweis dafür, dass Rapunzel eine jungfräuliche Göttin ist, die Königin der Unterwelt, welche die Unterwelt nun verlassen und unserer Welt das Leben bringen darf.

Auf einer anderen Ebene (gibt es nicht immer auch noch eine andere Ebene?) darf Rapunzel, die junge Frau, nun endlich aus ihrem vorpubertären Winterschlaf erwachen. Sie hat die Schwelle vom gehorsamen Mädchen zur geschlechtsreifen Frau mit Ehemann und Kindern überschritten. Die Zauberin hat keine Macht mehr über sie und wir bekommen die Alte fortan nicht mehr zu Gesicht. Im Gegensatz zu den grausamen Eltern von Aschenputtel oder Schneewittchen wird die Zauberin jedoch nicht bestraft. Sie hat das Mädchen vor dem beschützt, was sie für gefährlich hielt: Sie mag ja etwas überfürsorglich gewesen sein, vielleicht sogar psychotisch, bösartig war sie jedenfalls nicht.

Wir erfahren, dass Rapunzel zwei Kinder von dem Prinzen bekam, einen Jungen und ein Mädchen. Dieses Zwillingspaar steht für die kosmische Lebenskraft, das universelle Weibliche und Männliche oder Yin und Yang, die im Göttlichen ihren Ausdruck als Gott und Göttin finden. Rapunzel, die Unterweltgöttin, schuf nicht nur neues Leben im Angesicht des Todes, sondern entfesselte zudem die Kraft der Zeugung in der Welt. Der Junge und das Mädchen werden heranwachsen und im nächsten Jahr die Göttin des Frühlings und den Gott des Waldes geben, denn die Göttin gebiert sich kontinuierlich selbst durch ihren Aufenthalt in der Unterwelt und gebiert auf ewig auch den sterbenden und wiedergeborenen Gott. Rapunzel hat über Tod und Stillstand gesiegt, indem sie neues Leben erschaffen und so dem Kreis des Lebens ermöglicht hat, sich in seinem eigenen harmonischen Rhythmus fortzuspinnen – ein Kunststück, das weder ihre leibliche Mutter noch die Zauberin hätten bewerkstelligen können.

Das Rapunzel-Ritual

Wenn eine junge Frau erwachsen wird, ist es ungemein wichtig, dass ihre Reife und ihre Fähigkeiten von ihrer Familie und ihrer Gemeinschaft anerkannt werden. In alten Kulturen gab es für diesen besonderen Anlass immer Rituale: angefangen bei der jüdischen Bar Mitzwa, über die spanische Quinceañera, bis hin zu deren Wurzeln in Stammesritualen wie dem brasilianischen Tupinambá-Mädchen-Ritus oder der Na'ii'ees der Apachen. In jedem dieser Rituale wird das Mädchen auf irgendeine Weise von der Gruppe getrennt, dann muss sie eine Prüfung bestehen, um dann als Erwachsene in ihre Familie und zu ihren Freunden zurückzukehren. Ein solches Ritual ist unglaublich wichtig für das Mädchen, um Vertrauen in ihre neue Rolle als Frau zu gewinnen. Eine junge Frau, die durch ein solches Ritual gegangen ist, kann von sich behaupten, dass sie für ihre Gemeinschaft gelitten hat, und sie kann ganz genau den Tag benennen, an dem sie erwachsen geworden ist.

Obwohl diese Rituale so ungeheuer wichtig sind, sind sie in unserer Gesellschaft praktisch nicht vorhanden. Vor Jahren mögen vielleicht die Sweet-Sixteen-Party oder der Abschlussball noch ein entfernter Schatten dieser Traditionen gewesen sein, doch inzwischen sind selbst diese Feiern in unserer modernen Welt völlig trivialisiert, kommerzialisiert oder gleich vollkommen in Vergessenheit geraten. Das ist einer der unzähligen Gründe dafür, weshalb es unsere jungen Frauen so schwer damit haben, in einer so verwirrenden Kultur wie der unseren erwachsen zu werden und ihren Platz zu finden.

Wann genau ist ein Mädchen erwachsen und wird zur Frau? In vielen alten Kulturen ist es zu dem Zeitpunkt, da die Pubertät beginnt, was sich bei einem Mädchen mit dem Einsetzen der ersten Monatsblutung festlegen lässt. Doch bei vielen Mädchen setzt die Menstruation bereits sehr früh ein, lange bevor sie von sich behaupten würden, erwachsen zu sein. Im mittleren Teenageralter erleben wir oft eine Zeit der Sehnsucht nach Unabhängigkeit und irgendwann zwischen dem fünfzehnten und dem siebzehnten Lebensjahr wäre ein guter Zeitpunkt für dieses Ritual. Aber es ist nie zu spät dafür. Erst neulich habe ich eine Freundin getroffen, die ich seit ihrer Kindheit kenne und die mit Zwanzig beschlossen hat, dass sie jetzt für ihr Frauwerdungsritual bereit ist. Sie hat ein paar geachtete Frauen ihrer heidnischen Gemeinschaft darum gebeten, es für sie zu gestalten. Ihre Trennung von der Gemeinschaft bestand in einer Übernachtung allein im Wald. Danach konnte sie rituell ins Frausein eintreten, obwohl sie bereits seit einiger Zeit als erwachsene Frau gelebt hatte.

Rapunzel musste eine sehr lange Zeit der Trennung erdulden, während der sie sich nur an ihrer unmittelbaren Familie (der Adoptivmutter) orientieren und all die Fähigkeiten entwickeln konnte, die sie als erwachsene Frau haben muss. Eine Prüfung musste sie ablegen, indem sie jahrelang in der Wüstenei lebte und schließlich ihren Geliebten, den Prinzen, heilte. Wir wollen uns Rapunzel als Vorbild nehmen und ein Ritual für junge Frauen aus unserer Kultur kreieren, mit dem diese rituell ihr Erwachsenwerden feiern können.

Vorbereitung

Dieses Ritual sollte von einer Gruppe von Frauen durchgeführt werden, die der jungen Frau, um die es geht, wirklich nahe stehen, also vielleicht die Mutter, ältere Schwestern, Großmütter und Tanten. Auch erwachsene Freundinnen können teilnehmen, vor allem Freundinnen, die sie bewundert oder von denen sie lernt, aber auch Freundinnen, die bereits ein solches Ritual erlebt haben.

Die junge Frau selbst sollte gründlich über das Ritual nachdenken, bevor es stattfindet, am besten mehrere Wochen lang oder gar Monate. Es ist sehr wichtig, dass sie begreift, dass man sie nach diesem Tag als junge Erwachsene behandeln wird, auch wenn sie noch ein wenig kindisch ist, und zugleich von ihr erwartet, sich auch wie eine Erwachsene zu verhalten. Die Frauen, die an diesem Ritual teilnehmen werden, sollten zuvor in Erfahrung bringen, was genau das für die junge Frau bedeutet. Zudem sollte die junge Frau vor dem Ritual ihr Haar so lang wie möglich wachsen lassen, denn während des Rituals wird ihr eine Strähne abgeschnitten werden.

Wenn die Ritualführerinnen es der jungen Frau zutrauen, sollte diese auch eine Zeitlang von der Gemeinschaft getrennt werden. Sie könnte zum Beispiel die Nacht vor ihrem Ritual in einem kleinen Zelt im Wald verbringen, wie es meine Freundin getan hat. Oder sie bleibt allein in einem Zimmer oder einer Hütte, die speziell für sie vorbereitet wurde. Wichtig ist nur, dass die junge Frau in ihrem „Turm" mit ihren Gedanken allein sein kann. Sie sollte fasten und sich auf ihr Ritual vorbereiten. Sie darf dabei weder Telefon noch Fernsehen, Videospiele oder Internet zur Verfügung haben und auch zu ihren Freunden keinen Kontakt haben. Sie darf gern Tagebuch schreiben, sich künstlerisch betätigen oder Musik machen, um die bevorstehende Verwandlung schon einmal zu feiern.

Das Ritual

Wenn die junge Frau entsprechend vorbereitet wurde, ist die Gemeinschaft der Frauen bereit, ihr Ritual durchzuführen.

Dazu werden benötigt:

- Ein Altar mit einer Glocke, ein wenig Rosenöl, ein paar Rosenblätter, eine kleine verzierte Schere und eine hübsche Schale oder ein kleiner Teller
- Ein leichtes Ritualgewand oder Unterkleid und ein Blumenkranz für ihr Haar
- Ein schönes Kleid für die junge Frau, das schönste, was zu kriegen ist. Dieses Kleid darf sie erst während des Rituals zu sehen bekommen

In Vorbereitung auf das Ritual sollte die junge Frau von ihrer Mutter oder älteren Schwestern in einem Rosenbad gebadet werden. Währenddessen können die übrigen Frauen am Ritualplatz den Kreis ziehen, den sie dreimal umrunden. Sie können bestimmte Göttinnen anrufen oder bestimmte Frauengestalten oder einfach nur um die Gegenwart der Göttin oder der Großen Mutter bitten. Alle folgenden Formulierungen sind als Vorschläge zu verstehen. Sie sollen nicht wortgetreu auswendig gelernt werden, sondern sollen hier (genau wie im „Ritual vom starken Hans“, das ich für junge Männer im nächsten Kapitel beschreibe) Beispiele dessen darstellen, was gesagt werden *kann,* um die Intention des Rituals zu manifestieren. Wichtig ist, dass ihr eigene Formulierungen findet, mit denen ihr euch wohlfühlt und die die Energie dieser Initiation transportieren.

Sobald der Kreis gezogen und die junge Frau bereit ist, hilft man ihr aus dem Bad und setzt ihr den Blumenkranz bzw. die Blumenkrone auf den Kopf.

Eine Frau spricht: „Diese Krone ist die Blume deiner Kindheit. Die hübschen Blüten sind die Blüten des Frühlings, aus denen die Früchte des Sommers wachsen werden. Die Blumen sind nur der Same dessen, was einst groß und stark werden wird. Trage diese Krone nun ein letztes Mal und genieße ihre Schönheit, denn danach wirst du in die Rolle der Frau schlüpfen, die du einmal werden wirst.“

Die junge Frau sollte in ein weißes Gewand, Unterkleid oder einen weißen Umhang gehüllt sein. Zwischen der Badestelle und dem Ritualplatz ist ein Pfad aus Rosenblättern gestreut und die junge Frau beschreitet diesen Pfad an der Seite eines Familienmitglieds oder einer engen Freundin.

Die junge Frau wird bis zum Ritualplatz geführt und bleibt außerhalb des Kreises vor allen versammelten Frauen stehen. Wenn in der Ritualanleitung von der „Frau" die Rede ist, sind immer alle anwesenden Frauen gemeint. Jede der Versammelten kann die rituellen Worte sprechen. Die Frauen können sich auch die Sätze aufteilen, allerdings sollte dann im Vorfeld geklärt werden, wer welche Sätze spricht. Mit „Mädchen" ist die junge Frau gemeint, für die das Übergangsritual veranstaltet wird. Sie darf auf die Fragen antworten, wie sie möchte, ist allerdings gebeten, tatsächlich auch ein paar Worte zu sagen anstatt nur zu nicken und zu schweigen. Es ist sehr wichtig, dass die junge Frau begreift, wie wertvoll und bedeutend ihre eigene Stimme ist und dass ihre Worte von der Gemeinschaft respektiert werden.

Sie steht nun also am Rande des Kreises, den Blick den versammelten Frauen zugewandt.

> Frau: „Wer bist du, die du hier vor den Kreis der Frauen getreten bist?"
>
> Mädchen: „_________" (Sie nennt ihren Namen.)
>
> Frau: „Warum bist du gekommen?"
>
> Das Mädchen antwortet.
>
> Frau: „Alle der hier Versammelten kennen dich sehr gut, als Mädchen. Wir kennen dich seit deiner Geburt. Wir haben viele schöne Erinnerungen an deine Kindheit. Wir wollen uns einen Moment gemeinsam erinnern." (Jetzt können die Frauen abwechselnd Geschichten und Erinnerungen aus der Kindheit der jungen Frau erzählen. Es gibt keine zeitliche Begrenzung für diesen Teil des Rituals.)
>
> Frau: „Ist es dein Wille, über das Mädchen, das jede von uns kennt, hinauszuwachsen und zu der Frau zu werden, von der wir uns alle wünschen, dass du sie sein wirst?"
>
> Das Mädchen antwortet.
>
> Frau: „Eine Frau zu sein, heißt, stark zu bleiben, wenn die Welt uns schwächen will, auf unserem Urvertrauen zu beharren, wenn das Leben uns in die Knie zwingt, auch dann zu nähren, wenn wir selbst hungrig sind, wenn wir müde sind oder frieren. Willst du diese schwierige Verantwortung auf dich nehmen?"

Das Mädchen antwortet.

Frau: „Wie können wir sicher sein, dass du bereit bist, zur Frau gemacht zu werden?"

Das Mädchen antwortet.

Frau: „Während der vergangenen __ (Alter des Mädchens) Jahre hast du Schutz gefunden im hohen Turm, du wurdest beschützt vor den Härten der Welt. Bist du bereit, der Welt zu begegnen, so wie sie ist und dich von der kindlichen Welt zu lösen, in der du bislang gelebt hast?"

Das Mädchen antwortet.

„Wisse dies, Kind: Das Leben ist zuweilen kompliziert, da sind schwierige Entscheidungen zu treffen, der tiefe Wald ist voller Dornenbüsche und Hecken und längst nicht so hübsch wie der luftige Turm deiner Kindheit. Durch dieses Ritual wirst du deinen Turm verlassen und auf Erden wandeln. Bist du bereit dazu? Willst du aus freien Stücken aufgenommen werden in den Kreis der Frauen?"

Das Mädchen antwortet.

Frau: „Jede von uns opfert einen Teil ihrer Selbst, indem sie ihr Leben führt, sich ihrer Arbeit verschreibt, ihre Liebe verströmt und indem sie sich hingebungsvoll um jene kümmert, die ihr teuer sind. Nimm dir einen Augenblick Zeit, um darüber nachzudenken, inwiefern jede der hier anwesenden Frauen in ihrem Leben Opfer gebracht hat, damit du in Stärke, Gesundheit, Selbstvertrauen und Sicherheit aufwachsen konntest." (Schweigen, solange die junge Frau überlegt. Um das Schweigen zu beenden, kann das Glöckchen geläutet werden.)

Frau: „Du hast jetzt Zeit, dich bei jeder Frau hier zu bedanken, die Opfer für dich gebracht, dich inspiriert oder angeleitet hat."

Das Mädchen wendet sich nun an die einzelnen Frauen und bedankt sich bei ihnen für das, was sie ihr gegeben haben.

Frau: „Wenn du eine Frau werden willst, musst auch du beweisen, dass du bereit bist, Opfer zu bringen. Während der letzten ___ (Alter des Mädchens) Jahre hast du dir wunderschöne Kinderhaare wachsen lassen. Zum Zeichen deiner Opferbereitschaft, deiner Bereitschaft, dich einzubringen, gestattest du uns, dass wir dir deine Zöpfe nehmen als Pfand für die Göttin, die Große Mutter?"

Das Mädchen antwortet.

Eine Frau, die dem Mädchen besonders nahesteht (Mutter, Schwester, Tante), schneidet eine Locke vom Haar der jungen Frau ab und legt sie in die Schale auf dem Altar.

Jetzt wird die junge Frau in die Mitte des Kreises geführt.

Frau: „Durch dieses Opfer hast du gezeigt, dass die Göttin in dir lebt und willens ist, zu geben, auf dass das Leben in Ehren gehalten, bewahrt und genährt werden wird. Dieses Haar wird Teil eines Amuletts werden; wenn du schwierige Entscheidungen zu treffen hast, wenn du dich den Herausforderungen des Lebens gegenüber klein und kraftlos fühlst, wenn alle Hilfe fern scheint, dann trage dieses Amulett und erinnere dich, dass in deinem Herzen und deiner Seele die hier anwesenden Frauen immer an deiner Seite sind, denn sie lieben dich und akzeptieren dich voll und ganz als Teil des Kreises der Göttin!"

Frau: „Wie die Göttin, die sich in die Unterwelt begibt, darfst auch du nur mit der Liebe in deinem Herzen eintreten. Bist du bereit, vor uns hinzutreten und uns zu zeigen, dass du mit nichts außer der Liebe in deinem Herzen und dem Selbstvertrauen, der Güte, der Rätselhaftigkeit und der Feinsinnigkeit in diesen Kreis trittst, die diese Frauen dich gelehrt haben?"

Das Mädchen antwortet.

Die Blumenkrone wird ihr vom Haupt genommen.

Frau: „Diese Blumen sind die Schönheit deiner Jugend. Du hast dich entschieden, sie abzulegen, denn du bist zur Frau herangewachsen. Doch an ihre Schönheit und ihre Freuden sollst du dich immer erinnern. Das Mädchen, das du gewesen bist, wird in dir weiter leben und ebenso in jeder von uns, für immer."

Frau: „Ich salbe dich mit Rosenöl. Gesegnet sei dein Herz, auf dass du immer das Kind in dir tragen wirst, das du einst gewesen bist, und stets voll Freude auf die Frau blicken wirst, zu der du werden wirst, denn wir alle sind immerdar im Werden!"

Die Frau salbt die junge Frau über dem Herzen mit Rosenöl.

Frau: „Nun, da du eine Frau bist, sollst du auch wie eine Frau gekleidet werden!"

Ein prächtiges Kleid wird der jungen Frau überreicht und alle helfen ihr, es anzulegen. Alle anwesenden Frauen bewundern ihre Schönheit. Neue Blumen dürfen jetzt in ihr Haar gesteckt und persönliche Geschenke, wie Schmuck oder Amulette, dürfen überreicht werden.

Frau: „__________ (Name der jungen Frau), du bist vor uns hingetreten, bereit, fortan als Frau zu gelten; du hast uns dein Haar als Pfand für die Göttin überlassen, die in dir lebendig ist; du hast uns bewiesen, dass du zu einer Gleichgestellten und Ebenbürtigen herangewachsen bist, dass du uns im Leben Vertraute und Gefährtin bist. Von diesem Tage an sollst du deinen Platz in unserer Mitte einnehmen! Sei gesegnet!"

Alle dürfen die junge Frau nun umarmen. Jede darf ihren Segen und ihre Wünsche für sie sprechen. Auch Geschenke dürfen nun überreicht werden.

Ist das Wünschen und Schenken beendet, geht eine der Frauen entgegen dem Sonnenlauf um den Kreis und beendet damit das Ritual.

Frau: „Wir lösen den Kreis auf, doch in unseren Herzen tragen wir ihn weiter bei uns. Wir sind der Kreis und der Kreis ist wir. Wir sind durch ihn gebunden und tragen ihn wie eine Flamme im Herzen. Willkommen im Kreis, _________ (Name der jungen Frau)!"

Jetzt muss natürlich stundenlang gefeiert werden! Alle tafeln gemeinsam, erzählen einander Geschichten und lachen so viel wie möglich. In Nachbereitung zu diesem Ritual sollte ein Amulett oder eine Halskette gefertigt werden, das oder die die Haarlocke der jungen Frau enthält. Der Talisman wird ihr dann überreicht und sie kann ihn entweder tragen oder an einem sicheren Platz verstecken.

Kapitel 10

Der starke Hans – Ein Erwachsenwerden-Ritual für junge Männer

Ein von Räubern entführter Junge stellt fest, dass er stark genug ist, sich selbst und seine Mutter zu befreien. Bald darauf begibt er sich auf eine Reise, die sich zu einem übernatürlichen Abenteuer auswächst, während dem er einen Zwerg, einen Schatz und eine gefangene Prinzessin findet. Basierend auf dieser typischen Heldenfahrt oder Queste werden wir ein Erwachsenwerden-Ritual für junge Männer kreieren.

Die Zitate stammen aus Heinz Röllekes „Die wahren Märchen der Brüder Grimm".

Was kommt dabei heraus, wenn Schneewittchen sich mit Hänsel und Gretel zu einem Besuch bei Hans und seiner Bohnenranke aufmacht? Gut, das werden wir wohl nie erfahren, aber in diesem weniger bekannten Grimmschen Märchen vereinen sich so viele altbekannte Elemente, dass du wahrscheinlich kleine Fetzen aus jeder dieser Geschichten wiedererkennen wirst. Was am „starken Hans" so interessant ist, ist die seltsame, verworrene Handlung, die Hans zunächst unter die Erde führt, dann wieder zurück an die Erdoberfläche und hinauf in die Lüfte und aufs Meer hinaus. An jedem dieser Orte erwartet ihn eine andere Aufgabe, die er mit roher Kraft und gerissener Schläue lösen muss. Hans verfügt über die Gabe der Geduld, der Deduktion, des Einfallsreichtums und der Meisterschaft und verfeinert all diese Eigenschaften auf seinem Weg durch die Welt. Auf seiner epischen Fahrt besiegt der starke Hans das Böse, macht Unrecht wieder gut, sorgt für seine Familie und findet seine große Liebe. Und er hat einen großen Knüttel. Das verstehe, wer kann!

In seinen Anfängen ist das Märchen nicht weiter bemerkenswert. Die Erzählung beginnt mit einem Echo auf „Hänsel und Gretel". Ein Mann und seine Frau leben tief in einem Wald mit ihrem kleinen Sohn Hans.

Weiter erfahren wir: „Es trug sich zu, dass die Mutter einmal ins Holz ging, Tannenreiser zu lesen, und den kleinen Hans, der erst zwei Jahre alt war, mitnahm. Da es gerade in der Frühlingszeit war und das Kind seine Freude an den bunten Blumen hatte, so ging sie immer weiter mit ihm in den Wald hinein."

Sie ging also „immer weiter mit ihm in den Wald hinein" – da klingeln doch wohl gleich die Alarmglocken, oder? In jedem Märchen handelt man sich doch nichts als Ärger ein, wenn man weiter in den Wald hineingeht! Und natürlich lässt der Ärger auch hier nicht lange auf sich warten: „Plötzlich sprangen aus dem Gebüsch zwei Räuber hervor, packten die Mutter und das Kind und führten sie tief in den schwarzen Wald, wo Jahr aus Jahr ein kein Mensch hinkam."

Mutter und Sohn werden also von den Räubern in die tiefsten Teile des Waldes geführt – auch das erinnert uns an Hänsel und Gretel, die tief im Wald von einer Hexe gefangen gehalten wurden. Und genau wie bei Hänsel und Gretel ist niemand da, der ihnen helfen könnte und sie sind auf ihren eigenen Einfallsreichtum angewiesen. Leider ist der kleine Hans aber erst zwei Jahre alt und noch nicht sonderlich einfallsreich. Noch nicht.

Die Frau muss nun in einer Höhle voller Räuber den Haushalt besorgen (genau wie in manchen Versionen von „Schneewittchen" oder „Der Räuberbräutigam", wo das Haus im Wald nicht voller Zwerge, sondern voller Räuber oder Drachen war). Sie wird gut behandelt und Hans wächst mit diesen eigenartigen Stiefvätern auf, eine Spiegelung des Motivs der bösen Stiefmutter. Der Räuberhauptmann wird zum obersten Stiefvater des kleinen Hans und darüber hinaus auch zum Fokus seines Bedürfnisses, die eigene Identität zu finden, indem er flieht, um seinen wirklichen Vater aufzuspüren (ganz ähnlich wie Aschenputtel, die sich ihre wahre Identität dadurch bewahrt, dass sie jeden Tag das Grab ihrer leiblichen Mutter besucht). Hans wächst heran und entwickelt gewaltige Kräfte. Aus einem Tannenast macht er sich einen starken Knüppel und wartet auf den Augenblick, da er stark genug ist, ihn gegen seine „bösen Stiefväter" zum Einsatz zu bringen. Als er neun Jahre alt ist, beschließt er, die Waffe einmal auszuprobieren.

„In der Nacht, als die Räuber von ihrem Raubzug heimkamen, holte Hans seinen Knüttel hervor, stellte sich vor den Hauptmann, und sagte: ‚Jetzt will ich wissen wer mein Vater ist, und wenn du mirs nicht gleich sagst, so schlag ich dich nieder.' Da lachte der Hauptmann und gab dem Hans eine Ohrfeige, dass er unter den Tisch kugelte."

Hier haben wir den ersten Hinweis darauf, dass diese Geschichte doch nicht zu den ziemlich vorhersehbaren Märchen der Brüder Grimm gehört, sondern sich ein bisschen komplizierter entwickelt: „Hans machte sich wieder auf, schwieg und dachte: ‚Ich will noch ein Jahr warten und es dann noch einmal versuchen, vielleicht geht's besser.'"

Hans offenbart uns bereits ein wenig von seinem bemerkenswerten Wesen. Obwohl er erst neun Jahre alt ist, erkennt er schon, dass die Geduld seine Verbündete ist.

Als ein Jahr vorüber ist, stellt sich Hans erneut dem Hauptmann entgegen, der ihn wiederum auslacht und niederschlägt. Doch dieses Mal ist Hans stark genug, um den Schlag zu erwidern und er „schlug mit seinem Knüttel auf den Hauptmann und die Räuber, dass sie Arme und Beine nicht mehr regen konnten."

An diesem Punkt hat Hans bereits eine gewisse Reife erlangt: Mit seiner Kraft hat er tiefen Eindruck auf seine Mutter gemacht und ihr bewiesen, dass sie nicht länger für ihn sorgen muss: „Die Mutter stand in einer Ecke und sah voll Verwunderung über seine Tapferkeit und Stärke zu, und als Hans mit seiner Arbeit fertig war, ging er zu seiner Mutter und sagte: ‚Jetzt ist mir's ernst gewesen, aber jetzt muss ich auch wissen wer mein Vater ist.'"

Doch immer noch ist die Geschichte nicht besonders bemerkenswert. Bis jetzt haben wir noch kein bisschen echte Magie gesehen, keine Gestaltwandler, kein verzaubertes Gemüse, keine prophetischen Vögel, kein nächtliches Stelldichein mit einem Bären oder auch nur irgendetwas, was die Grimmschen Märchen so zauberhaft und mysteriös macht. Bislang haben wir lediglich ein Geiseldrama, das von einem Zehnjährigen beendet wird. Doch warte, die Lage wird sich gleich ändern.

Hans stopft einen riesigen Sack mit den Schätzen der Räuber voll, die Mutter schnappt sich den Schlüssel und die beiden eilen zurück zum Haus des Vaters am Rande des Waldes. Und da haben wir auch schon Papi, der auf der Schwelle hockt.

Hier haben wir wieder eines der wenigen Märchen, in denen im Leben eines Kindes die Zeit tatsächlich auch vergeht. Als Hans auf seinen Vater stößt, heißt es: „Aber Hans, obgleich erst zwölf Jahre alt, war doch einen Kopf größer als sein Vater." Das soll uns verdeutlichen, dass Hans zu beachtlicher Größe und Stärke heranwächst, es zeigt uns aber auch, dass Hans allmählich erwachsen wird. Als er zu seinem Vater zurückkehrt, ist er in einem Alter, in dem die meisten Jungen dieser Zeit ihrem Zuhause den Rücken gekehrt hätten und in eine Lehre gegangen wären, um ihr eigenes Glück in der Welt zu gehen. Doch auch darauf ist

Hans vorbereitet. Er zeigt seinem Vater den Schatz, den er mitgebracht hat, und der Sack mit dem Schatz ist so schwer, dass der Fußboden der kleinen Hütte im Wald einbricht. Wiederum wird uns vor Augen gehalten, dass der zwölfjährige Hans stark genug ist, um einen Sack zu tragen, den der Boden seines Elternhauses nicht zu tragen vermag.

Hans und seine Eltern kaufen einen Bauernhof und Hans ist so stark, dass er ohne die Hilfe der Stiere den Boden pflügen kann. Nachdem er aber nun seinen beiden Eltern bewiesen hat, dass er durchaus tüchtig ist, weiß Hans, dass er sein Zuhause verlassen und in die Welt hinausgehen muss: „Den nächsten Frühling sagte Hans: ‚Vater, behaltet alles Geld, und lasst mir einen zentnerschweren Spazierstab machen, damit ich in die Fremde gehen kann.'" Mit diesem gewaltigen Spazierstab lässt Hans die Sicherheit des Bauernhofes hinter sich und allen Reichtum in der Obhut seiner Familie und zieht auf einen Walkabout in die Welt hinaus.

Hier beginnt unsere Geschichte ein paar seltsame und unerwartete Wendungen zu nehmen und nach und nach schleicht sich auch ein wenig Magie ein. Hans beginnt seine Reise in den Wald: „Da hörte er etwas knistern und knastern, und schaute um sich, und sah eine Tanne, die von unten bis oben wie ein Seil gewunden ward; und wie er die Augen in die Höhe richtete, so erblickte er einen großen Kerl, der den Baum gepackt hatte, und ihn wie eine Weidenrute umdrehte. ‚He!', rief Hans, ‚was machst du da droben?'" Der „große Kerl" dreht die Tanne zu einem Seil, um damit sein Feuerholz zu bündeln. Hans nennt ihn „Tannendreher" und nimmt den Mann mit auf seine Reise. Erinnern wir uns, dass es sich um Tannenreiser handelte, die die Mutter zu Beginn der Geschichte sammeln will, und dass es auch ein Tannenast war, aus dem Hans sich seine Waffe baute, mit der er die Räuber besiegte.

Als sie weitergehen, hören sie etwas „klopfen und hämmern, so stark, dass bei jedem Schlag der Erdboden zitterte. Bald darauf kamen sie zu einem mächtigen Felsen, vor dem stand eine Riese und schlug mit der Faust große Stücke davon ab." Hans trifft auf einen Mann, der Steine sammelt, um sich daraus ein Haus zu bauen, indem er vor Wölfen und Bären geschützt ist und in Ruhe schlafen kann. Schon komisch, oder? Hans nennt ihn „Felsenklipperer" und nimmt ihn mit.

Nun streichen sie zu dritt durch den Wald und „wo sie hinkamen, da wurden die wilden Tiere aufgeschreckt und liefen vor ihnen weg." Bald darauf finden die drei ein Zuhause. „Abends kamen sie in ein altes, verlassenes Schloss, stiegen hinauf und legten sich in den Saal schlafen. Am andern Morgen ging Hans hinab in den Garten, der war ganz verwildert und stand voll Dörner und Gebüsch. Und wie er so herum ging, sprang ein Wildschwein auf ihn los, er aber gab ihm mit seinem Stab einen Schlag, dass es gleich niederfiel. Dann nahm er es auf die Schulter und brachte es hinauf; da steckten sie es an einen Spieß und machten sich einen Braten zurecht und waren guter Dinge." Diese seltsame Nebenbemerkung hält uns vor Augen, dass Hans stärker ist als die wilden Tiere des Waldes.

„Nun verabredeten sie, dass jeden Tag, der Reihe nach, zwei auf die Jagd gehen sollten und einer daheim bleiben und kochen, für jeden neun Pfund Fleisch. Den ersten Tag blieb Tannendreher daheim und Hans und der Felsenklipperer gingen auf die Jagd."

Nun nimmt die Geschichte eine weitere eigenartige Wendung, als ein merkwürdiger, rumpelstilzchenhafter Zwerg auftaucht. „Als der Tannendreher beim Kochen beschäftigt war, kam ein kleines altes zusammengeschrumpeltes Männchen zu ihm auf das Schloss und forderte Fleisch. ‚Pack dich, Duckmäuser', antwortete er, ‚du brauchst kein Fleisch.' Aber wie verwunderte sich der Tannendreher, als das kleine unscheinbare Männlein an ihm hinauf sprang und mit den Fäusten so auf ihn losschlug, dass er sich nicht wehren konnte, zur Erde fiel, und nach Atem schnappte. Und das Männlein ging nicht eher fort, als bis es seinen Zorn völlig an ihm ausgelassen hatte."

Tannendreher sagt den beiden anderen nichts davon, dass er von einem Zwerg besiegt wurde. Er findet, dass Felsenklipperer es am nächsten Tag schon selber herausfinden soll. Derselbe Zwerg begegnet auch dem Felsenklipperer, der dem Männlein ebenfalls eine Mahlzeit verwehrt, worauf auch er verdroschen wird.

Jetzt ist Hans an der Reihe, daheim zu bleiben. Doch im Gegensatz zu seinen Gefährten zeigt Hans sich großzügig, als das Männlein ihn um Fleisch bittet, und gibt ihm ein Stück Fleisch. Der Zwerg ist es aber nicht zufrieden und will Hans angreifen. Der aber schlägt die kleine Kreatur und der Zwerg flieht.

Nun geschieht wieder etwas Ungewöhnliches. Bisher war Hans immer stark und flink gewesen, doch jetzt: „[Hans] wollte ihm nachlaufen, fiel aber, so lang er war, über ihn hin. Als Hans sich wieder aufgerichtet hatte, war ihm der Zwerg voraus; Hans eilte ihm nach und in den Wald hinein und sah, wie er in eine Felsenhöhle schlüpfte." Schon merkwürdig, dass Hans sich auf die Nase legt, als er dem Zwerg nachfolgen will. Hier sehen wir zum ersten Mal, dass auch Hans nur ein Mensch ist und Fehler macht und trotz seiner Stärke auch verwundbar ist.

Hans berichtet seinen Gefährten von den Geschehnissen und sie gestehen ihm, dass auch sie von dem Zwerg verprügelt wurden: „Hans lachte und sagte: ‚Es ist euch ganz recht, warum seid ihr so geizig mit eurem Fleisch gewesen; aber es ist eine Schande, ihr seid so groß und habt euch von dem Zwerg Schläge geben lassen.'" Hans versteht nicht, wie seine Gefährten so kaltschnäuzig sein konnten, und findet, dass sie ihre Prügel verdient haben, weil sie dem Zwerg kein Fleisch angeboten haben. Gewissermaßen glaubt er also, dass es seine Gefährten gestärkt haben würde, wenn sie das Richtige getan hätten, so wie es auch bei ihm selbst der Fall war.

Nun machen sich die drei auf die Suche nach dem Zwerg: „Sie nahmen darauf Korb und Seil und gingen all drei zu der Felsenhöhle, in welche der Zwerg geschlüpft war, und ließen den Hans mit seinem Stab im Korb hinab." Hans wird als Einziger in die Höhle hinabgelassen und er findet den Zwerg an der Seite einer schönen jungen Frau, die er gefangen hält. Die Jungfrau liegt in Ketten und der Zwerg grinst „wie eine Meerkatze." Hans tötet den Zwerg mit seinem Stab und befreit die Jungfrau.

Er setzt die Jungfrau in den Korb und schickt sie hinauf. Da er aber weiser geworden ist, erkennt Hans, dass seine Gefährten ihn schon einmal betrogen haben und ihn vielleicht erneut übers Ohr hauen wollen. Und natürlich lassen diese den Hans auch in der Zwergenhöhle zurück und nehmen die Jungfrau mit.

Hier erfahren die Ereignisse eine neue Wende und wir erleben einen letzten Hauch von Magie. In einer Szene, die stark an Aladin und seine Wunderlampe erinnert, findet Hans einen magischen Ring, mit dessen Hilfe er über die Luftgeister gebieten kann. Er befiehlt den Luftgeistern, ihn aus seinem Gefängnis im Zwergenloch zu befreien und „augenblicklich gehorchten sie und es war nicht anders als flöge er hinauf." Mit ihrer Hilfe kann er auch seine treulosen Gefährten aufspüren, die zusammen mit der gefangenen Jungfrau in einem Schiff auf dem Meer sitzen.

Nun macht Hans einen weiteren Fehler: Er springt mit seinem schweren Stab ins Meer und ertrinkt beinah. Doch erneut wird er von den Luftgeistern gerettet und erschlägt seine früheren Freunde. Die Jungfrau bringt er zu ihren Eltern und – wie sollte es anders sein – heiratet sie.

Was für ein merkwürdiges kleines Märchen!

Die Heldenfahrt oder Queste

Wir haben ja bereits festgestellt, dass viele Elemente dieser Geschichte uns schon vertraut sind: Eigentlich ist die ganze Geschichte uns vertraut. Es ist eine Märchenversion einer Heldenfahrt bzw. einer Queste. In einer Heldenfahrt muss der Held, für gewöhnlich ein junger Mann, einen weiten Weg zurücklegen, um sich als würdig zu erweisen einen Schatz zu finden oder ein großes Unrecht wieder gut zu machen.

„Der starke Hans“ hat Ähnlichkeiten mit mehreren der großen Heldenfahrten. Eine ziemlich ähnliche Geschichte ist die von Jason und dem Goldenen Vlies. Darin wird Jasons Vater Aison von seinem Halbbruder Pelias getötet. Durch eine List seiner Mutter wird Jason verschont. Hier haben wir eine Übereinstimmung darin, dass auch Hansens Vater nach der Entführung durch die Räuber abwesend ist und sein Leben geschont wird, weil seine Mutter für die Räuber von Nutzen ist. Als Jason, inzwischen erwachsen, zurückkehrt und Anspruch auf Pelias‘ Thron erhebt, wird er von seinem bösen Stiefvater ausgeschickt, das Goldene Vlies zu beschaffen. Daraufhin versammelt er eine Gruppe starker Männer um sich, darunter auch Herkules. In „Der starke Hans“ schart auch Hans eine Gruppe starker Gefährten um sich (auch wenn wir nie den Grund dafür erfahren).

Auch zur Geschichte von Sindbad, dem Seefahrer (ein Märchen aus *Tausendundeiner Nacht*) besteht eine gewisse Ähnlichkeit. Sindbad befindet sich ebenfalls auf einer Queste, die in sieben Reisen unterteilt ist. Der arabische Seefahrer bekommt Unterstützung von einem fliegenden Geschöpf namens Rock, was an Hansens Luftgeister erinnert, und wird, ebenso wie Hans, von seinen Schiffsgefährten im Stich gelassen. Auf seinen Reisen findet Sindbad zudem große Schätze.

Die Geschichte vom starken Hans enthält auch Bruchstücke anderer Heldenfahrt-Geschichten. In der irischen Geschichte um Cú Chulainn erfährt der Titelheld, dass seine Verlobte, Emer, von ihrem Vater Forgall in einer Burg gefangen gehalten wird. Cú Chulainn springt über die Burgmauer hinweg, tötet alle Soldaten und springt mit Emer in seinen Armen zurück über die Mauer und entkommt. Das entspricht ziemlich genau dem Teil unserer Geschichte, in dem Hans die vom Zwerg gefangen gehaltene Jungfrau errettet. Vor allem die Tatsache, dass Hans aus der Zwergenhöhle fliegen oder herausspringen muss, erinnert an Cú Chulainn.

Hans erinnert in vielerlei Hinsicht an Cú Chulainn: Der irische Held bedient sich magischer Waffen, so wie Hans sich seines schweren Stabes bedient; seinen Namen hat der Ire bekommen, als er als Kind den teuflischen Wachhund eines Schmiedes namens Culann tötet und damit enorme Stärke beweist, daraufhin dient er selbst dem Schmied als Wache und wird darum „Hund des Culann“ genannt. Hans zeigt die gleiche Stärke, Kampfbereitschaft und Loyalität, als er gegen die Räuber kämpft und seine Mutter befreit.

Wie viele Heldenmythen beginnt auch das Märchen vom starken Hans damit, dass bei der Geburt oder während der Kindheit des Helden eine große Gefahr hereinbricht. Bei Perseus ist es die Furcht seines Großvaters, dass Perseus ihn töten könnte; Moses wird in einem Körbchen auf dem Nil ausgesetzt; Ödipus soll sterben, weil sein Vater fürchtet, das Kind könne ihn umbringen. In all diesen Geschichten ist der Held viel zu jung und verwundbar, um sich selbst schützen zu können, und immer muss ein Gott oder eine Göttin eingreifen und ihn retten (mehr dazu gleich).

Beim starken Hans besteht die Gefahr darin, dass Hans und seine Mutter von den Räubern entführt und in den Wald gebracht werden. Wie die anderen Helden auch ist Hans nicht mehr als ein Kleinkind und kann weder sich selbst noch seine Mutter verteidigen. Doch der Hauptmann in unserem Märchen behandelt Hansens Mutter gut und ersetzt ihm gewissermaßen den Vater (jedenfalls macht er das besser als die Stiefmütter in „Aschenputtel" oder „Schneewittchen").

Hans ist ein kluges Köpfchen. Seine Mutter lehrt ihn das Lesen und macht ihn mit historischen Helden vertraut: „Die Mutter erzählte ihm Geschichten und lehrte ihn in einem alten Ritterbuch, das sie in der Höhle fand, lesen." Hans begreift, dass Geduld eine wichtige Tugend ist und wartet jahrelang darauf, endlich stark genug zu sein, um sich selbst und seine Mutter zu befreien.

Die dafür benötigte Waffe macht er sich aus einem Tannenast: „Als Hans neun Jahre alt war, machte er sich aus einem Tannenast einen starken Knüttel." Das ist recht interessant, denn es war immerhin die Tanne, die Hans und seine Mutter überhaupt erst in ihre prekäre Lage gebracht hat; erinnern wir uns an den Anfang des Märchens: „Es trug sich zu, dass die Mutter einmal ins Holz ging, Tannenreiser zu lesen, und den kleinen Hans, der erst zwei Jahre alt war, mitnahm."

Die Tanne und der Wald

Die Tanne ist ein immergrüner Baum und dient uns oft als Weihnachtsbaum. Im keltischen Ogham-Alphabet heißt die Tanne *Ailm*, das Äquivalent zu unserem Buchstaben A, das soviel bedeutet wie „Wille" oder „Begehren". In Griechenland gilt der Baum als der Göttin Artemis heilig, die über die Geburt herrscht, und in Bulgarien heißt die Tanne *elha* und wird mit jungen Frauen assoziiert, die in die Pubertät eintreten (also ein Alter erreichen, in dem sie Kinder bekommen können). Durch ihre Verbindung zur Wintersonnenwende ist sie auch ein Symbol des sächsischen Gottes Jul und des römischen Saturn, die beide bei der Jagd bzw. Ernte sterben und gemeinsam mit der Sonne zur Sonnenwende wiedergeboren werden. In Skandinavien assoziiert man die Tanne mit dem Gott des Waldes, der oft mit einer Tanne in der Hand dargestellt wird. Zudem steht sie im Zusammenhang mit Landbesitz und repräsentiert den Herrn des Anwesens.

Es ist also nicht weiter verwunderlich, dass in der Geschichte vom starken Hans immer wieder die Tanne auftaucht. Ganz am Anfang, als die Mutter den kleinen Hans mitnimmt, um Tannenreiser zu sammeln, wird Hans sogleich mit dem Waldgott assoziiert, der den Jungen segnet und ihm große Stärke verleiht. Ich habe ja bereits erwähnt, dass viele Helden in dieser Art von Geschichten während ihrer gefährlichen Kindheit die Gunst eines Gottes oder einer Göttin genießen. In der Tanne, unter der Hans entführt wird, wohnt der Geist des Waldgottes, der fortan über Hans wachen wird, der nun als Kleinkind bei den Räubern leben muss.

Hans schließt sich noch einmal mit dem Waldgott zusammen, als die Gottheit ihn heißt, sich aus einem Tannenast einen Knüppel zu bauen, mit dem er später die Räuber besiegen kann. Bei diesem Knüppel handelt es sich um eine magische Waffe, durchdrungen vom Geist des Waldes, der inzwischen seit neun Jahren über den kleinen Hans wacht.

Doch als Hans den Knüppel zum ersten Mal schwingt, ist er noch nutzlos. Erinnern wir uns an die bulgarische Bedeutung der Tanne: Hans ist noch nicht reif, darum funktioniert auch die Magie noch nicht. Doch er ist geduldig und im darauffolgenden Jahr, wo er stärker und reifer geworden ist, funktioniert die magische Waffe genau so, wie sie es soll. Er befreit seine Mutter und kehrt zum Haus seines Vaters zurück, sobald er den falschen Vater, den Räuberhauptmann, verdroschen hat.

Der Abschnitt, in dem ihre Flucht aus der Räuberhöhle beschrieben wird, ist ziemlich interessant: „Sie verließen die Höhle, aber was tat Hans die Augen auf, als er aus der Finsternis heraus in das Tageslicht kam und den grünen Wald, Gras, Blumen und Vögel und die Morgensonne am Himmel erblickte. Er stand da und staunte alles an, als wenn er nicht recht gescheit wäre." Hans ist der wahre Herr des Waldes, denn er steht unter dem Schutz des Gottes mit der Tanne. Nach seiner langen Gefangenschaft bekommt Hans sein waldiges Königreich zum ersten Mal zu Gesicht. Er ist voller Ehrfurcht angesichts der Schönheit seines Reiches. Vielleicht liegt es an der langen Verbannung in der Räuberhöhle, dass er die Reichtümer seines Reiches nun wahrlich zu schätzen weiß.

Die Tanne steht im Zusammenhang mit rechtmäßigem Landbesitz: Der Räuberhauptmann war ein Eindringling in diesem Wald, der unrechtmäßig sein Diebesgut dort hortete. Hansens Vater ist der wahre Herr des Waldes, darum vermag die Tanne Hans und seine Mutter auch ohne Probleme nach Hause zu führen.

Sobald die Mutter und der wahre Vater wieder vereint sind, sorgt Hans für seine Familie und übernimmt die Rolle des Tannenschwingers, des wahren Herrn des Landes. Mit der Räuberbeute errichtet er ein neues Haus für seine Familie und baut einen florierenden Bauernhof auf. Durch seinen Sieg über die Räuber hat er sich seiner Mutter gegenüber als würdig erwiesen; indem er nun für seine

Familie sorgt, erweist er sich auch dem Vater gegenüber als würdig. Inzwischen ist er reif genug, um als Herr seiner Familie zu agieren. Doch der Waldgott ist noch immer an seiner Seite und er weiß, dass er sein Zuhause wieder verlassen muss, um seine Queste in der weiten Welt da draußen zu vollenden. Auch wenn wir es nicht genau wissen, so dürfen wir doch getrost annehmen, dass sein Gehstock aus – na, hast du's erraten? – Tannenholz gemacht ist. Einen Teil des Waldes führt Hans auf all seinen Wegen bei sich, denn er symbolisiert seinen Platz in der Welt und sichert ihm den Segen des Waldgottes.

Hans macht sich also auf den Weg und läuft geradewegs in eine äußerst merkwürdige Szene hinein: Ein Mann dreht eine Tanne zusammen. Der Tannendreher fügt der Tanne Schaden zu und zerstört so ihre wahre Natur. Obschon Hans und Tannendreher durch den Baum zusammengeführt werden, so besitzt doch Hans eine ganz natürliche Verbindung zum Wald, indem er den Baum als Symbol seiner Herrschaft nutzt. Tannendreher dagegen mag den Baum in seiner natürlichen Gestalt nicht und will ihn nach eigenem Gutdünken und zu seinen Zwecken verändern. Gewissermaßen steht er für die Industrie in Hansens landwirtschaftlicher Welt. Auf den ersten Blick ist zu erkennen, dass Tannendreher nicht mit dem Land verwurzelt ist und man ihm besser nicht trauen sollte. Auch Felsenklipperer ist der Natur gegenüber nicht vertrauenswürdig. Er erklärt, dass, wenn er nachts schlafen will, „so kommen Bären, Wölfe und anderes Ungeziefer der Art, die schnuppern und schnuffeln an mir herum und lassen mich nicht schlafen." Der Wald sieht in Felsenklipperer einen Eindringling und wenn er schläft, stören wilde Tiere seinen Schlaf (vielleicht träumt er das aber auch nur und sein Schlaf wird durch das eigene Unbehagen im Wald gestört).

Ein Rätsel taucht auf und ein Zwerg taucht ab

Warum lädt Hans Tannendreher und Felsenklipperer dazu ein, mit ihm zu kommen? Die Geschichte ist auch so schon wässrig genug, nachdem wir noch nicht einmal eine Erklärung für Hansens epische Reise bekommen haben. Es muss doch irgendeinen heiligen Gral geben, nach dem er sucht. Schauen wir doch mal, ob wir nicht herausfinden, wie dieser Gral am Ende der langen Fahrt einstmals ausgesehen haben könnte. Hans schart eine Mannschaft aus Riesen um sich, ähnlich wie Jason seine Argonauten, wie Sindbad mit seinen Seefahrern und Moses, indem er Aaron zu seinem Sprecher macht und das hebräische Volk vereint, so dass es eine geeinte Front darstellt. Hans führt seine kleine Armee von Riesen zu einem verlassenen Schloss, wo sich die drei mit Jagen und Kochen abwechseln.

Ein verlassenes Schloss mitten im Wald ist genau der Ort, an dem man damit rechnen kann, auf Feen zu stoßen. In der Ballade „Tam Lin“ wird Janet mehrfach gewarnt, nicht in die Nähe von Carter Hall zu gehen, weil dort der Wechselbalg Tam Lin herum spukt. Sie aber schlägt alle Warnungen in den Wind und geht trotzdem hin, pflückt eine „doppelköpfige Rose“ und schon liegt sie in Tam Lins Bett. In „Dracula“ ist die Macht des Grafen dann am stärksten, wenn er sich in seinem Schloss in Transsylvanien aufhält; weilt er in England, muss er zumindest in der Erde dieses Anwesens schlafen. Darum ist es wenig überraschend, dass in unserem Märchen Tannendreher auf einen Zwerg trifft, der ihn um seinen Anteil Fleisch bringen will.

Du kannst der Meinung sein, ein Haus, eine Wohnung oder auch ein Schloss zu besitzen. Du kannst der Meinung sein, dass dieser Platz dir gehört und dass jedes andere Wesen, das dort lebt, sei es Tier oder Fee, nur bei dir zu Gast ist. Doch in der Vorstellung eines Feenwesens gehört dieser Platz ihm und zwar schon sehr viel länger, als du denkst. Und wenn ein Ort einem Feenwesen gehört, dann ist es in der Regel gern bereit, es mit einem Menschen zu teilen, wenn es dafür ein bisschen was zu essen oder einen Schluck Alkohol bekommt. Unser kleiner Zwerg hier ist da keine Ausnahme. Er rechnet fest damit, dass er seinen Anteil abbekommt, wenn diese Spitzbuben schon in seinem verlassenen Schloss hausen. Aber Tannendreher ist mit dem Wald in seiner natürlichen Form nicht vertraut und weiß nicht, wie man mit Zauberwesen umgeht. Er verwehrt dem Zwerg seinen Anteil und bezieht dafür eine Tracht Prügel von ihm.

Als nächstes ist Felsenklipperer an der Reihe und der ist genauso wenig in seinem Element, wenn es darum geht, in der Natur zurechtzukommen. Auch mit ihm macht der Zwerg kurzen Prozess.

Hans dagegen weiß, wie der Wald funktioniert, und er weiß auch, dass man den Feen ihren Anteil lassen muss. Er gibt dem Zwerg also ein Stück Fleisch. Der Zwerg ist es aber nicht zufrieden, denn er, als Feenwesen, muss feststellen, dass er keine Macht über Hans besitzt, weil dieser ihm seinen Anteil abgegeben hat. Hans dagegen, der bereitwillig seine Mahlzeit geteilt hat, ist durchaus in der Lage, den Zwerg zu schlagen (und zwar wörtlich).

Hans versucht, dem Zwerg aus dem Schloss nachzufolgen, doch er stolpert und fällt hin (vielleicht hat der Zwerg hier ein bisschen nachgeholfen?). Es gelingt ihm aber, die Stelle zu markieren, an der der Zwerg verschwindet, und später kommt er mit seinen Gefährten zurück und sie suchen gemeinsam nach dem Unterschlupf des Zwergs.

Wir haben uns gefragt, was der Zweck von Hansens Fahrt sein könnte. Hier haben wir den ersten Hinweis. In ähnlichen Geschichten über Heldenfahrten versammelt der Held eine Mannschaft oder Armee um sich herum, damit sie ihm bei seiner Aufgabe hilfreich zur Seite steht; dies ist der einzige Augenblick in der ganzen Geschichte, da Hans seine kleine Riesenarmee mobilisiert. Das tut er, um den Unterschlupf des Zwergs aufzuspüren: Man gewinnt fast den Eindruck, als wüsste Hans bereits, dass er hier auf den Zwerg treffen und auf die Hilfe seiner kleinen Armee angewiesen sein würde. Wir können getrost davon ausgehen, dass es in der ursprünglichen Geschichte der Waldgott selbst war, der Hans führte – und der wusste, was Hans in diesem Moment brauchen würde. Der Gehstock aus Tannenholz ist die Verbindung zwischen Hans und dem Gott.

Nun horten Zwerge, genau wie Drachen, gerne Schätze. Das ist vermutlich darauf zurückzuführen, dass Zwerge Kreaturen aus den Tiefen der Erde sind und nach Gold und Silber graben. Tolkien wusste darüber natürlich Bescheid, als er seine Zwerge in den Minen von Moria ansiedelte. Auch in „Schneeweißchen und Rosenrot" begegnen wir einem Schätze hortenden Zwerg und auch die Zwerge in „Schneewittchen" ziehen Tag für Tag los, um wertvolle Metalle auszugraben (das ist sogar in der Disney-Version so, obwohl sie dort bei der Arbeit ein Liedchen pfeifen). In unserer modernen Mythologie haben wir den Weihnachtsmann, der ebenfalls ein Zwerg oder Gnom ist, der das ganze Jahr über Schätze hortet, um sie dann zur Weihnachtszeit zu verteilen. In früheren Zeiten wurde der Weihnachtsmann immer von einem Zwerg oder Elf begleitet, der oft dafür verantwortlich war, die ungezogenen Kinder zu verhauen, während der Weihnachtsmann lediglich die guten Kinder beschenkte.

Hans folgt also dem Zwerg, denn er weiß genau, dass er in der Behausung dieser Kreatur irgendeine Art von Schatz finden wird.

Jetzt sagst du vielleicht: „Ist ja klar, warum er diese Fahrt gemacht hat; er musste das Mädchen finden." Gute Theorie und vielleicht sogar zutreffend. Doch in den meisten Heldengeschichten ist das Mädchen, wenn es auch voller Liebreiz ist, eigentlich nie das, worauf es bei der Queste eigentlich ankommt. Perseus zum Beispiel muss Medusas Kopf beschaffen. Unterwegs begegnet er Andromeda und er kann sie nur deshalb retten, weil er seine Queste bereits erfolgreich beendet hat: Er benutzt Medusas Kopf, um die Gorgone zu töten, die gerade seine Herzallerliebste verspeisen will.

Jetzt wirst du sagen: Aber Odysseus hat seine ganze Heldenfahrt über nur versucht, zu seiner Frau zurückzukehren. Doch seine eigentlich Quest bestand darin, Poseidon ein Schnippchen zu schlagen, indem er wieder nach Hause findet, um dann die Freier seiner Frau (und künftigen bösen Stiefväter von Odysseus' Sohn) zu töten. Die Frau war lediglich der Mittelpunkt seines Heims und gleichzeitig Odysseus' Verbündete, denn zwanzig Jahre lang hat sie sich die Bewerber vom Hals gehalten, bis ihr Gatte heimkehren und sie töten konnte. Die wahre Quest des Odysseus bestand darin, die Magie zu finden, die ihm ermöglichen würde, Poseidons Zorn zu entgehen.

Unser Hans, der sich zwar von dem Mädchen ein wenig ablenken lässt, ist ebenfalls wegen etwas anderem hier. Er hat eine Armee um sich geschart, um es zu erobern, und er hat unterwegs ein hübsches Mädel getroffen. Doch im Gegensatz zu Perseus kann er das Mädchen nicht ohne den Gegenstand seiner Queste retten: Den Ring der Macht, mit dem er das Element Luft zu beherrschen vermag.

Im Wirbel der Elemente

Okay, warum ausgerechnet das Element Luft? Scheint ein wenig willkürlich, oder?

Na schön, gehen wir nochmal ein Stück zurück. Hans ist tief verwurzelt im Wald und in seiner Beziehung zum Waldgott. Soviel wird gleich zu Beginn der Geschichte deutlich, als Hansens Mutter Tannenreiser sammelt, damit Hans vom Waldgott gesegnet werden kann. Der Wald und sein Gott stehen für das Element Erde. Die Tanne ist ein wichtiges Symbol für das Weihnachtsfest und Jul, die Wintersonnenwende, die die Heiden mit dem Norden verbinden, der Himmelsrichtung, der auch das Element Erde zugeordnet wird. Hans stellt unter Beweis, dass er der Herr des Landes, der Erde ist.

Als nächstes werden wir Zeuge von Hansens feuriger Leidenschaft und seinem starken Willen, als er sorgfältig seine Flucht vor den Räubern vorbereitet. Auch lernen wir seine physische Stärke kennen. All dies gehört in den Herrschaftsbereich des Feuers. Wir erfahren auch, dass Hans zu tiefer Liebe fähig ist. Er befreit seine Mutter und unterstützt großzügig seinen Vater. Später verliebt er sich auf den ersten Blick in ein Mädchen. Er ist gütig und spirituell. Alles Eigenschaften des Elementes Wasser.

Nachdem er in alle drei Elemente eingeweiht wurde, ist Hans nun auch für das Element Luft bereit, welches das höchste Element ist. Im Tarot steht die Luft für das Denken und die Intelligenz und verheißt zugleich Probleme und Umsicht. Hans ist jetzt bereit für wahre Weisheit. Die Luft steht auch für Jugend und Geburt; durch seine Initiation in jedes der vier Elemente ist Hans bereit, als neuer Mensch wiedergeboren zu werden, als wahrer Held, vom Schicksal geprüft und gemäßigt. Zu guter Letzt steht die Luft im Tarot auch für die Schwerter (obwohl manchmal auch Stäbe mit Luft assoziiert werden, aber hab‘ Nachsicht mit mir). Einer der Gründe dafür, dass Schwerter mit Luft in Verbindung stehen, ist, dass Intelligenz und Vernunft alles Unerwünschte, Nutzlose oder Schädliche wie ein

Schwert einfach abtrennt. Das Schwert wird auch mit den flammenden Schwertern der Engel (Kreaturen der Luft) an den Toren zum Paradies assoziiert, die jeden am Eintreten hindern, der nicht zuvor eingeweiht wurde.

Das Schwert ist eine sehr mächtige magische Waffe, die, wenn sie mit Intelligenz und Achtsamkeit geschwungen wird, alles Unnötige und Schädliche zerschlägt und die Geheimnisse des Gartens vor den Uneingeweihten bewahrt. Hans hat im Verlauf der Geschichte bereits mehrfach die Waffe der Erde geschwungen, den Tannenstab seines Gottes, und ist nun bereit für den Umgang mit den Luftgeistern und ihren Schwertern. Dadurch wird er unbesiegbar.

Durch die Führung des Waldgottes kann Hans sicher sein, dass er in dem Schatz, den der Zwerg in seiner Höhle hütet, auch die mächtige magische Waffe finden wird. Also beschafft er sich selbst eine magische Waffe, seinen Gehstock, und schart eine Armee um sich: Felsenklipperer und Tannendreher. Erst dann folgt er dem Zwerg in sein Versteck.

Hans wird von seiner Armee verraten (wie Sindbad von seinen Seefahrern und wie die Hebräer, die Moses verrieten, als der auf dem Berg Sinai weilte). Dadurch bringen sie auch die Jungfrau in Gefahr: Wie der Wolf oder der Zwerg in „Schneeweißchen und Rosenrot" haben sie mit dem Mädchen nichts Gutes im Sinn und könnten sie schänden oder auch töten. Da Hans nun aber über die Luftgeister gebietet, kann er aus der unterirdischen Höhle des Zwergs hinaus fliegen. Da er aber noch nicht vollends eingeweiht ist, versucht Hans immer noch, seine alte magische Waffe, den Stab, einzusetzen: „Und in heftigem Zorn sprang er, ohne sich zu besinnen, mit samt seinem Stab ins Wasser und fing an zu schwimmen, aber der zentnerschwere Stab zog ihn so tief hinab, dass er fast ertrunken wäre."

Eine letzte Prüfung muss er noch bestehen: den weisen Gebrauch seiner Waffen. „Da drehte er noch zu rechter Zeit den Ring, alsbald kamen die Luftgeister und trugen ihn so schnell wie der Blitz in das Schiffchen." Jetzt kann er das Mädchen retten und seine treulosen Kameraden bestrafen: „Dann aber ruderte er mit der schönen Jungfrau, die in den größten Ängsten gewesen war, und die er zum zweiten Male befreit hatte, heim zu ihrem Vater und ihrer Mutter und ward mit ihr verheiratet und alle haben sich gewaltig gefreut." Nun ist Hans vollständig: Er ist eingeweiht in die Mysterien des Kriegerhelden und vereint mit der weiblichen Komponente seiner Herrschaft: der Göttin an der Seite seines Gottes, wie man sagen könnte, frisch zurück aus der Unterwelt, wo sie neben Hades, der die Gestalt eines Zwerges angenommen hatte, verweilen musste. Nun kann sie an Hansens Seite, der der Herr des Waldes ist, ihre Herrschaft in unserer Welt antreten. Und wahrlich: „... alle haben sich gewaltig gefreut!"

Das Ritual vom starken Hans

Während des ganzen Märchens spiegeln sich Hansens Wachstum und Stärke in der Tanne. Zunächst wird Hans in den Wald gebracht und begegnet der Tanne selbst, einem Symbol des Waldgottes. Dann baut er sich aus eben diesem Baum einen Knüttel, um die Räuber zu besiegen. Als für Hans die Zeit gekommen ist, in die Welt hinauszuziehen und sich auf seine epische Heldenfahrt zu begeben, nimmt er einen Gehstock aus Tannenholz mit.

Immer, wenn Hans sich einer neuen Herausforderung stellt, nimmt auch die Tanne neue Eigenschaften an: Bewohnerin des tiefen Waldes, magische Waffe, Stütze, Symbol für Weisheit und Führung.

Die Symbole Baum, Stab und Knüppel stehen seit jeher in Verbindung mit männlicher Stärke, Macht und Weisheit. Wenn wir einen Blick auf die bekannten Mythen werfen, begegnen wir Odin, der im Weltenbaum hängt, um Weisheit und Macht zu erlangen; wir begegnen dem sumerischen Gott Utu, der von Huluppu, dem Weltenbaum am Euphrat, Stärke und Weitsicht erhält. Dies ist vermutlich auch der Mythos, der der Schöpfungsgeschichte des Adam zugrunde liegt, dem die Aufgabe übertragen wurde, den Baum der Erkenntnis im Garten Eden, ebenfalls am Euphrat, zu beschützen und zu ehren (Genesis, 2:17). Nachdem er von einem anderen Baum des Gartens gegessen hat, nämlich vom Baum des Lebens, ist Adam gezwungen, zu einem Bauern heranzureifen, anstatt sein kindliches, idyllisches Leben im Garten Eden fortsetzen zu können.

Wie wir bereits wissen, steht der Tannenast für den Landbesitz und damit auch für das Wachstum des Getreides auf diesem Land. In Großbritannien finden wir zahlreiche Darstellungen eines Keulen schwingenden Erntegottes. Das 55 Meter große Scharrbild des Cerne Abbas Riesen, das in der Nähe von Dorchester in den Kalkstein gegraben ist, stellt einen solchen Gott dar: Er trägt eine gewaltige Keule und stellt seinen ebenfalls keulenartigen Phallus zur Schau. Bis zum heutigen Tage kommen Frauen spät nachts zusammen mit ihren Partnern zu diesem Scharrbild, um sich auf dem Phallus zu lieben und ein Kind zu empfangen. Ein weiteres Kalksteinscharrbild in East Sussex, der Long Man of Wilmington, ist 70 Meter hoch und obwohl er weniger plastisch ist als der Cerne Abbas Riese, hält er sogar gleich zwei Stäbe als Symbole der Fruchtbarkeit in den Händen.

Beim englischen Morris-Tanz, der bis heute in den englischen Cotswolds aufgeführt wird und für den die Engländer in aller Welt bekannt sind, kommen diese Keulen oder Stäbe in einem ritualisierten Fruchtbarkeitstanz zum Einsatz. Bei diesem Tanz stolzieren und springen sechs Tänzer, die einander in Dreierreihen gegenüber stehen, mit kurzen Stöcken und schlagen nach jeder Tanzfigur ihre Stöcke gegeneinander, um die Energie danach in die Erde abzuleiten. Dieser Tanz wird jedes Jahr zu Whitsun, dem englischen Maifest, und zum Erntefest aufgeführt. Die Stöcke sind dabei Symbole der Manneskraft der traditionell männlichen Tänzer (nach dem Ersten Weltkrieg, dem eine ganze Generation englischer Männer zum Opfer gefallen waren, begannen auch Frauen diesen Tanz zu tanzen, um ihn so lebendig zu halten; im vergangenen Jahrhundert wurde der Tanz darum als „gemischter" Morris getanzt, d.h. es tanzten sowohl Männer als auch Frauen). Das Aufstampfen mit den Stöcken auf dem Boden symbolisiert die Übertragung der Zeugungskraft auf das Feld, auf dem das Getreide wachsen soll und geerntet wird. Der Stock ist eine kleinere Version des Maibaumes, eines großen Zauberstabs auf den Feldern eines jeden britischen Dorfes, der von jungen, mit Bändern geschmückten Männern umtanzt wurde. Traditionell bestehen diese Bänder aus den Kleidern der jungen Damen des Dorfes, die bereits ein heiratsfähiges Alter erreicht haben.

Über Jahrhunderte hinweg trugen Männer in ganz Europa den Stab gleichermaßen als Werkzeug als auch als Waffe. In England gab es den Quarterstaff, der so hieß, weil er seinen Träger um ein Viertel von dessen Körpergröße überragte, und er wurde in allen Aktivitätsphasen verwendet, auch zur Verteidigung. In der Geschichte um Robin Hood begegnen sich Robin und Little John, als sie gerade mit Quarterstaffs aufeinander losgehen, um zu entscheiden, wer von ihnen als erster den Baumstamm überqueren darf, der als Brücke über einen Bach dient und selbst ein Stab ist und damit auch ein Symbol für Manneskraft und Stärke darstellt. In der Legende von Ivanhoe ist der Held sowohl ein hervorragender Bogenschütze als auch ein Meister mit dem Quarterstaff.

In unserem Ritual werden wir den Stab als Symbol für männliche Stärke und Reife verwenden. Er soll uns an all diese Mythen und Legenden und an Hansens Bindung zu seinem Tannenstab erinnern. Wenn du für das Ritual einen Stab aus Tanne beschaffen kannst, wäre das großartig; andernfalls ist auch jeder andere Stab aus einem guten, starken Holz – zum Beispiel Esche, Eiche oder Birke – völlig in Ordnung.

Dieses Ritual dient dazu, einen jungen Mann zu ehren, für den die Zeit gekommen ist, die Verantwortung eines Erwachsenen auf sich zu nehmen und von den erwachsenen Männern seiner Familie und seiner Gemeinschaft als Ebenbürtiger betrachtet zu werden. Dafür gibt es kein klar bestimmbares Alter. In verschiedenen spirituellen Traditionen werden hierfür unterschiedliche Altersangaben gemacht: Für die Juden ist es dreizehn, für die Amish sechzehn. Entscheidend ist, dass deine spirituelle Gemeinschaft und deine Familie den Zeitpunkt für gekommen hält, dass dieser junge Mann sich wie eine Erwachsener benehmen und von den erwachsenen Männern in seiner Umgebung als ebenbürtig angesehen werden sollte. Auch er selbst sollte sich bereit dazu fühlen, gegenüber den Göttern und seiner Familie ein Versprechen abzugeben, fortan Verantwortung zu übernehmen, das ihn durchaus auch bindet.

Außer dem Stab brauchst du auch einen Altar, in dessen Mitte eine Kerze, einen Spiegel, der auf dem Altar bereit liegt und zu Beginn des Rituals noch von einem grünen Tuch bedeckt ist, und daneben eine besondere Kerze in der Lieblingsfarbe des Jungen, der heute geehrt werden soll. Desweiteren benötigst du einen Dolch oder ein kleines Messer und ein paar kleine Leckerbissen, die ihr gemeinsam verspeisen könnt.

Der junge Mann, den ihr ehren wollt, sollte diesen ganzen Tag lang darüber meditieren und nachdenken, was es heißt, ein erwachsener Mann zu sein. Wenn es ein sehr körperlicher Typ ist, kann er auch ein paar Stunden lang allein wandern oder spazieren gehen und sich währenddessen seinen Gedanken überlassen. Andernfalls darf er auch gern in einem Wald oder einem Garten meditieren. Während dieser Zeit sollten ihm keine Möglichkeiten zur Ablenkung wie Fernsehen, Spiele oder Kumpels zur Verfügung stehen.

Ist der Junge bereit, versammeln sich die Männer, die das Ritual durchführen, und schicken nach ihm. Sobald der Junge sich dem Kreis nähert, ergreift einer der Männer den Dolch und fordert den Jungen, indem er ihm den Dolch an die Brust setzt.

> „In alten Zeiten versprachen junge Männer, wenn sie erwachsen wurden, dass sie bereit seien, für ihre Familien zu sterben. Der starke Hans hat tapfer gekämpft, um seine Mutter zu befreien. Bist du bereit, dein Leben für die Liebe derer zu verpfänden, die heute hier in diesem Kreis stehen?[25]"
>
> Der Junge antwortet.
>
> „Dann komm in unsere Mitte."
>
> Der Junge darf nun den Kreis betreten, die Männer stehen um ihn herum. Einer der Männer ergreift die Hand seines Nebenmannes und sagt:
>
> „Von Hand zu Hand wird der Kreis gezogen."
>
> Der Nebenmann ergreift die Hand seines Nebenmannes und sagt: „Von Hand zu Hand wird der Kreis gezogen." Dies wird von allen Männern wiederholt, bis der Kreis um den Jungen geschlossen ist. Wenn die Reihe wieder an dem Mann ist, bei dem das Zie-

hen des Kreises begonnen hat, sagt dieser: „Der Kreis ist gezogen!“

Nun ruft einer der Männer den Osten an:

„Ihr Geister des Ostens, hört meine Stimme,
Ihr Geister des Ostens, eure Kinder rufen euch
Wir, die wir von euch lernen wollen
Vom Anfang aller Dinge
Von der Weisheit und dem Samen, der mit dem Wind reitet
Ihr Geister des Ostens
Seid bei uns, hier in diesem Kreis
Seid bei uns, hier bei diesem Ritual“

Der nächste Mann ruft den Süden:

„Ihr Geister des Südens, hört meine Stimme,
Ihr Geister des Südens, eure Kinder rufen euch
Wir, die wir von euch lernen wollen
Von süßer Leidenschaft
Von raschem Handeln, wie es die Alten kannten
Ihr Geister des Südens
Seid bei uns, hier in diesem Kreis
Seid bei uns, hier bei diesem Ritual“

Ein Mann ruft den Westen:

„Ihr Geister des Westens, hört meine Stimme,
Ihr Geister des Westens, eure Kinder rufen euch
Wir, die wir von euch lernen wollen
Von starken Emotionen
Von der Liebe, wie sie dereinst die Mutter sich erträumt
Ihr Geister des Westens
Seid bei uns, hier in diesem Kreis
Seid bei uns, hier bei diesem Ritual“

Ein Mann im Norden spricht:

„Ihr Geister des Nordens, hört meine Stimme,
Ihr Geister des Nordens, eure Kinder rufen euch
Wir, die wir von euch lernen wollen
Von den verborgenen grünen Plätzen
Von den Bäumen und der stillen Schönheit des Winters
Ihr Geister des Nordens
Seid bei uns, hier in diesem Kreis
Seid bei uns, hier bei diesem Ritual"

Nun bringt ein Mann den Jungen zum Altar und sagt:

„Großer gehörnter Gott, Geist des Waldes, du, dessen Macht in der Tanne wächst! Komm in unsere Mitte. Dies ist _________ (sage den Namen des jungen Mannes) und er steht hier vor dir, bereit, ein erwachsener Mann zu werden: ein Mann des Wissens, der Stärke, der Geschicklichkeit und der Hingabe.

Um dir zu zeigen, dass er sich dir überantworten will, wird er nun deine Kerze entzünden."

Der Junge entzündet die Kerze in der Mitte des Altars. Der Mann, der eben gesprochen hat, fährt fort:

„Um dir zu zeigen, dass er sich dir überantworten will, Geist des Waldes, wird er den großen Stab tragen!"

Dem Jungen wird der Stab überreicht. Sobald er den Stab in Händen hält, sagt ein Mann, der ihm besonders nahe steht (sein Vater, Bruder, Onkel oder Cousin):

„_________ (Name des jungen Mannes), sprich mir nach:"

(Der Junge wiederholt nun sämtliche Versprechen.)

„Brüder, ich bin vor euch hingetreten, um mich euch zu verpflichten.

Ich verpflichte mich zu Hilfe und Unterstützung meiner Familie, meinen Freunden und meiner Gemeinschaft gegenüber!

Ich verpflichte mein Herz der Liebe: der Liebe zur Familie, der Liebe zu Freunden, der Liebe zu einer Partnerin, der Liebe zu einem Kind und jedem Menschen, der von mir abhängig sein sollte.

Ich verpflichte mich dazu, Kraft meiner Weisheit am Lauf unseres Schicksals mitzuwirken und alle aufkommenden Probleme zu lösen, zu deren Lösung ich fähig bin.

Ich verpflichte mich dem Geist des Waldes und verspreche, dass ich getreu einem Ehrenkodex leben und der Gerechtigkeit, wie ich sie verstehe, dienen will und niemals wissentlich Unglück über meine Brüder und Schwestern bringen werde!

So soll es sein, heute wie auch den Rest all meiner Tage!"

Ein Mann sagt:

„Wenn es dir ernst ist, küsse den Stab, den du hältst, und schwöre, ihn als Symbol deines Versprechens in Ehren zu halten."

Der Junge küsst den Stab.

Ein Mann sagt:

„______________ (Name des jungen Mannes), du kennst uns als Lehrer, Mentoren und Versorger und hast von uns gelernt. Wir werden dich jetzt auf eine Heldenfahrt schicken. Du musst verschiedene Rätsel lösen, doch du wirst feststellen, dass die Antwort auf alle Rätsel ein und dieselbe ist. Bist du bereit?"

Der Junge antwortet.

Der Mann sagt:

„Dann lasst uns beginnen. Wir werden dir viele Fragen stellen. Denke über jede dieser Fragen nach, doch antworte erst, wenn sie allesamt gestellt sind. Am Ende wirst du die Antwort des Helden finden:

Auf wen kannst du dich verlassen, wenn große Gefahr droht?"

Der Junge wird an einen anderen Teil des Kreises gestoßen und von einem anderen Mann gefragt:

„Auf wen kannst du zählen, wenn alles hoffnungslos erscheint?"

Der Junge wird an einen anderen Teil des Kreises gestoßen und von einem anderen Mann gefragt:

„Wer kann dich aufmuntern, wenn du antriebslos bist?"

Der Junge wird an einen anderen Teil des Kreises gestoßen und von einem anderen Mann gefragt:

„Wer ist dein größter Verbündeter?"

Der Junge wird an einen anderen Teil des Kreises gestoßen und von einem anderen Mann gefragt:

„Wer kann dein schlimmster Feind sein?"

Der Junge wird an einen anderen Teil des Kreises gestoßen und von einem anderen Mann gefragt:

„Wer kann dich herunterziehen und dich aufhalten, wenn du ihn lässt?"

Der Junge wird an einen anderen Teil des Kreises gestoßen und von einem anderen Mann gefragt:

„Wer kann dir die nötige Aufmunterung schenken, wenn die Dinge nicht zum Besten bestellt sind?"

Der Junge wird an einen anderen Teil des Kreises gestoßen und von einem anderen Mann gefragt:

„Wer ist dein bester Freund?"

Der Junge wird an einen anderen Teil des Kreises gestoßen und von einem anderen Mann gefragt:

„Wer kann Recht von Unrecht unterscheiden?"

Der Junge wird an einen anderen Teil des Kreises gestoßen und von einem anderen Mann gefragt:

„Wer kann dir zeigen, was noch fehlt?"

Der Junge wird an einen anderen Teil des Kreises gestoßen und von einem anderen Mann gefragt:

„Wer findet immer einen Weg, Essen auf den Tisch zu bringen?"

Der Junge wird an einen anderen Teil des Kreises gestoßen und von einem anderen Mann gefragt:

„Wer kann all deine Träume wahr werden lassen?"

Der Junge wird an einen anderen Teil des Kreises gestoßen und von einem anderen Mann gefragt:

„Wem kannst du immer trauen?"

Nun nimmt der Mann, der dem Jungen am nächsten steht (sein Vater, Bruder, Onkel), diesen beim Arm und führt ihn zum Altar:

„Die Antwort auf jedes dieser Rätsel liegt hier verborgen. Kannst du sie finden?"

Der Junge bekommt einen Moment Zeit zum Überlegen. Bekommt er nicht selbst heraus, was zu tun ist, nimmt der Mann, der ihn am Arm hält, das grüne Tuch vom Spiegel und sagt:

„Hier ist die Antwort, nach der du suchst."

Dem Jungen wird ein Augenblick Zeit gelassen, um in den Spiegel zu schauen.

Ein Mann fragt: „Wie lautet die Antwort auf all diese Fragen?" Der Junge darf nun seine Antwort geben.

Jetzt wird dem Jungen ein Streichholz überreicht. Ein Mann sagt:

„Du kennst nun die Antwort auf all diese Fragen. Doch wir alle sind immer da, dich zu führen, dir zu helfen und dir mit Rat und Tat zur Seite zu stehen und dich auf deinem Weg zu unterstützen. Darum entzünde diese Kerze als Leuchtfeuer, damit wir dich finden können, wenn du uns brauchst, ganz gleich, wo du auch bist."

Der Junge entzündet die Kerze in seiner Lieblingsfarbe.

Jeder Mann im Kreis schwört nun dem Jungen:

„Wenn du mich brauchst, werde ich für dich da sein."

Der Schwur geht den ganzen Kreis herum. Wenn jeder Mann seinen Schwur geleistet hat, können sich alle hinsetzen. Nun werden Speisen im Kreis herumgereicht und jeder Mann kann eine Geschichte davon erzählen, was der junge Mann irgendwann einmal getan oder gesagt hat, vor allem Dinge, die demjenigen eine besondere Gabe oder ein besonderes Talent offenbart haben, über das der junge Mann verfügt.

Ist diese Runde beendet, erheben sich alle noch einmal.

Ein Mann geht zum Altar und spricht:

„Geist des Waldes, wir danken dir, dass du bei uns warst, hier in diesem Kreis, und Zeuge wurdest, wie __________ (Name des jungen Mannes) sich der Ehrenhaftigkeit und dem Erwachsensein verpflichtet hat. Auch wenn wir die Kerze nun löschen, so wissen wir doch, dass sie nur ein Symbol ist und du stets für jeden von uns da sein wirst."

Die mittlere Kerze wird gelöscht.

Der Mann im Osten spricht:

„Ihr Geister des Ostens. Wir danken euch, dass ihr hier bei uns in unserem Kreis wart. Nun, da ihr zurückkehrt in eure herrlichen Gefilde, sagen wir Lebewohl!"

Alle sagen „Lebewohl!"

Diese Worte werden auch für den Süden, den Westen und den Norden wiederholt.

Alle fassen sich bei den Händen, dieses Mal wird auch der junge Mann einbezogen. Der erste Mann sagt:

„Wir lösen diesen Kreis, doch seine Freude tragen wir in unseren Herzen." Er lässt die Hand seines rechten Nebenmannes los.

Der nächste Mann wiederholt die Worte und lässt die Hand seines rechten Nebenmannes los. Dies wird wiederholt, bis alle Hände wieder frei sind. Dann spricht der Mann, der die Runde begonnen hat:

„Der Kreis ist gelöst. Seid gesegnet."

Nun dürfen alle miteinander tafeln und fröhlich sein. Während des Festes muss um den jungen Mann natürlich ein großes Gewese gemacht werden.

Kapitel 11

Die Rose – Den Geist des Todes ehren

In dieser kurzen Erzählung der Brüder Grimm müht ein kränkliches Mädchen sich jeden Tag mit ihren Arbeiten ab, da trifft es einen fremden, freundlichen Jungen, der ihm bei der Arbeit hilft. Er schenkt ihr eine Rose und sagt ihr, dass sie ihn wiedersehen wird, sobald die Rose erblüht. Bald darauf findet die Mutter das Mädchen tot auf: Es ist in Frieden gestorben und just in dem Moment erblüht die Rose. In einem Ritual wollen wir den Geist des Todes ehren, der stets in unserem Leben präsent ist.

Zitate der Geschichte entstammen der Ausgabe der „Kinder- und Hausmärchen der Brüder Grimm" von 1812/1815 und sind in Mundart abgedruckt.

Im Mittelalter litt Europa unter zahlreichen Seuchen, kleineren Eiszeiten, entsetzlichen Kriegen und Hungersnöten. Die Märchen der Grimms sind reich an Schreckensszenarien, zum Beispiel von Müttern, die ihre Kinder nicht mehr ernähren können, von Krankheiten dahingerafften Kindern und von Waisenkindern, denen der Tod die Eltern geraubt hat. Obschon er gefürchtet und gescheut wurde, so konnte doch der Tod auch eine Erlösung von Krankheit und Armut darstellen.

In Überlieferungen wird deutlich, dass der Tod einen zu jeder Zeit einholen konnte und in vielen Gestalten auftrat. Er kam nicht immer als dürres Skelett im Kapuzenmantel daher, sondern konnte auch als liebreizendes Mädchen, als Fremder beim Festschmaus oder als gut gekleideter Edelmann auf einer einsamen Landstraße in Erscheinung treten. Vielleicht kam der Tod auch in Gestalt eines süßen Kindes im wuchernden Dickicht des Schwarzwalds.

Der großartige Neil Gaiman sprach einmal in einem Kommentar zu seiner Darstellung des Todes in der *Sandman*-Reihe davon, dass unter Leuten, die die Kabbala studierten, die Überzeugung herrsche, der Tod müsse doch äußerst attraktiv sein, denn sonst würde ihm wohl kaum jemand in sein gefürchtetes Reich folgen. Gaimans Figur des Todes ist ein schrulliges, optimistisches Goth-Mädchen, voller Witz und Charme. Für Gaiman und sein Publikum ist dies eine überaus attraktive Darstellung des Todes.

Dem kleinen Mädchen aus der Grimmschen Geschichte „Die Rose", das tief im Wald für seine Familie arbeitet, erscheint der Tod in Gestalt eines freundlichen, starken und hilfsbereiten Kindes. Die Geschichte beginnt so: „Et was mal eine arme Frugge, de hadde twei Kinner; dat jungeste moste olle Dage in en Wald gohn un langen (holen) Holt. Asset nu mal ganz wiet söken geit, kam so en klein Kind, dat was awerst ganz wacker to em un holp (half) flietig Holt lesen un drog et auck bis für dat Hus; dann was et awerst, eh en Augenschlägsken (Augenblick) vergienk, verswunnen."

Wir können uns dieses kleine Mädchen lebhaft vorstellen: blass und mit tiefen Ringen unter den Augen plagt es sich Tag für Tag, genügend Holz heimzubringen, um den Herd anzufeuern und das Haus zu heizen. Wahrscheinlich war es dennoch nie genug und das kränkliche Kind muss so manche kalte Nacht im winterlichen Schwarzwald verlebt haben. Doch eines Tages taucht plötzlich wie aus dem Nichts ein potenzieller Freund und Spielgefährte auf, schnappt sich den riesigen Holzstapel und trägt ihn dem Mädchen geschickt und fröhlich nach Hause.

Diese Eröffnung lässt zunächst einmal an einen Kobold oder ein Heinzelmännchen denken, ein hilfsbereites Feenwesen, das dem Kind zu Hilfe eilt. In der Folklore hören wir oft davon, dass Kobolde die Gestalt von Kindern annehmen und fleißige Arbeiter sind. In Deutschland versuchten die Frauen so manchen Zauber, um einen Kobold mit zu sich nach Hause zu locken, denn diese Art von Fee arbeitet die ganze Nacht hindurch, während der übrige Haushalt schläft. Welche Hausfrau wünscht sich nicht ein fröhliches Heinzelmännchen, das aufräumt und putzt?

„Dat Kind vertelde et siner Moder, de wul et awerst nig glöven." Die arme, verzweifelte Mutter, die sklavisch dafür arbeitet, ihre Kinder zu ernähren, glaubt, ihre jüngste Tochter spiele nur ein Spiel, aus Einsamkeit vielleicht. Mutti hält das Ganze für einen eingebildeten Freund, einen unsichtbaren Gefährten, der dem Mädchen wohl die einsamen Tage im tiefen Wald versüßen mochte.

Doch das Kind, für das das Erlebte durchaus real ist, besteht darauf, dass die Mutter ihm Glauben schenkt: „Up et lest brochte et en Rause (Rose) mit un vertelde, dat schöne Kind hädde em deise Rause gieven und hädde em sägt, wenn de Rause upblöhet war, dann wull et wier kommen. De Moder stellde dei Rause in't Water."

Nun nimmt unsere Geschichte jedoch eine morbide Wende: „Einen Morgen kam dat Kind gar nig ut dem Bedde, de Moder gink to dem Bedde hen un fund dat Kind daude (tot); et lag awerst ganz anmotik. Un de Rause was den sulftigen Morgen upblöhet."

Diese unheimliche Erzählung ist eine der zwölf „Kinderlegenden", die der zweiten Auflage der *Kinder- und Hausmärchen* im Jahre 1819 hinzugefügt wurden. In dieser Ausgabe war die Hauptfigur ein Junge, doch in den Ausgaben seit 1857 wurde aus dem Jungen ein Mädchen. Vielleicht glaubten die Grimms, dass kleine Mädchen gemeinhin als verwundbarer, süßer und hübscher gelten und im Leser größeres Mitgefühl wecken würden.

Diese Legende ist ziemlich kurz, nicht mehr als ein einziger Absatz, doch sie enthält jede Menge Wissen und auch ein sehr seltsames Rätsel: Wer ist dieser lebhafte Junge, dem das Kind im Wald begegnet, und wofür steht eigentlich die Rose?

Der Tod: der falsche Ritter

In folkloristischen Überlieferungen treffen wir andauernd auf einen scheinbar zufällig vorbeikommenden Fremden, der letztlich aber eine ungeheure Wirkung hat. Im Mittelalter gab es Volkslieder über einen Jungen, der auf der Straße einem „falschen Ritter" begegnet war. Dieser falsche Ritter stellte dem Jungen eine Reihe von Fragen, die scheinbar nicht zu beantworten waren, doch der schlaue Junge löste sämtliche Rätsel. Und weil er die Fragen richtig beantwortet hatte, konnte der Junge dem Tod entkommen. Hier ein paar typische Strophen dieses traditionellen Liedes:

Oh, wohin des Wegs? sagte der falsche Ritter auf der Straße
Ich geh in die Schule, sagte der kleine Junge und stand still
Was trägst du auf dem Rücken? sagte der falsche Ritter auf der Straße
Meine Sachen und meine Bücher, sagte der kleine Junge und stand still

Ich wünschte, du wärst dort drüben auf dem Meer,
sagte der falsche Ritter auf der Straße
Und ein sicheres Boot unter mir, sagte der kleine Junge und stand still
Das Boot wird gewiss sinken, sagte der falsche Ritter auf der Straße
Und du gewiss ertrinken, sagte der kleine Junge und stand still

Ich wünschte, du wärst dort drüben auf dem Baum,
sagte der falsche Ritter auf der Straße
Und eine Leiter unter mir, sagte der kleine Junge und stand still
Die Leiter würde zerbrechen, sagte der falsche Ritter auf der Straße
Und du würdest hinunterfallen, sagte der kleine Junge und stand still

Hat deine Mutter noch mehr von deiner Sorte?
sagte der falsche Ritter auf der Straße
Aye, aber keiner davon ist für dich, sagte der kleine Junge und stand still
Ich glaube, da schlägt eine Glocke, sagte der falsche Ritter auf der Straße
Ja, sie schickt dich in die Hölle, sagte der kleine Junge und stand still

(traditionell)

In derartigen Rätsel-Liedern geht es oft um Begegnungen mit Gespenstern und mörderischen Feen. In dem Traditional „Whittingham Fair“ oder „Scarborough Fair“, einem alten britischen Volkslied, das sich großer Beliebtheit erfreute, nachdem es in den sechziger Jahren von Simon and Garfunkel aufgenommen wurde, ist es der Geist des toten Geliebten einer Frau, der ihr aufträgt, einige unmögliche Aufgaben zu verrichten, um ihn ins Leben zurückzubringen:

Sag ihr, sie soll mir ein Hemd aus Batist machen
Petersilie, Salbei, Rosmarin und Thymian
Ganz ohne Naht und Nadel
Dann soll sie wieder meine wahre Liebe sein

Sag ihr, sie soll es waschen in dem Brunnen da drüben
Petersilie, Salbei, Rosmarin und Thymian
Wo nie eine Quelle entsprang oder Regen fiel
Und sie soll wieder meine wahre Liebe sein

Sag ihr, sie soll es trocknen auf dem Dornbusch da drüben
Petersilie, Salbei, Rosmarin und Thymian
Der noch niemals geblüht, seit Adam ward geboren
Dann soll sie wieder meine wahre Liebe sein

(traditionell)

Natürlich kann die Frau diese Aufgaben nicht verrichten und so bleibt der Mann im Reich der Toten. Die Kräuter, die in jeder Strophe genannt werden, sind ein Schutz vor dem Bösen, gleich ob Feen oder Tod, die die Frau am Leib tragen muss, um den zudringlichen Geist wieder loszuwerden.

In der afrikanischen Kultur in Amerika hieß der Fremde auf der Straße *Papa Legba*. Mythen um diese Gestalt, die von afrikanischen Religionen abgeleitet sind, wurden im Süden der USA abgewandelt zu Geschichten um Begegnungen mit dem Teufel auf einsamen Wegkreuzungen. In diesen Geschichten trat der Teufel als gut gekleideter Fremder in Erscheinung und bot an, den Menschen genau das zu schenken, was sie sich am meisten wünschten. Ließ man sich jedoch auf diesen Handel ein, verlor man seine Seele an diesen diabolischen Fremden. Es gibt eine Blues-Legende, die besagt, der Kultsänger und Gitarrist Robert Johnson habe an einer Wegkreuzung seine Seele an den Teufel verkauft und sich so ewigen Ruhm gesichert. In dem Song „Crossroads" verspricht Johnson Papa Legba seine Seele im Gegenzug für seinen Ruhm als Bluesmusiker. Und tatsächlich erlangte er legendäre Berühmtheit, nachdem er den Song 1937 aufgenommen hatte. Diese Aufnahme gilt als eine der berühmtesten Blues-Performances aller Zeiten. Johnson sollte allerdings nicht lang genug leben, um seinen Ruhm auszukosten. Er starb ein Jahr später, vergiftet von einem eifersüchtigen Ehemann[26].

Der Junge mit der Rose

Nicht selten ist der oder die schöne oder liebreizende Fremde der Tod persönlich. Das ist aber nicht immer tragisch. In der Folklore finden wir oft Andeutungen darüber, der Tod sei vielmehr eine Erlösung vom Leiden denn eine Strafe. Genau das scheint auch bei dem kränklichen Kind in unserem Märchen der Fall zu sein. Unser armes Kind traf also im Wald auf einen Fremden und zwar während es eine Arbeit verrichtete, die es buchstäblich umbrachte. Der erste Hinweis darauf, dass dieser Fremde gekommen ist, um das Kind zu erlösen, besteht in der mysteriösen Tatsache, dass er dem kranken Mädchen das Feuerholz nach Hause trägt. Auch ist von Anfang an klar, dass es sich bei diesem Kind nicht um ein gewöhnliches Kind handelt, denn es war „eh en Augenschlägsken (Augenblick) vergienk, verswunnen." Dieses lebhafte Wesen ist genau wie eine Fee in Erscheinung getreten, die dem sich mühenden Mädchen zu Hilfe eilt.

Jetzt bekommt das Mädchen eine Rose, die es als Beweis für die Wahrheit seiner Geschichte seiner Mutter zeigt.

Im Kapitel „Dornröschen" haben wir bereits ausgiebig über die sexuelle Symbolik dieser Blume gesprochen. Doch in den Volkserzählungen in ganz Europa galt die Rose immer auch als Symbol für Tod und Wiedergeburt. Nur ein paar kurze Tage lang erblüht die Rose in aller Pracht, dann verwelkt sie und stirbt, damit ihre Samen herabfallen können, und nur eine dornige Ranke bleibt von ihr zurück. Dies ist eine Analogie auf die Süße des Lebens, die nur von kurzer Dauer ist, und für die dornige Bitterkeit des Todes.

Die blühende Rose steht aber nicht nur für den Tod, sondern auch für die Wiedergeburt. Zwar stirbt diese liebliche Blume bereits nach wenigen Tagen, doch in jedem Frühling kehrt die wiedergeborene Blume ins Leben zurück: Sie ringt dem Tode die Wiedergeburt ab, die Energie der Göttin und ihr Versprechen, dass das Leben fortbesteht, auch wenn uns der Tod jener beraubt, die wir lieben.

So verhält es sich auch mit dem armen Mädchen in „Die Rose". Der hilfreiche Fremde schenkt dem kränklichen, blassen Mädchen eine Rose als Beweis für ihre Begegnung. Er sagt ihr, dass sie ihn wiedersehen soll, wenn die Rose erblüht. Die Mutter stellt die Blume ins Wasser, ein Zeichen ihrer Liebe zu ihrem Kind, auch noch im Angesicht von Armut und Schinderei.

Eines schönen Morgens stirbt plötzlich das Kind. Es gibt keine dramatische Sterbeszene, kein Siechtum: Die Mutter versucht, das Kind zu wecken, doch es wacht nicht auf. Im Walde draußen singt ein Vogel, Füchse spielen, das Leben geht in aller Fülle weiter. Doch die Mutter findet ein totes Kind vor und weint am Bett des Mädchens. Der Fremde namens Tod hat es ein letztes Mal noch besucht und als Symbol für seine Erlösung ist die Rose, die er ihm gegeben hat, nun erblüht. Die schöne Blume steht für die Liebe der Mutter, die auch über den Tod hinaus noch fortbestehen wird; auch ist sie ein Zeichen dafür, dass das Kind in ein besseres Leben wiedergeboren werden wird, in dem es genauso wachsen und gedeihen kann, wie es von der Natur vorgesehen war. Der Tod hat sich also als wahrer Freund erwiesen.

Das Rosenritual

Der Tod: die letzte Schwelle. Ob reich oder arm, jung oder alt, fleißig oder faul, niedlich oder weniger gesegnet, klug oder nicht ganz so klug – der Tod bedeutet für jeden von uns das Ende der Straße. Er ist Teil unseres täglichen Lebens, eine Tatsache, die wir zu akzeptieren lernen. Als Kinder hatten die meisten von uns ein Haustier, was gestorben ist; einige von uns haben vielleicht auch den Tod von geliebten Menschen miterlebt. Die Akzeptanz des Todes geht sogar noch tiefer: Wir müssen töten, wenn wir essen wollen. Wir essen Tiere, die für uns ihr Leben gelassen haben. Selbst Vegetarier müssen etwas ernten, wenn sie etwas essen wollen. Jedes Jahr töten wir John Barleycorn aufs Neue, um Essen und Trinken zu gewinnen. Der Tod versorgt uns mit Leder, Kleber, Holz für unsere Böden und Wände, Tiernahrung, Musikinstrumente und Kraftstoff für unsere Autos, Busse und Flugzeuge. Jeder einzelne Aspekt unseres Lebens lässt sich auf den Tod einer Pflanze oder eines Tieres zurückführen.

Über Jahrhunderte hinweg haben wir die Kreaturen verehrt, deren Tod uns ernährt. Schon in den Anfängen der Menschheitsgeschichte veranstalteten Jäger ausgefeilte Ritualtänze zum Dank an die Tiere, die ihr Leben gelassen hatten, damit die Menschen ihr Fleisch und ihre Haut haben konnten. Einer dieser Tänze wird auch heute noch in England, Kanada und den Vereinigten Staaten aufgeführt – der Abbots Bromley Horn Dance. Zu diesem Tanz gehören Hirschgeweihe, die laut Ergebnissen der Kohlenstoffmethode aus dem 11. Jahrhundert stammen (und damals noch ältere Geweihe ersetzt haben), und er ist ein Überbleibsel eines heidnischen Jagdrituals, in dem das Wild geehrt wurde, das das Dorf Abbots Bromley alljährlich mit Fleisch versorgte. In England singt man bis heute das Lied von „John Barleycorn" und ehrt damit das Korn, aus dem Bier und Brandy gewonnen wird. Dank solcher Traditionen erinnern wir uns daran, dass das Leben nur besteht, weil es durch den Tod genährt wird.

Den Tod zu ehren, muss nicht zwangsläufig heißen, dass man ihn herbeisehnt. Gesunde Menschen verfügen über einen Überlebensinstinkt. Das heißt, wir haben immer ein wenig Angst vorm Sterben, ganz gleich wie schlimm die Dinge stehen. Es gibt alte Rituale, um den Tod von unserer Tür zu verscheuchen – ihn umzulenken, wenn man so will. Ein altes biblisches Beispiel hierfür findet sich in Exodus 12, wo der Gott Israels die Juden anweist, ein Lamm zu schlachten und mit seinem Blut ihre Türpfosten und Türstürze zu bestreichen, damit der Engel des Todes an ihren Häusern vorübergehe und sie verschone. Mit dem Passahfest gedenkt man alljährlich dieses Rituals.

Die Juden sind nur eine von zahlreichen Glaubensgemeinschaften, die mit ihren Ritualen den Tod abwendeten. Im Mittelalter führte man in ganz Europa in jedem Dorf und in jeder Stadt den *Danse Macabre* oder Totentanz auf, besonders um Halloween (im Gälischen Samhain) herum, weil zu dieser Zeit aufgrund der Ernte und der Jagd der Schleier zwischen unserer Welt und der Unterwelt nur hauchdünn ist. Bei diesem Tanz verkleideten sich die Menschen als Tod und tanzten als skelettdürre Könige, Königinnen, Ritter und Mägde zu schauriger Musik durch ihre Dörfer. Man hoffte, der Tod möge diese makabre Prozession sehen und glauben, er habe diese Stadt bereits besucht und darum an ihr vorübergehen und ihr den Rücken zukehren. Dieser Tradition ist auch der Brauch von „Süßes oder Saures" an Halloween entlehnt: Die Leute verkleideten sich als Tod oder Geister und nahmen symbolische Essensgaben entgegen, worauf sie im Gegenzug das Leben ihres „Opfers" für ein weiteres Jahr verschonten.

Der Tod kann auch allegorisch sein. Im Tarot wird der Tod auf der Karte Nummer dreizehn traditionell als Sensenmann dargestellt, ein Skelett mit einer Sense oder Sichel, das Männern, Frauen und Kindern das Leben nimmt. Im Rider-Waite-Tarot wurde diese Karte verändert. Dort ist der Tod eine Gestalt auf einem Pferderücken, die eine weiße Rose trägt. Vor ihm erliegen ein Bischof, ein König und eine schöne Jungfrau dem Tod. Der Bischof trägt einen Hut, der wie ein Fischkopf aussieht, eine Erinnerung daran, dass die Karte des Todes in diesem System dem Zeichen der Fische entspricht. In der Geschichte finden wir zahlreiche Berichte darüber, dass man zusammen mit dem Korn auch Fische im Acker vergraben hat, damit das Korn auch gut gedeihe. Das Korn wird geerntet und ernährt uns.

Die Karte des Todes erinnert uns an den Zyklus, in dem Leben aus dem Tode entspringt.. Sie ist auch ein Symbol für den Tod einer bestimmten Facette unseres Lebens: die Kindheit stirbt, damit das Erwachsenendasein zu voller Blüte gelangen kann; ein Projekt stirbt, damit ein anderes entstehen kann; eine Liebe oder Freundschaft stirbt und eines Tages entwickelt sich eine neue und bessere, denn wir haben aus unseren Erfahrungen gelernt. Bei einer Tarot-Lesung kann der Tod für eine große Veränderung oder profundes Wachstum stehen.

Durch unser Ritual wollen wir den Geist des Todes als einen Agenten der Veränderung ehren, als konstante Motivation und als Lehrer von Lebensweisheiten. Wir werden auch den Geist uns nahestehender Menschen oder Vorbilder ehren, die dem Tod bereits erlegen sind und deren Erinnerungen und Geister uns antreiben, unsere eigenen Ziele und Träume zu verwirklichen.

Du brauchst dafür deinen Altar mit einer Kerze, sowie eine Kerze für jeden Teilnehmer, eine weiße Rose und ein besonderes Erinnerungsstück an eine geliebte Person, die bereits gestorben ist.

Dieses Ritual kannst du allein oder auch in der Gruppe durchführen: Wenn du mit einer Gruppe arbeitest, weise jedem der Anwesenden eine Textzeile zu. Das Ritual eignet sich gut für Samhain (*Ssau-ien* gesprochen), die keltische Entsprechung für Halloween, wenn der Schleier zwischen unserer Welt und der Welt des Todes nur dünn ist und die Geister unsere Gegenwart spüren können. Du kannst das Ritual natürlich auch jederzeit durchführen, wenn du das Bedürfnis hast, einen geliebten verstorbenen Menschen oder ein Vorbild aus deinem Leben zu ehren. Den Kreis ziehst du am besten in einem dunklen, stillen Zimmer oder im Freien.

Beginnt damit, euch in aller Stille zu versammeln. Jeder der Anwesenden sollte eine brennende Kerze mit in den Kreis bringen und einen Moment lang schweigend mit der brennenden Kerze da sitzen. Wenn du das Gefühl hast, dass alle bereit sind, beginne zum Beispiel mit folgenden Worten:

„Wir sind heute Nacht hier zusammen gekommen, um den Tod zu ehren, ohne den das Leben nicht existieren könnte. Wir ehren den Geist des Todes, der unser Leben nährt und der jeden von uns holen wird, wenn unsere Zeit gekommen ist. Tod, wir ehren dich!"

Nun berühren alle Anwesenden nacheinander mit ihren Kerzen die einzelne Kerze auf dem Altar. Der erste entzündet diese Kerze, dennoch sollte jede Kerzenflamme die Altarkerze berühren. Wenn alle dies getan haben:

„Das Licht auf unserem Altar ist das Leben selbst, stets hell, allgegenwärtig. Wir ehren das Licht des Lebens vor uns. Sei gesegnet!"

Alle: „Sei gesegnet!"

„In unseren Händen halten wir das Licht des Lebens: unseres eigenen Lebens und des Lebens all jener, die vor uns hier waren. Jeder von uns kennt einen geliebten Menschen, der bereits gestorben ist. Keder von uns hält den Geist eines Menschen in Ehren, der die Schwelle bereits überquert hat. Ich bitte die Anwesenden, den Namen dieser Person laut auszusprechen und dann behutsam ihre Kerzen auszublasen."

Jeder Anwesende sagt nun einen Namen, während er oder sie die Kerze ausbläst. Die unterschiedlichsten Namen sind nun zu hören: Namen von verstorbenen Verwandten, Freunden oder Persönlichkeiten der Geschichte. Jeder der Anwesenden sollte einen Augenblick Zeit bekommen, um seinen Namen auszusprechen und seine Kerze auszublasen. Dann geht es weiter.

Nun werden nacheinander, beginnend im Osten, die Himmelsrichtungen begrüßt und die entsprechenden Elemente und Geistwesen in den Kreis eingeladen. Die Luftwesen des Ostens werden gebeten, uns zu zeigen, dass das Leben trotz Trauer immer wieder von neuem geboren wird. Die Feuerwesen des Südens werden gebeten, den Willen zu stärken, um nach dem Verlust eines geliebten Menschen weitermachen zu können. Ebenso sollen sie uns bewusst machen, dass das Leben zerbrechlich und kostbar ist.

Die Wasserkreaturen des Westens werden eingeladen, um uns zu zeigen, wie wir die Liebe derer in unseren Herzen bewahren können, die bereits von uns gegangen sind. Die Erdwesen des Nordens werden gebeten, uns zu zeigen, wie wir trotz uns nahegehender Todesfälle die Ruhe, den Frieden und die Unerschütterlichkeit der Erde in uns bewahren können, wie wir wie eine Rose, die auf einem Grab blüht, trotz des Verlustes lebendig bleiben.

Einer der Anwesenden, der die Zeremonie leitet, nimmt nun die Rose vom Altar und sagt:

„Tod, Geist der Wandlung und der Transformation. Wir ehren dich! Wir kennen dich von Anfang an, du, der du uns alle holst, der du uns alle wandelst. Alles ist im Wandel, nichts ist verloren!"

Alle wiederholen: „Alles ist im Wandel, nichts ist verloren!"

Der Leiter sagt: „Tod, du schenkst uns Leben! Du schenkst uns die Kuh, die Henne, den Samen in der Wiese, damit wir essen und leben können."

Alle antworten: „Alles ist im Wandel, nichts ist verloren!"

Der Leiter sagt: „Tod, du schenkst uns das Korn auf den Feldern, John Barleycorn, damit wir Brot backen, Bier brauen und Pasta herstellen können. Wir leben und gedeihen Dank deiner Gaben!"

Alle antworten: „Alles ist im Wandel, nichts ist verloren!"

Der Leiter sagt: „Tod, du bist ein Lehrer. Du schenkst uns das Wissen jener, die bereits verstorben sind, die uns inspirieren, uns antreiben. In deiner Demut gebietenden Gegenwart erkennen wir, dass wir das Licht in die Welt bringen müssen, ehe es erlischt. Führe uns, Tod, unsere Ziele zu erreichen, führe uns bei der Arbeit, beim Erschaffen, beim Gebären neuen Lebens, bei der Erhaltung des Lebens!"

Alle antworten: „Alles ist im Wandel, nichts ist verloren!"

Der Leiter fährt fort: „Diese weiße Blume ist ein Symbol unser aller Leben. Sie erblüht in vollkommener Schönheit und verströmt Liebe und Frieden für alle, die sie erblicken. Doch bald schon wird sie welken und vergehen. Und doch wird sie von Malern gemalt, von Dichtern besungen, von Liebenden als Pfand ihrer Liebe verschenkt und von den Trauernden als Zeichen des Gedenkens auf die Erde gelegt.

Ihr alle, die ihr euch heute hier versammelt habt: Nehmt nun jeder diese Rose und segnet sie mit eurer Freude, eurer Trauer, eurer Liebe und eurem Leid."

Jeder Magier nimmt die Rose und hält sie in Händen, während er oder sie an einen Menschen denkt, den er oder sie verloren hat, ein Mensch, der ihn oder sie inspiriert hat oder an die Pflanzen und Tiere, die er oder sie heute verspeist hat. Wenn die Rose wieder beim Ritualleiter angelangt ist, spricht dieser:

„Der Tod zermalmt uns alle. Diese Rose hat eine wunderschöne Blüte, doch bald schon wird sie welken und sterben, wie auch wir das dereinst tun werden. Alles ist im Wandel, nichts ist verloren!"

Alle: „Alles ist im Wandel, nichts ist verloren!"

„Uns ist eine kurze Zeit hier auf Erden gegeben. Während dieser Zeit müssen wir alles tun, unsere Spuren zu hinterlassen. Wir müssen etwas erschaffen, sei es Kunst, Musik, Freude, Leben, unsere Arbeit oder unsere Lehren. Wir werden inspiriert von denen, die bereits tot sind. Die Toten lehren uns die Kostbarkeit des Lebens. Sie lehren uns, dass wir keine Zeit zu verlieren haben. Dass wir immer streben müssen, denn der Tod kann uns holen, wie es ihm gefällt.

Wir ehren all jene, die der Tod sich genommen hat. Ihr Lieben, die ihr unseren Herzen nah seid, nur ein Stück hinter dem Schleier. Wir rufen euch!"

Die Rose kann wieder auf den Altar gelegt werden. Jede Person im Kreis nimmt nun das Erinnerungsstück, das sie mitgebracht hat und das sie an einen Verstorbenen oder ein Vorbild aus ihrem Leben erinnert. Jeder im Kreis darf nun sprechen und abwechselnd ehren alle Anwesenden einen verstorbenen Menschen. Dabei kann es sich um jemanden handeln, den man sehr geliebt, gut gekannt oder weniger gut gekannt hat, oder um eine historische Figur, die man bewundert.

Hier ein Beispiel, allerdings sollte jeder Teilnehmer an diesem Ritual seine eigenen Worte finden:

„Ich ehre George, meinen lieben Freund, der vor vier Jahren gestorben ist. In meiner Hand halte ich ein Foto von ihm. Er war immer loyal und hat mir gezeigt, was man mit Willenskraft, Ausdauer und einer Weigerung, aufzugeben, alles erreichen kann. George hat nie viele Worte gemacht, doch wenn er etwas sagte, dann waren seine Worte immer voller Liebe und gut durchdacht. George hat mich zu vielen Dingen inspiriert und er fehlt uns in dieser Welt. George, wir ehren dich!"

Jetzt ist der nächste Teilnehmer an der Reihe.

Wenn jeder Anwesende gesprochen hat, legen alle ihre Erinnerungsstücke auf den Altar. Dann nimmt jeder seine Kerze, die er zu Beginn des Rituals mit in den Kreis gebracht hat.

„Alles ist im Wandel, nichts ist verloren! Die Erinnerungen, die Geister, die Spirits, die diese Welt verlassen haben, leben in uns fort, sie führen uns, warnen uns, nähren uns. Wir entzünden jetzt eine Kerze, die uns in unsere Zukunft tragen wird, auf dass wir stets all der Menschen gedenken mögen, die wir heute Nacht geehrt haben!"

Jeder geht im Uhrzeigersinn um den Kreis und entzündet seine Kerze an der Altarkerze. Wenn alle Kerzen entzündet sind, führt der Ritualleiter die Anwesenden in einer Reihe aus dem Kreis. Nun dürfen alle Anwesenden gemeinsam tanzen und singen und ihr Leben wie auch das Leben all jener feiern, die bereits gegangen sind.

Das darf so lange dauern, wie nötig. Sind alle wieder bereit, tritt einer der Anwesenden noch einmal in den Kreis ein und geht zu der Kerze auf dem Altar.

„Tod, du bist allgegenwärtig. Mögest du uns eine Inspiration sein, ein Symbol des Wandels. Mögest du uns anspornen, zu erschaffen, Leben hervorzubringen, die Zeit zu genießen, die uns gegeben ist, und all jener zu gedenken, die die Reise in deinen Armen bereits getan haben! Wir löschen jetzt dein Licht. Sei gesegnet!"

Lösche die Kerze und schließe den Kreis, indem du dich bei den Himmelsrichtungen und Elementen bedankst.

Gehe dann im Uhrzeigersinn um den Kreis und sprich dabei:

„Wir übergeben diesen Kreis wieder an die Erde, bis wir seine Energien aufs Neue benötigen. Wir, die wir lebendig sind, teilen diese magische Zeit und diesen magischen Raum miteinander und sind dankbar für unser Leben und füreinander. Seid gesegnet!"

Alle dürfen sich nun umarmen, küssen, knuddeln und sich zusammen freuen und gemeinsam tafeln. Wenn alles vorüber ist, sollte die Rose an einem besonderen Platz aufgestellt werden, bis sie verblüht ist. Dann kann man sie zum Beispiel pressen oder ihre Blütenblätter für ein rituelles Bad oder einen Zauber verwenden.

Und alle lebten glücklich bis an ihr Ende

Die Kinder sind aus dem Wald entkommen, an den erlebten Prüfungen weiser und stärker geworden. Der Wolf ist tot, das Biest transformiert, der Bär hat sich wieder niedergelegt, den langen Winter zu verschlafen. Die Prinzessin ist erwacht und beginnt ihr Leben noch einmal von vorn. Hans und seine Braut reiten auf den Lüften ihrem neuen Zuhause entgegen. Der Geschichtenerzähler lächelt und sagt: „… und sie lebten glücklich bis an ihr Ende."

Doch für uns endet die Geschichte an dieser Stelle noch nicht. Wir hüten diese Märchen in unseren Herzen, erinnern uns an ihre Lektionen und an den tiefen Eindruck, den sie auf unser kindliches Selbst gemacht haben, und wir bewahren die Erinnerungen an die kleinen Heldinnen und Helden auch in unserem erwachsenen Dasein.

Ich hoffe, dieses Buch hat dich einem tieferen Verständnis der Märchenwelt nähergebracht und dir einen neuen Blick auf die Märchen der Brüder Grimm eröffnet. Das sind doch nicht ganz die niedlichen, süßen Geschichten, an die du dich erinnert hast, oder?!

Und wie geht es nun weiter? Tja, weiter eben. Wie das Studium einer jeden Sache ist auch das Studium von Märchen und Folklore eine langwierige Angelegenheit. Je besser du diese wunderlichen, schönen, magischen Geschichten kennenlernst, desto besser wirst du sie auch intellektuell verstehen und ihre Magie körperlich spüren können. Wie ich im Kapitel zu „Die Schöne und das Biest" geschrieben habe, lassen sich Märchen auf vielerlei Ebenen verstehen und jede Ebene steigert unser Bewusstsein für die Magie, für die Natur und für uns selbst.

Ich möchte dir wirklich ans Herz legen, dir die ursprünglichen Fassungen dieser Märchen im Internet oder in einer Sammlung der ursprünglichen Grimmschen Märchen anzuschauen. Um Märchen und Folklore wirklich verstehen und ihren magischen Kern tatsächlich erfassen zu können, ist es wichtig, die Geschichten in ihrer ursprünglichen Fassung zu lesen, anstatt sich allein auf die eigene Erinnerung oder irgendwelche Verfilmungen zu verlassen. Lies dir jedes Märchen mehrmals durch und schau, ob du meinen Gedanken über seine Ursprünge und seine Magie folgen kannst. Finde auch eigene Interpretationen. Ich empfehle auch die Lektüre von Bruno Bettelheim, Maria Tatar und Catherine Orenstein, die allesamt in der Bibliografie aufgeführt sind. Diese Autoren haben wichtige Kommentare zur Bedeutung dieser Märchen für unser modernes Leben geschrieben.

Probiere die Rituale und Zauber aus – jeder kann lernen, rituelle Magie zu wirken. Es braucht nur ein wenig Übung und Hingabe. Beschäftige dich mit dem Tarot, denke über die Elemente eines Rituals nach und lies ein paar von den Büchern, die ich vorgeschlagen habe.

Immerhin geht's hier um dein ganz persönliches „... und sie lebten glücklich bis an ihr Ende!"

Bibliografie

Amrani, Estelle Nora Harwit. „The Kinaalda Ceremony – A Dance into Womanhood." 1988. Online unter http://www.mlms.logan.k12.ut.us/~ckircalli/sing down the moon/womanhood ceremony.htm.

American Agriculturist, Hrsg. *Broom-Corn and Brooms*. Ottawa, ON: Algrove, 2000. Erstauflage aus dem Jahr 1887.

Ashliman, D.L., Übers. „Cinderella." (Übersetzung von „Aschenputtel" aus Grimm, Jacob und Wilhelm Grimm. *Kinder- und Hausmärchen*, letzte Auflage [Berlin, 1857, Nr. 21].) Übersetzung © D.L. Ashliman, 2001-2006. Online unter http://www.pitt.edu/~dash/grimmo21.html.

____________.„Death of the Seven Dwarfs. A Legend from Switzerland." (Übersetzung von „Tod der sieben Zwerge" aus Rochholz, Ernst Ludwig. *Schweizersagen aus dem Aargau*, Band I [Aarau, Schweiz: Druck und Verlag von H.R. Sauerländer, 1856, Nr. 222, Seite 312].) Übersetzung © D.L. Ashliman, 2009. Online unter http://www.pitt.edu/~dash/dwarfs.html.

____________.„Little Broomstick." (Übersetzung von „Besenstielchen" aus Bechstein, Ludwig. *Deutsches Märchenbuch*, [1845]. Siehe auch Scherf, Walter, Hrsg. Sämtliche Märchen [Darmstadt: Wissenschaftliche Buchgesellschaft, 1983], 416-20) Übersetzung © D.L. Ashliman, 1998. Online unter http://www.pitt.edu/~dash/type 0425c.html#broomstick.

____________.„Little Red Hat." (Übersetzung von „Das Rothütchen" aus Schneller, Christian. Märchen und Sagen aus Wälschtirol: Ein Beitrag zur deutschen Sagenkunde. [Innsbruck, Österreich: Verlag der Wagner'schen Universitäts-Buchhandlung, 1867].) Übersetzung © D.L. Ashliman, 2007. Online unter http://www.pitt.edu/~dash/type0333.html#italy.

____________.„Little Snow White." (Übersetzung von „Schneewittchen" aus Grimm, Jacob und Wilhelm Grimm. *Kinder- und Hausmärchen*, erste Auflage [Berlin: Realschulbuchhandlung, 1812] Band I, Nr. 53, S. 238-50.) Übersetzung © D.L. Ashliman, 1998-2002. Online unter http://www.pitt.edu/~dash/type0709.html#snowwhite.

Aubrey, John. *Miscellanies Upon Various Subjects*. 1696. Download von der Gutenberg Project Website: http://www.gutenberg.org/ebooks/4254.

Basile, Giambattista. „Sonne, Mond und Talia" aus *Das Märchen der Märchen. Das Pentamerone*. Übersetzt von Dieter Richter. München: C.H. Beck, 2000.

Bechstein, Ludwig. „Besenstielchen" aus *Sämtliche Märchen*. Düsseldorf: Albatros Verlag, 2003.

Bettelheim, Bruno. *Kinder brauchen Märchen*. München: dtv, 1993.

Bray, A.E. *Traditions, Superstitions, and Sketches of Devonshire*. London: John Murray, 1838.

Brownmiller, Susan. *Gegen unseren Willen. Vergewaltigung und Männerherrschaft*. Frankfurt: Fischer, 2000.

Carter, Angela. „The Company of Wolves", in *The Bloody Chamber*. London: Gollancz, 1979.

Child, F.J. *English and Scottish Popular Ballads*. New York: Dover, 1965.

Croker, Thomas Crofton. *Fairy Legends and Traditions of the South of Ireland*. Philadelphia: Lea and Blanchard, 1844.

Dickens, Charles. *Ein Weihnachtsmärchen. Ein Weihnachtsbaum*. Bargteheide: Minedition, 2008.

Eyre-Todd, George. *Byways of the Scottish Border: A Pedestrian Pilgramage*. Selkirk, Schottland: James Lewis, 1890.

Farrar, Janet und Stewart Farrar. *Acht Sabbate für Hexen und Riten für Geburt, Heirat und Tod*. Leipzig: Bohmeier Verlag, 1994.

Fortune, Dion. *The Training and Work of an Initiate*. York Beach, ME: S. Weiser, 2000.

Freud, Sigmund. *Drei Abhandlungen zur Sexualtheorie*. Frankfurt: Fischer, 1991.

Grimm, Jacob. *Deutsche Mythologie*, 4. Auflage, 1877.

Grimm, Jacob und Wilhelm Grimm. The Annotated Brothers Grimm. Herausgegeben von Maria Tatar. New York: W.W. Norton and Company, 2004.

____________. Grimm's Household Tales. Übersetzt von Margaret Hunt. London: George Bell, 1884.

____________. *Kinder- und Hausmärchen*. Band I, 1812; Band II, 1814. Berlin: Realschulbuchhandlung.

Guest, Lady Charlotte. *The Mabinogion*. London: Bernard Quaritch, 1877.

Hunt, Margaret, Übers. und Hrsg. *Grimm's Household Tales*. Übersetzung der *Kinder- und Hausmärchen der Brüder Grimm* (1812). London: George Bell, 1884.

Keats, John. *The Poetical Works of John Keats*. London: Macmillan, 1884.

Klein, Kenny. *The Flowering Rod*. Stafford, UK: Immanion Press, 2009.

____________. *Through the Faerie Glass: A Look at the Realm of Unseen and Enchanted Beings*. Woodbury, MN: Llewellyn, 2010.

Lang, Andrew, Hrsg. *The Blue Fairy Book*. London: Longmans, Green, and Company, 1889.

____________. *The Red Fairy Book*. London: Longmans, Green, and Company, 1891.

Levi, Eliphas. *Transzendentale Magie: Dogma und Ritual*. München: Ansata, 2002.

Lintrop, Aado, Übers. „The Great Oak and Brother-Sister." (Traditional.) *Folklore*, Band 16. Tartu, Estland: Folklore/Electronic Journal of Folklore, 2001. © Folk Belief and Media Group of ELM, Andres Kuperjanov. PDF online erhältlich unter www.folklore.ee/folklore/vol16/oak2.pdf

Markstrom, C.A. und A. Iborra. The Kinaala Pubertal Rite of Passage and Identity Formation among Navajo Girls. (April 2002). Handout vom Symposium „Alternative Conceptions of Identity Among First Nations and American Indian Adolescents" während des alle zwei Jahre stattfindenden Gipfels der Society for Research on Adolescence 2002 in New Orleans, LA.

Megli, „An Introduction to the Four Branches." Mabinogistudy.co.uk. Online unter http://www.mabinogistudy.co.uk/introduction.html.

Olson. R.L. *The Quinault Indians*. Seattle: The University of Washington, 1936.

Orenstein, Catherine. „Dances with Wolves: Little Red Riding Hood's Long Walk in the Woods." *Ms. Magazine*, Sommer 2004.

____________.*Little Red Riding Hood Uncloaked: Sex, Morality, and the Evolution of a Fairy Tale*. New York: Basic Books, 2003.

Pike, Lynn Blinn. *Sexuality and Your Child.* Columbia, MO: Departement of Human Development and Human Studies, University of Missouri-Columbia. (Pamphlet GH6002, p. 1.)

Perrault, Charles. *Les contes de ma mere l'Oye* (Die Geschichten meiner Mutter Gans). Erstveröffentlichung 1697. Inhalt und Analyse unter http://www.surlalunefairytales.com/ are © by Heidi Anne Heiner.

___________. *Sämtliche Märchen.* Stuttgart: Reclam, 2006.

Ranke-Graves, Robert von. *Die weiße Göttin.* Reinbek: Rowohlt Taschenbuch Verlag, 1995.

Regardie, Israel. *Ceremonial Magic: A Guide to the Mechanisms of Ritual.* London: Aeon Books, 2007.

___________. *The Tree of Life: An Illustrated Study in Magic* (Herausgegeben und kommentiert von Chic Cicero und Sandra Tabatha Cicero.) St. Paul, MN: Llewellyn, 2000.

Rochholz, Ernst Ludwig. „Tod der sieben Zwerge" in *Schweizersagen aus dem Aargau.* Aarau: H.R. Sauerländer, 1856.

Schneller, Christian. „Das Rothütchen" aus *Märchen und Sagen aus Wälschtirol.* Hildesheim/New York: Georg Olms Verlag, 1976.

Schofield, Roger. „Monday's Child is Fair of Face" in *Family History Revisited: Comparative Perspectives,* herausgegeben von Richard Wall, Tamara K. Hareven und Josef Ehmer, 57-73. Cranbury, NJ: Associated University Press, 2001.

Shakespeare, William. The Complete Works of William Shakespeare: Moby Project. Cambridge: Massachusetts Institute of Technology, 1993. Online unter http://skakespeare.mit.edu/.

Sheba, Lady. *The Book of Shadows.* St. Paul, MN: Llewellyn, 2004.

Smith, Jessie Willcox. *The Little Mother Goose.* New York: Dodd, Meade and Company, 1912.

Tatar, Maria. „Introduction. Snow White" in Jacob Grimm und Wilhelm Grimm: *Children's Stories and Household Tales.* New York: Norton, 2004.

Yolen, Jane. *Touch Magic.* New York: Philomel Books, 1981.

Anmerkungen

[1] Rochholz, Hrsg., „Tod der sieben Zwerge“ in *Schweizersagen aus dem Aargau.*
[2] Tatar, „Introduction. Snow White“ in Grimms *Children's Stories and Household Tales*, 240.
[3] Siehe zum Beispiel Sigmund Freuds *Drei Abhandlungen zur Sexualtheorie.*
[4] Megli, „An Introduction to the Four Branches.“
[5] Lintrop, „The Great Oak and Brother-Sister“, 49.
[6] Eyre-Todd, *Byways of the Scottish Border*, 141.
[7] Tatar, „Introduction. Snow White“, in *Childrens' Stories and Household Tales* (Ausgabe von 2004), 232.
[8] Basile, „Sonne, Mond und Talia“, *Das Märchen aller Märchen. Das Pentameron.*
[9] Ebd.
[10] Ebd.
[11] Basile, „Sun, Moon and Talia“, *Stories from the Pentamerone.*
[12] Amrani, „The Kinaaldá Ceremony – A Dance into Womanhood.“
[13] Olson, *The Quinault Indians*, 105-106.
[14] Bechstein *Sämtliche Märchen*, 416.
[15] „Die Haselrute“, KHM 210 in den *Kinder- und Hausmärchen.*
[16] Von Ranke-Graves, *Die weiße Göttin*, 210.
[17] Perrault, *Sämtliche Märchen*, 73.
[18] Orenstein, „Dances with Wolves.“
[19] Perrault, *Sämtliche Märchen*, 72-73.
[20] Perrault, Sämtliche Märchen, 70.
[21] In der englischsprachigen Welt trägt Rotkäppchen – hier Red Riding Hood genannt – keine rote Kappe, sondern ein entsprechendes Cape, also Umhang mit Kapuze. (Anm. d. Übers.)
[22] Schneller, *Märchen und Sagen aus Wälschtirol.*
[23] Die Postleitzahl für postlagernde Sendungen entspricht jedoch nicht der des Postamts, bei dem der Brief später abgeholt werden kann, sondern ist eine spezielle Postleitzahl, die über eine Internetseite der Deutschen Post ermittelt werden kann. (Anm. d. Übers.)
[24] Gemeint ist George Bush, der 1988 mit dem Spruch: „Lesen Sie es von meinen Lippen: keine neuen Steuern“ in den Wahlkampf zog und siegte. (Anm. d. Übers.)
[25] Genau wie beim Rapunzel-Ritual für junge Frauen sind auch hier alle genannten Formulierungen als Vorschläge zu verstehen, um grundsätzlich zu zeigen, worum es geht. Eigene, persönliche und spontane Formulierungen können natürlich viel besser auf den zu initiierenden jungen Mann, seine Herkunft, sein Weltbild und seinen Glauben abgestimmt sein.
[26] Eigentlich starb er an den Spätfolgen von *Syphilis connata.* Es gab aber eine Legende, er sei von einem eifersüchtigen Ehemann vergiftet worden. (Anm. d. Übers.)

Kenny Klein ist Wicca-Priester und seit mehr als zwanzig Jahren in der heidnischen Szene aktiv. Er ist Musiker und Performance-Künstler mit mehreren veröffentlichten CDs, tritt regelmäßig auf Folk- und Renaissance-Musik-Festivals auf, schreibt für verschiedene heidnische Magazine, liebt Zylinder, Märchen, Feen und seine Geige.

www.kennyklein.com

Unser aktuelles Programm, Vorankündigungen von Neuerscheinungen und Nachauflagen, Adressen von Visionssucheseminaren, Termine mit unseren Autoren, Leseproben, Inhaltsverzeichnisse, Textauszüge, Titelabbildungen und noch vieles mehr finden Sie auf unserer Homepage. Von dort aus gelangen Sie auch direkt zu unserem Onlineshop, wo Sie alle unsere Bücher versandkostenfrei (nur BRD) bestellen können.

www.arun-verlag.de

Iris Fischer & Holger Kliemannel

Hugin & Munin

Ein germanisches Spiel um Gedächtnis und Erinnerung

Odin, der Göttervater des germanischen Pantheons, schickt seine beiden Raben Hugin und Munin (die Spieler) jeden Morgen aus, um die Welt zu erkunden.

So streifen die beiden Raben durch die uns bekannten 9 Welten, lernen die 24 Runen kennen, erleben die 8 zentralen Jahreskreisfeste und erkunden die 9 wichtigsten Götter.

Wer am Ende des Spiels die meisten Karten eingesammelt hat, ist der Überbringer der meisten Botschaften für Odin und gewinnt.

Die Runenkärtchen können aber auch zur Runenarbeit mit Kindern und Jugendlichen und zum Orakeln verwendet werden.

100 Karten mit 50 Motiven, 24-seitiges Beiheft,
Stülpschachtel, 14,5 x 14,5 cm
ISBN 978-3-935581-62-2
€ 19,95 / 29,90 SFR

2. Auflage !

Gardenstone

Germanische Magie

Germanische Magie ist in allererster Linie eine moderne Interpretation der Magie, welche schon die alten Germanen praktizierten, in Verbindung mit Teilen der westeuropäischen Ritualmagie und der Chaosmagie.

Gardenstone hat eine Arbeit von ungeheurer Fülle und Dichte vorgelegt. Es flossen zudem diverse moderne Interpretationen und Erfahrungen der Gegenwart mit ein, die einladen, aber auch Hilfestellung geben, Gelesenes in die Praxis umzusetzen.

480 S., ca. 100 s/w Abb.,
17 x 24 cm, Broschur
ISBN 978-3-86663-003-1
€ 22,00 / 31,50 SFR

4. Auflage !

Scott Cunningham

Handbuch der Natur- und Elementarmagie

Gesamtausgabe

Cunningham zeigt uns, wie natürlich Magie sein kann. Mit Feuer, Wasser, Erde und Luft sowie Steinen, Bäumen, Knoten, Wachs oder Nebel läßt sich effektive Magie bewirken.

272 S., 38 s/w-Abb.,
17 x 24 cm , Broschur
ISBN 978-3-86663-050-5
€ 19,95 / 28,50 SFR

Voenix

Bragis lange Heimkehr

Asgardsagen Band 1

Zu Beginn erfahren wir, wie Göttervater Odin sich aufmacht, um den von Riesen geraubten Göttermet Odrörir zurückzugewinnen, der seinem Besitzer die Kraft der Sprachekstase verleiht. Während diesem Abenteuer zeugt er einen Sohn Namens Bragi, der als der erste göttlich begabtę Skalde (Barde) galt und so in die nordischen Sagen und Mythen einging. Darin wurde er später zum Dichtergott erhoben...

Unter Tage bei Zwergen aufgewachsen, wird Bragi als Knabe von seiner Mutter auf einem Boot ausgesetzt, um sein Glück in der Welt zu finden. Nach einem Sturm gestrandet, findet ihn ein alter Mann, der Bragi in das Wesen des nordischen Skaldentums einführt. Nach und nach seine Fähigkeiten schulend, wird Bragi schließlich zum gefeierten Sänger, der mit seinem Spiel wahre Wunder zu vollbringen imstande ist. Doch bis ihn sein Vater heim nach Asgard holt, hat Bragi noch viele Prüfungen und Abenteuer zu bestehen.

592 Seiten, über 70 s/w-Illustrationen,
Hardcover, 15,1 x 22,8 cm,
ISBN 978-3-86663-058-1
€ 19,95 / 28,50 SFR

Lisa Hunt

Das Märchen-Tarot

Das Märchen soll den *Helden* wach rütteln und seine Wahrnehmung schärfen, auf dass er sich verändern und das eigene Schicksal meistern kann. Märchen lehren und verfeinern die Kunst des Sehens und der Intuition, Märchen sind eine ideale Vorlage zur Selbst-Erforschung – so wie auch das Tarot!

Tarot und Märchen laden uns ein, das magische Wirken der Inneren Welt zu erkunden und immer tiefer einzutauchen in eine metaphorische Landschaft voller Hinweise darauf, wer wir wirklich sind und wohin unser Weg uns führt.

Das Kartendeck basiert auf einer Auswahl internationaler Märchen und dem Rider-Waite-Tarot. Das Begleitbuch erklärt jede einzelne Karte, erzählt das korrespondierende Märchen und zeigt Symbolik wie verborgene Botschaft auf.

Set: 78 Tarotkarten (7,0 x 11,7 cm), Buch (192 S., Broschur), Klappschachtel (17,0 x 24,0 cm)
ISBN 978-3-86663-042-0
€ 29,95 / 40,90 SFR

Mark Ryan & John Matthews,
illustriert von Will Worthington

Das Wildwood-Tarot

wo weisheit wurzelt

Für die meisten von uns ist die Waldwildnis der letzte Ort, an dem die Alten Mysterien überlebt und an dem wir unseren Ursprung haben. Hier wohnen die archetypischen Wesen wie Robin Hood, der Grüne Mann, der Schütze und der Gehörnte. Andere, wie Luchs, Wolf und Bär, haben sich auf der Flucht vor der Moderne in die letzten Winkel zurückgezogen.

In diesen *Wildwood* zurückzukehren, ist wie eine Reise zurück in die Zeit, wo uns Ahnenwissen begegnet und schamanische Weisheit wurzelt und wo unsere Partnerschaft mit diesen Wesen so vertraut und natürlich ist wie der eigene Atem.

Das Wildwood-Tarot basiert auf den jahreszeitlichen Rhythmen und Festen des heidnischen Jahresrades und zieht seine Inspiration aus der präkeltischen Mythologie, den schamanischen Mysterien und den Überlieferungen unserer Waldläuferkulturen.

Dieses Tarot führt uns auf der Reise in das Labyrinth verloren geglaubter Erdmysterien.

Buch (160 S., Broschur) und 78 Karten (7,0 x 11,7 cm), in Klappschachtel, 17,0 x 24,0 cm
ISBN 978-3-86663-051-2
€ 29,95 / 40,90 SFR